W0470033

E. A. Rauter

Folter

in Geschichte und Gegenwart
von Nero bis Pinochet

Sonderausgabe für Weltbild Verlag GmbH, Augsburg 1996

Umschlaggestaltung: Christina Hucke
Gesamtherstellung: Fuldaer Verlagsanstalt GmbH, Fulda
ISBN 3-8218-0806-3

Verlagsverzeichnis schickt gern:
Eichborn Verlag, Kaiserstraße 66, D-60329 Frankfurt am Main

Vorwort

Der Wind weht nicht links oder rechts, sondern rückwärts. Einher geht, von der Psycho-Nabelschau, also der »Suche nach dem Ich«, bis zur »Freßwelle«, eine erschreckende Entpolitisierung. »Die da oben« sind zwar ebenso suspekt wie lächerlich – aber dies reizt offensichtlich nicht zum Handeln. Theorie ist out, Engagement ebenfalls; Kochbücher und Esoterik sind gefragt, die »heile Welt« und »positive thinking«.

Dafür legen wir dieses Buch, das Ende der sechziger Jahre für Furore sorgte, neu vor. Diese Text-Collage von E. A. Rauter hat von ihrer schmerzhaften Eindringlichkeit nichts verloren; lediglich einige Aktualitäten haben die Namen getauscht.

Bei dieser Neuausgabe wurde eine Reihe von Änderungen vorgenommen. Einzelne Passagen wurden gestrichen, andere neu hinzugefügt. Trotz dieser behutsamen Änderung ist das 1968 erstmals erschienene Buch in seiner Substanz erhalten geblieben.

Die Ereignisse des 2. Juni 1967, die Prügelorgien anläßlich der Demonstrationen gegen den Besuch des Schahs von Persien in Westberlin, die Erschießung des Studenten Benno Ohnesorg durch den Polizisten Kurras und der Protest gegen den Vietnamkrieg, die zentrale Schwerpunkte bilden, machen dieses Lexikon zu einem historischen Buch. Diesem historischen Charakter wurde Rechnung getragen, indem auch Passagen erhalten blieben, die aus heutiger Sicht möglicherweise als »überholt« erscheinen könnten. Der Skandal um die Bundeswehrschleifer von Nagold, der Einsatz von chemischen Giften im Vietnamkrieg, die Zustände im Knast von Tegel in den fünfziger und sechziger Jahren, das waren Themen, die der Protestbewegung der späten sechziger Jahre gegenwärtig waren.

In der Gegenwart haben andere Ereignisse ähnlich schrecklicher Qualität diese Beispiele in unserer Erinnerung überlagert. Der Einsatz von Giftgas im Golfkrieg, die Zustände in den Knästen Südafrikas, die »weiße Folter« der Isolationshaft, Massaker in aller Welt, von Kambodscha über Nicaragua, Afghanistan, Angola, Mozambique, Nordirland ... Mord, Terror, Folter stehen auch heute an allen Ecken und Enden der Welt auf der Tagesordnung. Der Fortschritt führt offensichtlich weiter in den Abgrund.

Als dieses Buch zuerst erschien, machte der »Zeitgeist« noch nicht die Augen zu. Wer kann nach dieser Lektüre ruhig schlafen?

Der Verlag

Einleitung

In einem Land, in welchem Obdachlose und Milliardäre nebeneinander vorkommen, sind Folterknechte nicht weit. Die Spannung zwischen arm und reich bringt Menschen leicht dazu, Nachbarn, die den Unterschied verkleinern wollen, zu verstümmeln und zu Tode zu quälen.

Weil die Bürger gehorchen, glaubt keiner, daß Gesetze auch private Wünsche von Regierenden ausdrücken. Wer foltern läßt, will private Interessen als öffentliche durchsetzen. Der private Ursprung der Folter ist schwer zu erkennen, weil wir so wenig gemeinsam über das Wesen des Privaten nachgedacht haben. Soziale Gerechtigkeit ist die einzige Methode, durch die sich Folter abschaffen läßt.

Im antiken Rom durften ursprünglich nur Sklaven gefoltert werden. Sie galten nicht als Menschen, ihre Rolle war die »sprechender Werkzeuge«. In dem Maße, in dem sich die römische Republik zur Kaiserdiktatur verwandelte, ließ der Kaiser jeden mit Folter bedrohen, der zeigte, daß er den Kaiser nicht schätzte. Das Nichtschätzen von Herrschern gilt seither als »politisches Delikt«, als »Majestätsbeleidigung«. Die »Politischen« wurden stets härter bestraft und leidenschaftlicher verachtet als Einbrecher und Räuber. Was könnte privater sein als eine beleidigte Majestät? Wer könnte grausamer sein? Absolutismus und Folter bedingen sich. Jeder absolute Herr kommt irgendwann einmal zu dem Schluß, Folter sei unumgänglich. Während der Regierungszeit der »Nationalsozialisten« konnte ein Witz über den Reichskanzler, öffentlich erzählt oder heimlich, das Leben kosten.

Die bürgerlichen Freiheiten sind nie garantiert. Was wir Freiheit nennen, ist ein Zustand, der von jeder Regierung ununterbrochen bedroht wird. Das liegt nicht am schlechten Charakter irgendwelcher Individuen – wenn es auch für jeden von uns gute Gründe gibt zu untersuchen, wie jemand beschaffen sein muß, der beim Streben nach Macht das Gedränge der Mitbewerber hinter sich läßt. Menschen verändern ihre Interessen, sobald sie ihre gesellschaftliche Position ändern. Wir beobachten, zum Beispiel, die Verwandlung von Juso-Vorsitzenden auf dem Weg in den Parteivorstand. Der Besitzer einer Würstchenbude, der sich sonntags stundenlang mit einer Angelrute ans Rheinufer setzt und über die Privatisierung des Stroms durch die Eigentümer der großen Chemiefabriken vor Wut und Machtlosigkeit verzweifeln möchte, vermag sich nicht mehr mit derselben Leichtigkeit über das Fischsterben zu erbosen – es eher mit heimlicher Befriedigung registrie-

ren –, sobald er an den Vorteilen der Privatisierung teilhat, sei es durch Kauf von Aktien mit einem Lottogewinn, sei es durch Erbschaft.
Wünsche wachsen mit den Möglichkeiten, sie zu erfüllen. Das bestätigen alte Sprichwörter wie »Gelegenheit macht Diebe« oder der Aphorismus von der Macht, die korrumpiere und der absoluten Macht, die absolut korrumpiert. Da hilft kein Appell an die Moral. Man muß die Möglichkeiten beschränken, nicht das Wünschen verteufeln. Jeder, der Macht ausübt, wünscht, Machtausübung möge bequemer vonstatten gehen und bis ans Lebensende dauern. Der Wunsch, bequem und lange zu regieren, ist privat.
Der »Spitzenpolitiker« mauert sich ein in eine Festung aus gepolsterten Zimmertüren, Portierslogen, Vorzimmern, Bannmeilen, Polizeikordons, teuersten Automodellen, unverständlicher Sprache, Geheimakten, Verleumdungsklagen und Militärabschreitungszeremonien. Diese Felswände schirmen ihn vom Volk ab oder, was dasselbe ist, von der Wirklichkeit. In seiner Sprache drückt sich aus, daß er sich als das »Drinnen« betrachtet: In seinen Reden im Bundestag heißt es fortwährend »die Menschen draußen«, »draußen im Lande«; sind Demonstrationen gemeint, wird das Volk zur »Straße«. Das Volk kommt ihm selbst unbehaust vor, so sehr fühlt er sich zu Hause.

Hinter den Mauern dieses Kafka-Schlosses entsteht eine Art Irresein, eine weihevolle Inkompetenz. Das befestigte Wohlleben macht feige und wehleidig. Und »Feigheit ist die Mutter der Grausamkeit«. Montaigne erwähnt in seinen »Versuchen« Alexander, Tyrann von Pherai (gest. 358 v. Chr.) mit dem Hinweis, dieser habe das Theater gemieden, wenn eine Tragödie aufgeführt wurde, aus Angst, die Bürger könnten ihn über das Mißgeschick von Hekuba und Andromache weinen sehen, »ihn, der selbst ohne Gnade täglich so viele Menschen ermorden ließ«. Der Grundzug der Geistesstörung der auf unseren Fernsehschirmen Wohnenden ist Wehleidigkeit und Angst. Sie fürchten sich vor dem Erfolg des politischen Gegners, noch mehr vor dem Ehrgeiz der Parteigenossen, am meisten fürchten sie Machtlosigkeit. Die Angst der Mächtigen vor Machtlosigkeit bestimmt schließlich die Gesetze und die öffentliche Meinung. Die Angst vor dem Leben »draußen«, bei den bedauernswerten Regierten, kann so stark werden, daß sich der eine oder andere das Leben nimmt.

Es ist vernünftig, davon auszugehen, daß der ehemalige Ministerpräsident Barschel, hätte er die Wahl gehabt, Pfeifer hätte ermorden lassen, statt sich selbst umzubringen. Wir projizieren unsere Harmlosigkeit – die Harmlosigkeit der Nichtmächtigen – in die politischen Protagonisten: Die kriminellen Bemühungen des CDU-Ministerpräsidenten, sich das Land Schleswig-Holstein als Selbstbedienungsladen zu erhalten, kommen uns wie ein Skandal vor. Das Wort »Skandal« kommt aus dem Griechischen und bedeutete »Fallstrick«. Die Kieler Affäre als Skandal zu sehen ist nicht ganz logisch in einem Staat, in welchem diese Stricke einen Teppich bilden. Schon Filbinger, der Todesrichter in letzter Kriegsstunde, hätte niemals Ministerpräsident werden, der hohe Goebbels-Funktionär Kiesinger nicht zum Bundeskanzler gewählt werden dürfen. NS-Mörder in Richterroben verzehren hohe Pensionen, viele ihrer Opfer bemühen sich bis heute vergeblich um Entschädigungen. Bundeskanzler Erhard, unfähig, auch nur eine Schreibmaschinenseite mit einem Deutsch zu füllen, das etwas anderes enthielte als Scheußlichkeiten des Politkauderwelschs, erklärte deutsche Schriftsteller zu Pinschern, weil sie sich kritisch zur Politik geäußert hatten. Der Bayrische Ministerpräsident Franz Josef Strauß nannte sie »Ratten«, ohne daß ein Staatsanwalt gewagt hätte, seiner Anzeigepflicht nachzukommen. Ein Politiker, der einen Meineid geleistet hat und gar mit gerichtlicher Erlaubnis Old Schwurhand genannt werden darf, wurde zum Innenminister der Bundesrepublik ernannt.

Kein Mitglied des Parteipräsidiums der CDU in der Bundeshauptstadt distanzierte sich von den staatstragenden Gaunern in Kiel. Das ist der größere Skandal, weil er andeutet, daß Funktionäre hinterhältige Anschläge für eine unvermeidliche Begleiterscheinung des Regierens halten. Durch Zufall wurde einer auffällig. F. J. Strauß artikulierte den Morast: »Wollte man alle Politiker zum Rücktritt zwingen, die das tun, was Barschel getan hat«, sagte er dem Sinne nach, bevor die erschreckten Freunde dem Alten klarmachten, daß er ihnen mit seinem Zynismus die Wähler vertreibe, »dann wären die Bänke in den Parlamenten halb leer.«

Unsere »Repräsentanten« sind übermütig und verwöhnt. Niemals seit 1945 war die Macht der Chefs in Konzernen und Parteien gefährdet. Vergleicht man die Gefahr, die den Mitgliedern des Zentralkomitees der SED am 17. Juni von revoltierenden Bauarbeitern drohte, dann sind Ostermarschbewegung, die Demonstrationen gegen die industrielle Ausrottung von Vietnamesen durch US-Amerikaner, gegen den Bau von Atomkraftwerken und Plutoniumfabriken als Bedrohung der großen Privilegien nicht der Rede wert. Nicht einmal die Sprengstoffanschläge und Morde der »RAF«-Leute haben das Geringste daran geändert, daß private und öffentliche Armut von Jahr zu Jahr größer werden, obwohl wir in jedem Jahr mehr produzieren; daß die Geschwindigkeit zunimmt, mit der die großen Privatvermögen wachsen; daß Firmenleiter unangefochten ein Produktionsverbot über weit mehr als zwei Millionen von Arbeitenden verhängen; daß sie weiterhin selbst bestimmen, wie hoch ihre Einnahmen sind, wieviel sie sich von den Produkten der Arbeitenden aneignen; daß sie fortfahren, unsere Städte und Wälder zu zerstören, Luft, Wasser und Erde zu vergiften und sich daran gemacht haben, den UV-Strahlenschutz der Atmosphäre abzubauen. Es scheint, außer einer kleinen Gruppe verfemter Weitsichtiger, niemanden zu stören, daß zugunsten des Umsatzes einiger Chemie-Multis eines Tages die Küstenstädte im Meer versinken sollen.

In den nächsten Jahren will die Bundesregierung an bestimmte Großfirmen über 50 Milliarden Mark verteilen; die Unternehmen sollen dafür einigen Menschen zu Aufenthalten im Weltraum verhelfen. Das »Milliardengrab Himmel«, wie Robert Jungk in der Zeitschrift »Natur« das Projekt nennt, ist eines jener Unternehmen, die der Mehrheit wenig Nutzen bringen; aber dadurch, daß sie enorm viel »kosten«, werden große Mittel innerhalb der Gesellschaft umverteilt, und zwar von unten nach oben: Von der Verschwendungsproduktion, die in den Kosmos geschossen wird, bleiben auf der Erde Müll und private Gewinne. Öffentliches Geld – das Geld der Mehrheit – endet in den Bilanzen weniger Weltfirmen, es vergrößert deren Macht über uns alle, auch über diejenigen, die unter ihrer Herrschaft regieren. Während der Forschungsminister die Weltraumpläne bekanntgab, entschied der Arbeitsminister mit den Kollegen im Kabinett, die Versicherten in den Krankenkassen sollten ihre Brille selbst zahlen; Zahnersatz und Hörgeräte der Arbeitenden seien ihm zu teuer, wer kauen und hören möchte, solle mehr tun, der Staat müsse das Geld der Versicherten sparen.

Die kleine Zahl der Entscheider tut, was sie will, sie begeht Dummheiten und Ungerechtes beliebig, nach dem Kalkül des augenblicklichen privaten Vorteils ihrer Mitglieder. Sie verzerrt die landwirtschaftlichen Strukturen aller europäischen Länder durch Bestechungsgelder, um sich die Wahlstimmen der Bauern zu erhalten, »subventioniert« mit Milliarden Mark Unternehmen, die Milliarden Mark Gewinne in Übersee investieren, weil sie bei uns keine rentablen Anlagemöglichkeiten mehr finden – trotz Presse, Demonstranten, Terroristen.

Braucht die Minderheit die Folter?

Was die Bereitschaft der wirtschaftlichen und politischen Chefs betrifft, Folterknechte zu Hilfe zu nehmen, so waren in diesen Wochen in der Zeitung drei Meldungen zu lesen, die bei besitzlosen Freunden der Demokratie keine gute Stimmung aufkommen lassen können. Während der 70er Jahre steigerten wir die Ergiebigkeit unserer Arbeitsmethoden im Durchschnitt jährlich um fast drei Prozent; die Produktion um etwa zwei Prozent. Experten schätzen, daß sich während der achtziger Jahre die Schere weiter auseinanderbewegt. Je mehr wir arbeiten, um so mehr Arbeitslosigkeit stellen wir her – wie die Fliege sich mehr und mehr fesselt, je heftiger sie sich aus dem Spinnennetz befreien will. Die zweite Meldung nennt die westdeutschen Haushalte »gesättigte Märkte«, sie sind bis nahe an die 100 Prozent ausgestattet mit Fernsehern, Waschmaschinen, Pkws, Kühlschränken und Telefon. Die Vorstände der Automobilfabriken müssen fast zehn Prozent ihrer Wagen mit Rabatt bis zu einem Viertel des Verkaufspreises an die Mitarbeiter verkaufen; in anderen Branchen ist es ähnlich. Drittens: Aus über 5000 alten Deponien sickern langsam und unkontrolliert Gifte von Produktionskot in unser Grundwasser. Die Möglichkeit, daß sich Einwohner ganzer Ortschaften mit dem Wasser aus der Leitung aus Versehen umbringen – der Wasser-Gau – rückt näher.

Was tut eine Regierung, wenn die Unzufriedenheit der Regierten in Wut auf die Regierung umschlägt? Formelhaft ausgedrückt, kann die Antwort heißen: Sie regiert mit den Bürgern, oder sie regiert gegen die Bürger. Die beiden Entscheidungen gehören verschiedenen Zeitaltern an. Die von einem abhängig Beschäftigten hergestellten Produkte hatten 1986 einen Wert von durchschnittlich knapp über 200 000 D-Mark. 1967 brachte ein Mitarbeiter dem Siemens-Konzern 32 797 D-Mark ein. Durch unsere Anstrengungen, ob freiwillig oder gezwungen, wächst unsere Arbeitsergiebigkeit, die Zahl der Entscheider schrumpft. Jeder der täglichen Firmenzusammenschlüsse – »Elefantenhochzeiten« – verringert die Zahl der Personen, die das letzte Wort darüber haben, was hergestellt, wie das Hergestellte verteilt und verwendet wird. Da unsere Arbeitsergiebigkeit so hoch ist, muß sie von mehr Menschen kontrolliert werden, um zu verhindern, daß wir uns durch die Folgen unserer Arbeit zerstören. Ein Beispiel für mörderische Verwendung menschlicher Arbeitskraft ist das Herstellen von Fluorchlorkohlenwasserstoffen (FCKWs). Seit fünfzehn Jahren ist bekannt, daß FCKW die Ozonmoleküle in der Atmosphäre zerstört, die uns vor den UV-Strahlen der Sonne schützen. Der Vorstand der Chemie-Firma Hoechst, des größten bundesdeutschen Produzenten dieses Gases, dekretierte, es wird weiter produziert. Je mehr die Menschen herstellen können, um so mehr sollten sie zu entscheiden haben. Je höher die Arbeitsergiebigkeit, um so größer muß die Zahl derer sein, die bestimmen, was hergestellt und wie das Hergestellte verwendet wird. Alle großen Probleme unserer Zeit kommen daher, daß die Zahl der Entscheider für unsere Arbeitsergiebigkeit zu klein geworden ist.

Der Präsident einer Unternehmer-Vereinigung sagte vor Jahren: »In Gefängnissen, Kasernen und Fabriken kann es keine Demokratie geben.« Denkt man sich die Produktion aus dem Leben weg, bleibt für Demokratie nicht viel Spielraum, außer der Demokratie bei der Auswahl der Farbe von Schuhen oder Unterhosen. Die Entwicklung endet in neuen Staatsverbrechen, es sei denn, die Schöpferkraft der vielen Köpfe fließt nicht nur beim Produzieren, auch beim Regieren.

Seit Jahren ebnen unsere Parlamentarier den Gesetzesweg zum offiziellen Terror. Sie verstümmelten das vorbildliche Grundgesetz, sie schufen mit den Notstandsgesetzen die formalen Vollmachten für eine Militärdiktatur gegen »innere Unruhen« – ob und wann innere Unruhen ausbrechen, bestimmt ihre Angst vor den Regierten –, sie rüsteten die Polizei zu einer paramilitärischen Truppe und statteten sie mit Giftgas aus, mit Maschinengewehren und Handgranaten. Die Vorbereitungen für einen Krieg gegen den Bürger sind abgeschlossen.

Wer bei unseren Abgeordneten und Ministern nach Zeichen der Neigung sucht, unbequemeres Regieren durch Staatsverbrechen zu vereinfachen, der stellt fest, im allgemeinen wächst die Ungeduld mit der Macht: je weiter oben ein Politiker in der Hierarchie angesiedelt ist, um so stärker ist seine Lust, Randgruppen niederschlagen zu lassen und deren Probleme geringzuschätzen, um so geringer seine Kraft zur Selbstdisziplin im Umgang mit Minderheiten. Der Vorsitzende einer Regierungspartei nannte das Zerquetschen von Hoden und die Vergewaltigung von Frauen in chilenischen Gefängnissen »unliebsame Behandlung«; keiner der Vertreter »christlicher« Politik hat die Ermordung farbiger Arbeiter durch südafrikanische Polizeibeamte öffentlich verurteilt.

Die Diskussion über schärfere Bestrafung von Demonstranten, die ihre Gesichter verbergen, hat die Ungeduld noch deutlicher gemacht, mit der die meisten derer, die in unserem Staat Macht ausüben – »Verantwortung tragen«, wie sie sich ausdrücken –, nach Ermächtigungen drängen. Die Mitarbeiter in den großen Zeitungen und Fernsehanstalten ließen übrigens unerwähnt, daß Polizisten sich schon seit Jahrzehnten hinter Anonymität verbergen und daß sie ebensolange friedliche Demonstranten fotografieren und das Bildmaterial für spätere Auskünfte aufbewahren. Der Hamburger Regierungschef Klaus von Dohnanyi riskierte seine Karriere und wagte sich ein Stück weit hinaus aus der Rechthaberei der Staatsmacht: Er behandelte die »Chaoten« der Hafenstraße wie Gleichberechtigte, das heißt, wie Menschen: Und »terroristische Staatsfeinde« räumten Barrikaden und reparierten Häuser, die der Staat hatte verkommen lassen. Dohnanyi ließ eine Randgruppe mitregieren, und die Gewalt war aus dem Spiel. Hinter dem Habitus des Bösen – Spiegelbild der Gewalt legaler Macht – tauchten Menschen auf, rührend, anständig, intelligent, wohlwollend und idealistisch.

Die Hafenstraßenbewohner sind nur eine kleine Gruppe in der Bevölkerung. Ihr Verbrauch und ihre Arbeit bewegen wenig Geld. Sie geben nur die Entschuldigung ab, nicht die Gründe für antidemokratische Aufrüstung.

Im Dezember 1987 streikten im Ruhrgebiet hunderttausend Stahl- und Kohlearbeiter, nachdem sie erfahren hatten, der Aufsichtsrat wolle das Krupp-Stahlwerk in Rheinhausen schließen lassen, über 5000 Stahlkocher sollten ihre Arbeit aufgeben. Die Streikenden sperrten Straßen und Brücken, stürmten die Krupp-Villa – ohne Chaoten-Malus –, verwüsteten das kalte Buffet der Aufsichtsräte und rauchten diesen die teuren Zigarren weg. »Die Hafenstraße wird ein Kinderspiel sein gegen das, was die da oben von uns zu erleben kriegen«, hieß es in der Menge der Arbeiter. Die Polizei hielt sich zurück. Sie hatte noch keine andere Wahl. Industrie- und Handelskammer und die Verbände der Unternehmer hatten den Innenminister von Nordrhein-Westfalen mit einem Telegramm aufgefordert, gegen die »Störung der öffentlichen Sicherheit und Ordnung« vorzugehen. Dafür hätte der Minister der Polizei einen anderen Staat gebraucht; die Mehrheit der Einwohner der Ruhrstädte unterstützte die Forderungen der Stahlarbeiter, die auf eine breitere Verteilung der Macht über ihre Produktionsstätte hinauslief. Und wieder machen die Mächtigen ihre klassischen Fehler: Thyssen-Sprecher Lutz Dreesbach in Düsseldorf empfahl, »den Forderungen von Politikern und Gewerkschaften kein Gehör zu schenken«. »›Ohren zu und durch!‹ so könne die Devise ob dieser Angriffe nur lauten.« (SZ 11. 12. 87). Auf diese Art entstehen politische Gegner.

Wer die Stahlarbeiter von heute nicht mitregieren lassen will, auch nicht die morgen und übermorgen von Arbeitslosigkeit bedrohten Automobilarbeiter, die Textilarbeiterinnen, Landwirte und Sekretärinnen, ist eines Tages überzeugt, Folter sei unumgänglich zur »Aufrechterhaltung von Gesetz und Ordnung«.

Es ist ehrenwert, lateinamerikanische Menschenfeinde in Uniform anzuprangern; es ist nicht nur nützlich für die Bewohner lateinamerikanischer Länder, auch für die Bewohner unseres Landes. Es ist nicht genug. Besser wäre, wir achteten darauf, daß die Schwierigkeiten, die auf unsere Regierenden zukommen, diese nicht verleiten, bei uns allmählich lateinamerikanische Zustände zu schaffen. Die Unordnung, die die Regierenden der Wirtschaft und der Politik heute erzeugen, zwingt sie morgen, die demokratischen Rechte einzuschränken. Je größer soziale Ungleichheit, um so plausibler erscheint der Staatsterror als politischer Ausweg. Die Mischung von Milliardären und Arbeitslosen zerreißt jede Demokratie.

A

Abspritzen

Häufig wurde mit Luft gespritzt, bis Luftembolie eintrat, oder mit Karbolsäure, deren Geruch sich im Raum verbreitete, oder mit Evipan; auch Strychnin, Morphium und andere Alkaloide kamen zur Verwendung. Das Phenol wurde in eine kleine Schüssel geschüttet. Von dort wurde die Spritze gefüllt. Die Flüssigkeit hatte eine rötliche Färbung, da die Nadel nur selten gewechselt wurde und von den Stichen blutig war.

Klehr übernahm die gefüllte Spritze, hatte eine Gummischürze umgebunden, trug Gummihandschuhe und Gummistiefel. Die Ärmel seines weißen Kittels waren aufgekrempelt. Was geschah mit dem Häftling? Wenn er ein Hemd anhatte, mußte er es ausziehen und sich mit entblößtem Oberkörper auf den Schemel setzen. Er mußte den linken Arm seitlich anheben und die Hand vor den Mund legen. Auf diese Weise wurde der Schrei erstickt, und das Herz lag frei. Die beiden Funktionshäftlinge hielten ihn fest. Schwarz hielt den Häftling an den Schultern. Weiß drückte ihm die Hand auf den Mund, Klehr stach ihm die Spritze ins Herz.

Die meisten gaben einen schwachen Ton von sich, als ob sie ausatmeten. Im allgemeinen waren sie dann tot. Manchmal aber röchelte einer und verendete erst auf dem Boden des Waschraums. Einige gingen im Agoniezustand mit uns. Ich erinnere mich an einen Mann, der war groß und stark. Er richtete sich im Waschraum auf, mit der Injektion im Herzen. Da stand ein Kessel, neben dem Kessel war eine Bank. Der Mann stützte sich auf den Kessel und auf die Bank und zog sich hoch. Da kam Klehr herein und gab ihm die zweite Spritze. Andere waren manchmal nur bewußtlos, weil die Spritze nicht ins Herz und das Phenol in die Lungen gegangen war.

Auf einem halbnackten, mit Blut beschmierten Mann saßen die beiden Funktionshäftlinge. Der Kopf des Mannes war aufgeschlagen, ein Schürhaken lag auf dem Boden. Klehr stand daneben, die Spritze in der Hand. Klehr kniete sich auf den Mann, der immer noch mit den Beinen um sich stieß, und stach ihm die Spritze hinein. Die Venen der Häftlinge waren aufgrund der Auszehrung schwer zu treffen. Deshalb wurde das Phenol später ins Herz injiziert.

Zuerst tat er es mit Benzin, das stellte sich als unpraktisch heraus, da es vorkam, daß der Tod erst nach einer dreiviertel Stunde eintrat. Das zweite war Wasserstoff. Dann kam Phenol. Später wurde einer abgeurteilten Mörderin wie Herta Oberheuser, die gefangenen Frauen mit dem Hammer die Beine zerbrochen, andere mit Benzin-Injektionen umgebracht hat, nach ihrer vorzeitigen Entlassung aus dem Zuchthaus gestattet, eine ärztliche Praxis zu eröffnen – nicht durch ein Versehen, sondern auf ausdrückliche Empfehlung eines Ministeriums hin.

Abstürzen

Ältere Leute zwang er, auf Bäume zu klettern, die er dann so lange schütteln ließ, bis sie unter dem Gelächter des SS-Mannes herabfielen.

Der Felsen, der im alten Rom noch deutlicher über die Stadt emporragte als heute, da die moderne Bebauung wesentlich höher liegt als die alten Siedlungsschichten, diente dieser Hinrichtungsart. Vor allem wurde bei Unruhen gegen die Rebellen mit dieser Strafart vorgegangen. Sie wurden über den Felsen gestürzt. Von da an übernahm die Schwerkraft alle Einzelheiten der Hinrichtung.

Noch jetzt, etwa achtzig Jahre nach dem Tod des Tiberius, zeigt man auf Capri die Stätte seiner Henkerei, von wo aus er die Verurteilten nach langen, ausgesuchten Martern in seiner Gegenwart ins Meer hinabstürzen ließ, während unten ein auf sie wartender Haufe von Matrosen die Leichname mit Stangen und Rudern vollends zerschmetterte.

Später hat amerikanische Technik dieser Hinrichtungsform noch eine interessante Wendung gegeben. Der Hubschrauber, von den Vereinigten Staaten als ein wesentliches Element im Luftkrieg eingeführt, spielt nun eine Rolle beim Verhör von Gefangenen. Ein Zeuge berichtete von der Neuerung – genannt der lange Schritt – bei seiner Rückkehr von einem Auftrag in Vietnam. So erzählte er, was mit einem Gefangenen geschah, den er aus einem Kampfgebiet zurückflog. Ein vietnamesischer Offizier schrie dem verdächtigten Guerilla ins Ohr, der an Händen und Füßen gefesselt war. Der Mann antwortete nicht, also warfen ihn der Offizier und ein vietnamesischer Soldat in einer Höhe von 2900 Fuß aus dem UH-1B-Hubschrauber.

Ein Gefangener, der mitarbeitet, nachdem er den Ausstieg seines Kameraden beobachtet hat, wird nicht immer belohnt. Ein Zeuge berichtete von einem solchen Vorfall: zwei Vietcong-Gefangene wurden in einem Flugzeug verhört, das in Richtung Saigon flog. Der erste weigerte sich, Fragen zu beantworten, und wurde in einer Höhe von 3000 Fuß aus dem Flugzeug geworfen. Der zweite beantwortete sofort alle Fragen. Auch er wurde hinausgeworfen. Ein anderer Zeuge berichtet von einem Fall, wo ein amerikanischer Hubschrauberpilot in der vergangenen Woche zu seinem Stützpunkt im zentralen Hochland ohne den aufgeregten jungen Gefangenen zurückkehrte, der ihm anvertraut worden war. Er erzählte Freunden, er sei auf den jungen Mann wütend geworden und habe ihn in einer Höhe von ungefähr 1000 Fuß aus dem Hubschrauber gestoßen.

Arbeit

Das Strafarbeiten führte Siemens für die Häftlinge ein. Oft mußten die heruntergekommenen Frauen nach zehn- oder elfstündiger Arbeit bis zu fünf Stunden nacharbeiten. Sie hielten die blutigen Hände von sich gestreckt. Man hatte sie den ganzen Tag lang Ziegel schmeißen lassen. Das war eine der gefürchtetsten Arbeiten. Man entlud Kähne mit Ziegeln, indem man die Frauen in einer langen Reihe aufstellte und die Steine von einer zur anderen werfen ließ. Die scharfen Kanten zerrissen die Hände.

Am nächsten Morgen waren die Arme und Beine der Sonnenverbrannten mit Blasen bedeckt. Sie wagten sich wieder zum Revier und hatten Glück; man verband sie. Nach zwei Tagen wollte die Blockälteste die völlig durchweichten Papierverbände erneuern lassen, lief aber dem SS-Arzt Schiedlausky in die Arme und flog unter Beschimpfungen aus dem Krankenrevier. Die Frauen hatten Fieber, sie konnten nur mit Mühe auf den Beinen stehen, der vereiterte Sonnenbrand stank so bestialisch, daß keiner es in der Baracke aushielt. Nach weiteren zwei Tagen versuchte die Blockälteste noch einmal, mit ihren Patienten ins Krankenrevier vorzudringen. Man schnitt den Alten die angeklebten Papierbinden ab, der Fußboden des Untersuchungszimmers war ein Gewimmel von Fliegenmaden, die aus den Wunden fielen.

Deutschlands Industrie und Landwirtschaft forderte 1942/1943 4,6 Millionen Menschen an. Insgesamt wurden aus der besetzten UdSSR fast 2,8 Millionen Zivilisten zur Arbeit ins Reich verschickt. Durch die Zwangswerbungen werden Mütter von ihren Kindern und Schulkinder von den Familien getrennt. Die Betroffenen suchen sich mit allen Mitteln dem Abtransport nach Deutschland zu entziehen. Das hat eine Verstärkung der deutschen Gegenmaßnahmen zur Folge: Beschlagnahmung des Getreides und des Eigentums, Inbrandsetzung des Hauses, gewaltsames Zusammentreiben, Fesselung und Mißhandlung der Gesammelten, Zwangsaborte von schwangeren Frauen.

Wenn das Gold gewaschen wird, müssen sie tagelang gebückt im Wasser stehen, daß ihr Körper darüber krumm und lahm werden möchte. Dringt Wasser in die Gruben, haben sie keine anderen Hilfsmittel es herauszuschaffen, als ihre Arme. Anfänglich durften sie sich ein ganzes Jahr nicht aus den Minen entfernen; nachmals, als man bemerkte, daß ihrer zuviel darüber starben, ward die Einrichtung getroffen, daß sie fünf Monate darin arbeiten, sodann vierzig Tage, während welcher das Gold geschmolzen wurde, ihr Feld bestellen müssen. Das ganze Jahr hindurch wissen sie nicht, was Feiertag ist, ihre Arbeiten gehen unaufhörlich fort. Ihre Nahrung besteht in Cazabi-Brot und einer Art Wurzeln, die Ajes genannt werden und den Rüben nicht unähnlich sind. Zwar lassen einige Spanier, die für freigiebig angesehen sein wollen, wöchentlich ein Schwein für fünfzig Indianer schlachten; hiervon behält der Aufseher über die Minen wenigstens zwei Viertel für sich, dann werden die anderen zwei Viertel unter die Indianer verteilt. Mithin bekommt jeder ungefähr ein Stückchen Fleisch von der Größe wie das geweihte Brot, welches sonntags in der Kirche ausgeteilt wird.

Die Tyrannei, welche die Spanier beim Perlenfang oder bei der Perlenfischerei gegen die Indianer ausüben, ist eine der grausamsten und verdammungswürdigsten Erfindungen. Man senkt sie drei, vier, auch fünf Klafter tief ins Meer, von Sonnenaufgang bis Sonnenuntergang. Sie müssen unter dem Wasser herumschwimmen und die Muscheln losreißen, worin die Perlen wachsen. Haben sie ihre Netze angefüllt, dürfen sie emporkommen und verschnaufen. Nicht weit davon ist ein spanischer Henkersknecht in einem Boot. Ruhen sie zu lange, stößt er sie ins Wasser oder reißt sie bei den Haaren hinein, damit sie fortfahren zu fischen. Oft tauchen sie bei dieser Fischerei unter und kommen nicht wieder empor, weil sie von Haifischen umgebracht und gefressen werden. Fast alle können diese Lebensart nur wenige Tage ertragen. Ihr Körper wird unaufhörlich von Kälte durchdrungen; ihre Brust wird vom häufigen Zurückhalten des Atems zusammengepreßt; mithin bekommen sie Blutspeien und Durchfall und sterben daran. Ihr Haar, das von Natur schwarz ist, bekommt eine ganz andere Farbe und wird brandrot, wie das Fell der Meerwölfe. Auf ihrem Rücken schlägt Salpeter aus, sie sehen wie Ungeheuer in Menschengestalt aus oder doch wie Menschen von einer anderen Art.

Angehörige der Intelligenzberufe, insbesondere Brillenträger, waren von vornherein auf die Bahn des Untergangs gestoßen. Am 1. Mai 1943 mußte in der Gärtnerei Buchenwald wieder Scheiße getragen werden. Zwei Russen, Ssergjej Nikolajew aus Woronesch und Fedja Fedorkim aus Stalingrad schleppten zusammen einen Tragkasten. Sie waren Freunde und suchten zusammenzubleiben. Um nicht aufzufallen, verbrauchten sie an Kraft, was sie hergeben konnten. Der ermattete Fedja strauchelte und fiel hin; dabei kippte die Trage mit dem Inhalt um und bespritzte SS-Rottenführer Fritz Schulz. Sofort erschoß er den Russen, während über seinen Kameraden die Hunde herfielen und ihn niederrissen. Der SSler zertrampelte ihn mit den genagelten Kommißstiefeln, den Rest zerfleischten die Hunde.

Wir gehörten zu den Buna-Werken der IG-Farben
Wir arbeiteten alle auf Kriegswirtschaft
Für einen Arbeiter wurden sechs Mark pro Tag bezahlt
Wie lang war der Arbeitstag?
Elf Stunden
An wen wurde der Lohn ausbezahlt?
An die Lagerverwaltung

Sie, Herr Zeuge, so wie die anderen Direktoren der großen Konzerne, erreichten durch unbegrenzten Menschenverschleiß Jahresumsätze von mehreren Milliarden. Es heißt, daß die Nachfolger dieser Konzerne heute zu glanzvollen Abschlüssen kommen, und daß sie sich in einer Expansionsphase befinden.

Tags darauf sprang nicht mehr bloß einer der Juden in die Tiefe, sondern sie gaben einander die Hand, und der erste zog neun bis zwölf Kameraden hinter sich her in den Tod. Erwähnt sei, daß Zivilangestellte des Mauthausener Steinbruchs baten, den Tod durch Hinunterstürzen zu verhindern, weil die Gehirn- und Fleischfetzen, die am Gestein klebten, einen zu grausigen Anblick boten. Der Steinbruch wurde mit Wasserschläuchen gereinigt, man stellte Häftlingsposten auf, die das Herunterstürzen verhinderten.

Der Grund war, daß die IG-Farbenindustrie in Frankfurt soeben die Bewilligung zur Errichtung einer Fabrik für synthetisches Benzin und Gummi in Oberschlesien für eine Gegend erhalten hatte, in der Arbeitskräfte aus Konzentrationslagern verfügbar waren. Elf Tage später trafen die Vertreter von Krupp mit Karl Sommer zusammen, um über die Fabrik für Granatzünder in Auschwitz zu verhandeln.

Ich habe die Krupp-Zünderfabrik im Konzentrationslager Auschwitz besichtigt. Hier wurden unter Aufsicht von Krupp-Angestellten Häftlinge für die Herstellung von Zündern beschäftigt. Alfried Krupp von Bohlen und Halbach erfreute sich besonderer Privilegien in bezug auf Arbeitskräfte aus

Konzentrationslagern. Im Juli des Jahres gestattete man ihm, Juden aus Auschwitz für die Arbeit im Bertawerk nach Essen zu bringen. Die ungarischen Jüdinnen wurden dem Elmagwerk in Essen, den Südwerken in Nürnberg und einer Anzahl von Kruppschen Betrieben zugeteilt. In Essen waren 520 von ihnen in einem Keller unter Verhältnissen untergebracht, die kaum besser waren als in Auschwitz.

Der Jägerstab erhielt von Speer die Aufgabe, die Rüstungsbetriebe der Flugzeugindustrie aus den bombengeschädigten oder gefährdeten Betrieben in unterirdische Produktionsstätten zu verlagern.

Hierzu forderte der spätere Präsident der Bundesrepublik Deutschland, Lübke, als oberster Bauführer des Baustabes Schlempp 2000 KZ-Häftlinge aus Buchenwald an, die in Peißen bei Bernburg Betonier- und Transportarbeiten unter Tage in zwei Schichten zu je 12 Stunden ausführen mußten. Die ersten Häftlinge wurden in Zelten untergebracht. Die Verhältnisse begünstigten eine Ruhrepidemie. Viele Häftlinge starben. Für die weiteren Häftlinge wurde ein Konzentrationslager in 400 Meter Tiefe angelegt. Hier siechten 500 Menschen dahin. Anläßlich einer Besprechung auf dem Gelände Anfang September 1944, die Lübke leitete, wurde festgestellt, daß die Arbeiten auf breitester Front Fortschritte machen. Bisher sind aus den Totenlisten des KZ Buchenwald 267 Namen Ermordeter, ausschließlich politischer Häftlinge, bekanntgeworden, für deren Tod Lübke in hohem Maße verantwortlich ist.

Mlamli Mavi, ein 38jähriger Bergarbeiter in der südafrikanischen Unglücks-Goldmine St. Helena, arbeitete in einem 700 Meter tiefen Stollen an der Pumpstation von Schacht zehn, als es geschah. »Eine Explosion und dann ein großes Feuer. Dann kam eine Druckwelle, und alles war dunkel«, erinnert er sich. Mavi verlor das Bewußtsein, als der Druck der Explosion den Schacht in ein Inferno verwandelte und einen Förderkorb in 900 Meter Tiefe von seinen Tragseilen riß.

Falls die schlimmsten Befürchtungen sich bestätigen, dann liegt der riesige Fahrstuhl mit 42 toten Bergleuten am Boden des Schachts, begraben unter einer 40 Meter hohen Schicht von Schrott und Felsen.

Nach elf Stunden wurde Mavi, der zu den fünf Überlebenden gehört, die aus dem 1370 Meter tiefen Schacht gerettet wurden, gefunden. Explosion, Druckwelle und Feuer deuten auf eine der tückischsten Gefahren im Bergbau hin. Methangas, farb- und geruchlos, kann durch einen kleinen Funken zu einer heftigen Explosion gebracht werden.

In den enormen Tiefen, in denen in Südafrika vor allem die Goldadern ausgebeutet werden, drücken die Gesteinsmassen mit gewaltiger Kraft in die

Ausschachtungen der Bergwerke. Fast vier Kilometer fahren die Kumpel senkrecht nach unten, bevor sie die letzten Stollen in Western Deep Levels – westlich von Johannesburg –, der tiefsten Goldmine der Welt, erreichen. Die Bergarbeitergewerkschaft NUM hält die rund hundert Minen in Südafrika für die »gefährlichsten der Welt«.

600 Arbeiter starben im letzten Jahr bei Unfällen in den Minen. Nach Schätzungen der Internationalen Arbeitsorganisation ILO sind in Südafrikas Bergwerken zwischen 1973 und 1986 etwa 10 000 schwarze Arbeiter ums Leben gekommen.

7,7 Milliarden D-Mark Profit machte die Minenindustrie 1985.

Ein Richter in Chicago hielt drei Manager einer Chemiefirma wegen der tödlichen Vergiftung eines Arbeiters des Mordes überführt. Der Prozeß befaßte sich mit dem Tod des 61jährigen polnischen Arbeiters Stefan Golab, der im Februar 1983 in der Firma nach dem Einatmen von Zyaniddämpfen zusammengebrochen und gestorben war. Eine Untersuchung ergab, daß er an einer akuten »Zyanidvergiftung« gestorben war, während er mit der Wiedergewinnung von Silber aus verbrauchten Fotochemikalien beschäftigt war. Auch wurde bekannt, daß vor allem illegal eingereiste Arbeiter mit ungenügender Aufklärung über die Gefahren ihres Jobs in der Firma angestellt wurden.

Die gesundheitliche Gefährdung der Bevölkerung in der Bundesrepublik durch gefährliche Stoffe nimmt laut Deutschem Gewerkschaftsbund (DGB) immer bedrohlichere Ausmaße an. Die Dunkelziffer von Erkrankungen durch risikoreiche Arbeitsstoffe sei inzwischen außerordentlich hoch. Dies gelte vor allem für arbeitsbedingte Krebserkrankungen, Allergien sowie Erkrankungen des Nervensystems, des Gehirns, der Atemwege, des Stoffwechsels und der blutbildenden Organe.

Wenn Menschen auch nur kurzzeitig Geräuschen von 150 Dezibel ausgesetzt werden, verlieren sie meist ihr Gehör, bei einem Schallpegel von 155 Dezibel kann die Haut verbrennen und 180 Dezibel führen in der Regel zum Tod. Die von den Supermächten entwickelten Geräuschwaffen strahlen daher über 200 Dezibel ab. Der durchschnittliche Großstadtlärm von 80 Dezibel wird von der Mehrzahl der Ärzte als jene Grenze angesehen, nach deren Überschreitung das Auftreten ernster Gehörschäden möglich ist.

Eine grauenhafte neue Berufskrankheit bedroht die Arbeiter an den unmittelbar PVC-produzierenden Autoklaven in den großen Chemiewerken. So sollen mindestens 40 Beschäftigte der Dynamit Nobel AG in Troisdorf durch Vinylchlorid-Gase geschädigt worden sein. Die Wirkungen ausströmenden Gases: Die Knochen in den Händen weichen auf, Leber und Milz vergrößern sich. Das blutbildende System und die Blutgerinnung werden schwer beeinträchtigt, die Lunge erheblich in Mitleidenschaft gezogen. Das Atmen fällt dem Gasvergifteten immer schwerer, in der Speiseröhre können sich Krampfadern bilden.

Bis vor kurzem war die Berufskrankheit unbekannt. Es gibt noch kein Mittel dagegen. Der Bonner Hautarzt Professor Günter Veltmann stellte eine »ernste Prognose«. Die Sterblichkeit sei »relativ hoch« und treffe vor allem junge Männer. Besonders unter den Angehörigen der 160 an den Troisdorfer Autoklaven beschäftigten Arbeiter macht sich Unruhe bemerkbar. Die Dynamit Nobel AG erklärte, bis jetzt sei »niemand gestorben«.

Angezeigte Berufskrankheiten 1985: Hautkrankheiten 11 602, Lärmschwerhörigkeit 8 828, Staublunge 4 369, Infektionen 3 286, Körperliche Überbeanspruchung 3 212, Allergien der Atemwege u. ä. 3 117, Krank durch Chemie 1 993, Sonstige 1050, insgesamt 37 457. Angezeigte Unfälle 1 715 000. Todesfälle 2 834.

Mehr als die Hälfte aller Arbeiter in der Bundesrepublik scheidet als Folge von Verschleißerscheinungen vor Erreichen der Altersgrenze aus dem Arbeitsleben aus.

Aufziehen

Ich mußte das Erbrochene und den Rest der Heringe aufschlecken. Zum Schluß hatte ich noch was im Mund. Boger rief: Paßt auf, daß er den Rest nicht auf dem Korridor ausspuckt. Dann wurde ich in den Block elf gebracht und auf dem Dachboden an den nach hinten gebundenen Händen aufgehängt. Das hieß Pfahlhängen. Man hing so hoch, daß die Fußspitzen gerade den Boden berührten. Boger stieß mich hin und her und trat mir in den Bauch. Als ich ohnmächtig wurde, übergoß man mich mit Wasser. Meine Arme starben ab. Die Gelenke platzten fast. Boger stellte mir Fragen. Meine Zunge war so angeschwollen, daß ich nicht antworten konnte.

Der Inquisitor kniete neben dem Angeschuldigten nieder, betete leise, schlug einige Kreuze und verharrte eine Weile regungslos in dieser Haltung. Dann stand er auf und befahl, die Frage mit dem Aufziehen vorzunehmen. Die vier Vermummten faßten den Angeklagten und banden seine Hände hinter seinem Rücken mit dem Ende eines Strickes, der von der Decke herabhing, oben in einer Rolle laufend. So wurde er bis zur Decke hinaufgezogen und dann plötzlich rasch hinabgelassen, doch so, daß seine Füße die Erde nicht berühren konnten. Sehr oft waren die Arme ausgerenkt.

Ich habe im Lager den Leutnant Lefèvre gesehen, der den Gebrauch seiner beiden Arme eingebüßt hatte, da er über vier Stunden auf diese Art aufgehängt worden war.

Die bis zum Wahnsinn Gemarterten schrien nach Wasser, nach Frau und Kindern, nach einer Kugel, die der Qual ein Ende bereiten sollte.

Ausdärmen

Die Darmlänge hängt natürlich von der Größe des Gefangenen ab. Das Schaf besitzt im Verhältnis zur Körperlänge den längsten Darm (28:1). Danach folgt das Rind (22:1), dann das Schwein und der Mensch (7:1) und schließlich der Hund (4:1). Dies hängt damit zusammen, daß das Schaf schlecht verdauliche Gräser frißt, die eine lange Zeit zur Verdauung benötigen, während das Schwein (Allesfresser) leichter verdauliche Nahrung und der Hund als Fleischfresser wohl die am leichtesten verdauliche Nahrung aufnimmt.

Baumverderber und Pflugräuber wurden in einigen Gegenden Deutschlands an einen Baum gefesselt, ihnen der Bauch aufgeschnitten und sie mit Geißelhieben um den Stamm getrieben, bis die Gedärme aus dem Leibe drangen und der Verbrecher tot zu Boden sank. Wer einem Baum sein Leben nahm, indem er ihm die Rinde abschälte, der sollte die Ausdärmung erdulden müssen. So viel Darm wurde ihm aus dem Leib gewunden als nötig war, die beschädigte Baumstelle zuzudecken. Es ist anzunehmen, daß die Strafe regelmäßig den Tod herbeiführte, denn die Chirurgie jener Zeit war noch nicht so weit.

Der heilige Erasmus liegt am Boden, an Pflöcke gefesselt. Einer der Henker ist beschäftigt, aus dem aufgeschnittenen Unterleib des Gemarterten die Därme herauszuschälen, während der andere sie auf einer Haspel aufwindet. Der größte Teil des Darmes ist bereits aufgewunden, aber der Heilige lebt noch.

Auspeitschen

Im Regime des Ayatollah Khomeini ist Auspeitschen eine übliche Rechtspraxis geworden. Im Mai 1986 wurden in Ahwaz, der Hauptstadt der ölreichen südlichen Provinz Khuzestan, Braut und Bräutigam sowie alle 800 Gäste eines Hochzeitsfestes verhaftet und ausgepeitscht. Frauen, die auf dem

Fest getanzt hatten, bekamen dafür 20 bis 30 Hiebe, Frauen mit attraktiv wirkenden Kleidern, »korrupt« in Khomeinis Worten, mußten 20 Schläge hinnehmen, während der Bräutigam 70 dafür bekam, diese »Zeremonie der Korruption« veranstaltet zu haben.

Bevor die eigentliche Zeremonie der Peitschung beginnt, predigt ein Kleriker über islamische Gerechtigkeit und Strafe als ein unveränderbares Recht. Dann wird der Verurteilte mit dem Gesicht nach unten auf eine Bank gelegt. Seine Hände werden angebunden, seine Füße von ein oder zwei Männern festgehalten. Die Schläge treffen ihn auf der vollen Länge seines Körpers, von den Schultern bis zu den Füßen, Schlag für Schlag.

Nach der islamischen Vorschrift soll eigentlich nur leicht geschlagen werden. Der Auspeitscher sollte etwa ein Buch oder einen vergleichbaren Gegenstand unter seinen rechten, den ausführenden Arm stecken, damit er seine Hand nicht allzu hoch heben kann. Aber das wird nie eingehalten, und die Opfer weinen vor Schmerz und verfluchen, wen und was ihnen gerade in den Sinn kommt.

Die Peitsche, zumeist ein Stromkabel oder eine Pferdepeitsche, wird sogar von kräftigen Männern kaum ausgehalten. Ein wegen Bekleidungsproblemen verhaftetes Mädchen durfte sich für 2200 D-Mark von ihren 70 Peitschenhieben freikaufen.

B

Backen

Die große Anzahl von Verurteilten, die die Kirche durch das Feuer zum Sterben brachte, war die Ursache, daß der Präfekt von Sevilla sich gezwungen sah, vor der Stadt einen festen Steinofen bauen zu lassen, auf welchem man vier große Gipsstatuen errichtete. Diese Statuen waren hohl. Man sperrte die Ketzer in die Höhlung, um sie durch die Hitze langsam zu vernichten.

In Neisse hatte der Magistrat zum Verbrennen einen Ofen erbauen lassen, in dem 1651 nicht weniger als zweiundvierzig weibliche Personen verbrannt wurden.

Bajonett

Aus dem Handbuch für Wehrpflichtige. Anweisung für den Nahkampf. Vor dem Einbruch pflanzt der Soldat das Gewehr auf. Im Nahkampf führt der Soldat kräftige Stöße auf den Feind aus und wirft ihn hierbei um. Im Weiterlaufen zieht der Soldat die Waffe aus dem Körper des Gegners wieder heraus.

An folgenden Punkten ist der Gegner besonders gut zu treffen: Schädel, Schläfen, Genick, Nieren, Magengrube, Geschlechtsteile.

Befrieden

Sie brachten es dahin, daß gegenwärtig von mehr als drei Millionen Menschen, die ich ehedem auf der Insel Hispaniola mit eigenen Augen sah, nur noch zweihundert Eingeborene vorhanden sind. Die Länge der Insel Cuba erstreckt sich beinahe so weit als der Weg von Valladolid nach Rom; heutigen Tages ist sie fast ganz von Menschen entblößt. San Juan und Jamaica sind zwei der größten, fruchtbarsten und anmutigsten Inseln; beide liegen jetzt öde und verheert. Was das große feste Land anbetrifft, so kann man als ausgemacht annehmen, daß unsere Spanier durch ihre Grausamkeit daselbst mehr als zehn Königreiche, die ehedem stark bevölkert waren, verwüstet und verheert haben.

Afrikaner möchten zum Volk gehören und nicht gezwungen sein, in Ghettos zu leben. Afrikanische Männer wollen mit ihren Frauen und Kindern gemeinsam in dem Ort wohnen, in dem sie arbeiten, und nicht zu dem unnatürlichen Leben in Männerwohnlagern gezwungen werden. Afrikanische Frauen wollen mit ihren Männern zusammenleben und nicht ständig das Leben von Witwen in den Reservaten führen. Afrikaner möchten auch nach elf Uhr abends auf der Straße sein können und nicht wie kleine Kinder in ihren Zimmern bleiben müssen. Afrikaner möchten in ihrem eigenen Land umherreisen können und dort einen Arbeitsplatz suchen, wo es sie hinzieht, und nicht dort, wohin sie vom Arbeitsamt dirigiert werden. Afrikaner möchten einen gerechten Anteil an ganz Südafrika.

Im März 1960, zu Beginn der strengen Apartheidspolitik, demonstrierten etwa 20000 Menschen gegen die Rassendiskriminierung in Sharpeville. Die Polizei schoß und tötete 68 Farbige. Seitdem wissen beide Seiten, was die Stunde geschlagen hat. Der Verteidigungsetat Südafrikas wurde seitdem vervierfacht, die Polizei, die ein ausgedehntes Spitzelsystem unterhält, modernisiert. Ihr wirksamstes Mittel: jeden, den sie verdächtigt, kann sie 90 Tage in Haft nehmen – und ihn nach 90 Tagen erneut verhaften. Auf diese Weise waren die legalen Organisationen der Farbigen 1965 zerschlagen, und es herrschte Ruhe und Ordnung im Lande.

Ganz offen proklamierten die Zeitungen des Erzbistums Sarajewo, dessen schwer belasteter Mörder-Bischof Ivan Šarić 1960 in Madrid starb, den Katholizismus zu verkünden mit Hilfe von Kanonen, Maschinengewehren, Panzern und Bombern. Alltäglich waren Priester, die predigten: Bis jetzt, meine Brüder, haben wir für unsere Religion mit Kreuz und Brevier gearbeitet. Es ist keine Sünde mehr, ein siebenjähriges Kind zu töten, wenn es gegen die Gesetzgebung der Ustaschen verstößt. Im nächsten Monat, im Juli 1941, haben die Ustaschen in Häusern, Schulen, Gefängnissen und orthodoxen Kirchen, auf Straßen und Feldern in wenigen Tagen über 100 000 serbische Frauen und Kinder niedergemacht. Die Kirche von Glina wurde nach einem Bericht des beteiligten Ustaschen Hilmia Berberović in einen Schlachthof verwandelt. Das Blutbad dauerte von abends um 10 Uhr bis morgens um 4 Uhr und ging acht Tage weiter. Die Uniformen der Schlächter mußten gewechselt werden, weil sie vom Blute durchnäßt waren. Man findet später aufgespießte Kinder mit vor Schmerz gekrümmten Gliedern. Zweitausend serbische Männer, Frauen und Kinder kamen bei dem Gemetzel um, das der aus Glina stammende Justizminister Dr. Mirko Puk und der Prior des Franziskanerklosters von Cuntic (Cunzic?), Hermenegildo alias Castimir Hemann, veranlaßt hatten.

Die Konzentrationslager schossen im katholischen Unabhängigen Kroatien aus dem Boden; sogar für Kinder. Von 24 000 Kindern, die 1942 allein in Jasenovac steckten, wurde die Hälfte ermordet. Insgesamt starben ungefähr 350 000 Menschen in den kroatischen Konzentrationslagern.

Nach Niederringung der Republik mit Hilfe der deutschen und italienischen Faschisten beglückwünschte Pius XII. am 1. April 1939 Franco: Indem Wir unser Herz zu Gott erheben, freuen Wir uns mit Ew. Exzellenz über den von der katholischen Kirche so ersehnten Sieg. Nach offiziellen Statistiken der spanischen Regierung ließ Franco vom Ende des Bürgerkriegs 1939 bis zum Frühjahr 1942 mehr als 200 000 Republikaner erschießen.

Es ist offensichtlich: Dies sind keine Flüchtlinge nach der Definition des Lexikons. Sie flohen nicht vor den Flotten der B-52-Bomber, obwohl Anlaß genug gewesen wäre. Die Air Force scheint so unentrinnbar wie das Auge Gottes zu sein. Bald, denkt man – und hofft zugleich, daß die Phantasie übertreibt –, wird der forschende Starrblick alles ausradiert, alles verkohlt, alles entlaubt haben.

Sie wurden vielmehr vertrieben durch amerikanische Truppen, die systematisch ihre Häuser in Brand steckten.

Die Dörfer brannte man ab, die Ernte wurde vernichtet. Die vietnamesische Armee exekutierte ein paar zögernde Dorfälteste und Bauern, um ein Exempel zu statuieren. Die neuen Wehrdörfer wurden einer strikten politischen Kontrolle unterzogen. Auch hier wurden Hinrichtungen registriert. Ein Überläufer, der nun in Europa lebt, gelangte zu der Schätzung, daß im Gang der Jahre ein Viertel der Bevölkerung von Südvietnam-Bauern vor allem durch Kampfhandlungen, Unterernährung oder den Mangel an medizinischer Versorgung den Tod finden wird. Die politischen Wissenschaftler halten den Begriff Völkermord, Genozid, für eine keineswegs adäquate Beschreibung der Lage. Genozid ist immer vorsätzlich. Was ist zufällig, wenn die Piloten ein Dorf als ein Dorf erkennen, wenn sie denken, daß in den Hütten Menschen leben, und die Erfahrung sie lehrt, daß Bomben zu explodieren pflegen?

Ein vor Eifer atemloser US-Funktionär in der düsteren Stadt Phu Cuong erklärte uns: Wir bringen ihnen bei, was freies Unternehmertum heißt.

Nachdem sie das Dorf umzingelt hatten, eröffneten Marinesoldaten 3,5-Raketen-Feuer, schweres und leichtes Maschinengewehrfeuer und ließen 79 Granatwerfer los. Dann rückten die Marinesoldaten ein. Sie gingen mit Feuerzeugen vor, dann mit Flammenwerfern, um schätzungsweise 150 Behausungen abzubrennen.

Sehen Sie, in Cato-Manor haben die Weißen hundertfünfzigtausend Schwarze wie Vieh zusammengetrieben. Nur ein Europäer lebt bei ihnen, ein französischer Missionar. Ich war einige Stunden vorher in Cato-Manor spazierengegangen und hatte diese wackligen Baracken aus Wellblech, Brettern, Pappe und selbst Schilf gesehen. Hier gab es keine Straßen oder Gehwege, sondern nur Trampelpfade voller Geröll und flüssigem Unrat. Nirgendwo ein Baum oder ein wenig Grün. In den Baracken gibt es weder fließendes Wasser noch ein WC. Cato-Manor liegt bei Durban und ist die größte Blechkanisterstadt Südafrikas. Die ganze Bevölkerung ist unterernährt. Wer nicht arbeitslos ist, muß seine Familie bei einem Monatslohn von fünf bis sieben Pfund ernähren. Auf tausend Geburten kommen zweihundert Todesfälle. 18 oder 19 bei den Weißen. Die meisten Kinder sterben vor der Vollendung des zweiten Lebensjahres, etwa 65 %. Wenn die Mütter keine Milch haben, geben sie den Säuglingen Wasser oder Hirsebrei. Als Folge davon sterben die Kinder schneller, und wenn sie am Leben bleiben, leiden sie an Krankheiten, die durch die Unterernährung hervorgerufen sind.

Um die neuen Eingeborenenstädte haben die Weißen einen zwei oder drei Kilometer breiten Streifen Niemandsland geschaffen, wo es weder Häuser, Felder noch Vieh gibt. Die Polizei hat dadurch im Falle von Revolten die Möglichkeit, Maschinengewehrfeuer zu eröffnen. Auf dem anderen Schild stand: Für Schwarze und Hunde verboten. Es ist das einzige Land der Welt, wo das freie Unternehmertum derart begünstigt wird — die Industrien vermehren sich ständig, die Bauten schießen aus dem Boden, das Erdinnere strotzt von Gold, Diamanten und Uranium. Wenn es eine Apartheid gibt, so, weil Gott sie gewollt hat. So erklärt sich die Anwendung von Panzern, Maschinengewehren, Gummiknüppeln und Peitschen.

Mit einem Kreuz auf Kleidern und Fahnen zogen sie los. Schon an Rhein und Donau erschlugen sie Tausende von Juden. Dann vergewaltigten und mordeten sie die christlichen Ungarn. Bei der Einnahme Jerusalems im Sommer 1099, an einem Freitag und zur Stunde der Kreuzigung, massakrierten sie fast 70 000 Sarazenen. Sie töteten, da sie alles, wie Erzbischof Wilhelm von Tyrus schreibt, für immer zu rauben beschlossen, jeden Einwohner. Sie troffen von Blut und hingen an den Eingang der gesäuberten Häuser zum Zeichen der Besitzergreifung ihren Schild — eines der ältesten Zeugnisse für die Verwendung von Wappenschildern als Identifikationsmittel. Im Tempel metzelten sie derart, daß sie, so sagt der Geistliche Raimund von Agiles, durch Gottes wunderbares und gerechtes Urteil bis zu den Knien und sogar bis zu den Sätteln der Pferde im Blut wateten. Dann, glücklich und vor Freude weinend, gingen die Unsrigen hin, um das Grab unseres Erlösers zu verehren.

Blenden

Meist mit einem glühenden Stab. Kein Verletzen größerer Gefäße. Durch Verwenden von glühenden Geräten selten Infektion.

Den Todesstrafen kamen oft die schwersten Körperstrafen gleich, angesichts des niedrigen Standes der Medizin überlebte nur ein Teil der Betroffenen die schweren Verstümmelungen, wie sie noch im siebzehnten Jahrhundert häufig von den Gerichten verhängt wurden. Das Ausstechen der Augen war fast immer eine Todesstrafe.

Der italienische Schriftsteller Curzio Malaparte interviewte Pavelić, den Führer der kroatischen Ustascha-Bewegung, in Zagreb: Während er sprach, schaute ich auf einen Weidenkorb, der zur Rechten des Poglavnik auf seinem Schreibtisch stand. Der Korb wurde geöffnet, und eine Menge Meeresgetier oder dergleichen kam zum Vorschein. Austern von Dalmatien? fragte ich. Ante Pavelić hob den Deckel und zeigte mir das Zeug, das aussah wie eine Masse klebriger, gallertartiger Austern. Mit einem müden, freundlichen Lächeln sagte er: »Ein Geschenk meiner treuen Ustaschen. Vierzig Pfund menschlicher Augen.« Das war der Mann, den Pius XII. gesegnet hatte. Wenige Wochen nach der Audienz: New Review: Er wird einmütig als der größte Verbrecher des Jahres 1941 betrachtet.

Der Geistliche sah Christ und Ustaschen, Christ und Kroaten zusammen durch die Geschichte marschieren, beteuerte dem von Gott gesandten Pavelić die Loyalität und feierte Hitler als Kreuzfahrer Gottes.

Die gleiche Zeitung hatte zuvor über die Blendung von 31 indischen Gefangenen berichtet, denen von Polizisten mit Säure und Fahrradspeichen das Augenlicht geraubt wurde. Auch dabei hatte es sich um Untersuchungshäftlinge gehandelt.

Bock

Der Nervenschock nach dem ersten Hiebe blockiert alle psychischen Funktionen. Ein Gefangener will schreien, er reißt den Mund auf, die Stimme ist weg. Der erste Hieb traf mich wie ein Blitzschlag; er traf mich und brannte. Wenn ich zurückdenke, so muß ich sechs Fuß hoch in die Luft gesprungen sein. Aber eigentlich kann ich gar nicht gesprungen sein, ich war viel zu fest angebunden. Ich habe nicht aufgeschrien, aber mit meinen Vorsätzen, den Rücken rund zu halten, wurde es nichts, gar nichts. Mit jedem Hieb wich ich mehr von der sengenden Peitsche zurück. Als alles vorüber war, war mein Rücken eingedrückt, die Brust vorgestreckt, ich zitterte wie ein Kalb unter dem heißen Brandeisen.

Der Delinquent wird mit Händen und Füßen über einen Bock geschnallt, so daß der Hintern straff gespannt ist; dann wird mit einem Stock, einem Ochsenziemer, einer Lederpeitsche oder einer Rute auf den entblößten Hintern die zuerkannte Anzahl Streiche, deren Höchstzahl verschieden bemessen ist, von 25—60, verabreicht. Wird mit dem Stock oder der Peitsche ordonnanzmäßig von einem kräftigen Mann zugeschlagen, so muß beim fünften Hieb die ausgespannte Haut platzen, und jeder folgende Hieb klatscht in die blutige Masse bis je nach der Zahl der Hiebe der ganze Hintern zu Brei geschlagen ist.

Für die Prügelstrafe bestand eine zentrale Anweisung des SS-WVHA. Sie wurde auf dem sogenannten Bock vollzogen, einem tischähnlichen Holzgestell, auf dem der Delinquent, auf dem Bauche liegend, den Kopf tiefer, das Gesäß hoch herausgespannt und die Beine unten nach vorn gezogen, festgeschnallt wurde. Der Bock war in allen Lagern ein bekanntes Exekutionsinstrument. Die Verfeinerungen, die an der Buchenwalder Ausführung angebracht waren, stammten von einem Häftling, der sie der SS vorgeschlagen und auch den Auftrag zur fachmännischen Fertigstellung erhalten hat. Verabreicht wurden 5 bis 25 Hiebe mit Stock, Peitsche oder Ochsenziemer, in einem Zeitraum von vierzehn Tagen bis zu viermal wiederholbar. Am 4. April 1942 hat der Chef der Amtsgruppe D ein Rundschreiben folgenden Wortlautes erlassen: Der Reichsführer-SS und Chef der Deutschen Polizei hat angeordnet, daß der Strafvollzug auf das unbekleidete Gesäß zu erfolgen hat.

Er wartet in einem leeren Raum, in dessen Mitte ein Apparat wie das Stativ eines Photographen steht, nur ist es höher und kräftiger, und seine 3 Beine sind solide am Boden befestigt. Inzwischen kommt ein gedrungener kleiner Mann in Uniform herein. Er hat einen struppigen braunen Bart, kalte blaue Augen und in der Hand ein Instrument, das wie der Abziehriemen eines Friseurs aussieht, nur länger, schwerer und mit einem anderen Handgriff. Er sitzt auf einer Bank und sieht den Gefangenen sinnend an. Der stellvertretende Direktor erscheint und gibt einen Befehl. Der Arzt läßt sich neben dem Mann mit dem Riemen nieder. Zwei Beamte machen den Delinquenten mit den Händen und Füßen am Dreifuß fest. Die Arme sind hochgebunden, die Beine gespreizt.

Der Mann mit dem Riemen tritt hinter den Gefangenen, so daß er etwas links von ihm zu stehen kommt. Er holt aus. Zischend kommt der Riemen durch die Luft.

Jeder wuchtige Schlag mit einer solchen Peitsche auf ein tannenes Brett hinterläßt eine Rinne und zertrümmert ein halbzölliges tannenes Brett nach den ersten Schlägen. Danach ist anzunehmen, daß ein Schlag, welcher zufällig den Rückenwirbel trifft, denselben wenn nicht zertrümmert, so doch beschädigen wird.

Die Sachkenntnis bewährte sich in zielsicheren Nierenschlägen. Der Lagerarzt wohnte dem Vorgang bei. Es sind wenige Fälle bekannt, in denen die Lagerärzte die Verabfolgung weiterer Schläge beendet haben.

Die Prozedur erfolgte meist vor der gesamten Belegschaft des KL am Abend auf dem Appellplatz. Der Bock wurde von vier Mann wie ein Thronsessel hoch erhoben herangetragen und auf einen Steinhaufen gestellt. Durch den Lautsprecher wurden der Name, der Strafgrund und das Strafmaß in der rüdesten Form bekanntgegeben. Paßte der Lagerführung das

Geschrei nicht, ließ sie die Lagermusikkapelle einen Marsch spielen. Sturmbannführer Rödl hat in Buchenwald einen Opernsänger neben dem Bock aufstellen und zu der Vorstellung Arien singen lassen.

Die dem Parlament vorgelegten Berichte von 1958 weisen nach, daß in einem Jahr 93 775 Peitschenhiebe verabreicht wurden, davon 17 223 an Jugendliche unter zwanzig Jahren. Soviel über die weiße Zivilisation in Südafrika.

Bogerschaukel

Boger sagte: Wir sind die Politische Abteilung, wir fragen nicht, wir hören nur zu. Was du zu sagen hast, mußt du selbst wissen.

Mein Nebenmann wurde von Boger abgeführt in das angrenzende Zimmer. Er hieß Walter Windmüller. Ich schätze, er ist zwei bis drei Stunden drin gewesen. Ich stand im Korridor, mit dem Gesicht zur Wand. Dann kam Windmüller raus. Er mußte sich neben mir hinstellen. Er blutete aus den Hosenbeinen und kippte ein paarmal um. Wir haben dort gelernt, mit unbeweglichen Lippen zu sprechen. Als ich ihn nach der Vernehmung fragte: Mir sind dort drin die Hoden zerschlagen worden. Er starb noch am selben Tag.

Vorn gingen Häftlinge und trugen zwei Holzgestelle ähnlich den Seitenstöcken einer Hürde. Ihnen folgten Posten mit Maschinenpistolen sowie die Herren der Abteilung mit Aktenmappen und getrockneten, besonders präparierten Bullenschläuchen, wie sie zur Prügelstrafe verwendet wurden. Die Holzgestelle bildeten das Traggerüst der Schaukel. Sie bestand schon vorher in einer einfacheren Form. Anfangs wurde nur ein Eisenrohr über zwei Tische gelegt und der Häftling daran festgeschnallt. Da das Rohr während der Schläge hin- und herrollte, wurde das Traggestell zur Stabilisierung angefertigt.

Der Häftling hatte sich mit angezogenen Knien auf den Boden zu setzen. Seine Hände wurden ihm vorn gefesselt und über die Knie herabgedrückt. Die Stange wurde geholt und zwischen seine Unterarme und Kniekehlen geschoben. Dann wurde die Stange hochgehoben und auf das Gestell gelegt.

Boger stellte Fragen, aber ich konnte nicht antworten. Ich hing mit dem Kopf nach unten, und die beiden Funktionshäftlinge schaukelten mich hin und her. Boger und Dylewski schlugen mich abwechselnd mit dem Ochsenziemer. Auf das Gesäß, den Rücken, die Schenkel, die Hände und Füße und den Hinterkopf. Vor allem waren die Geschlechtsteile den Schlägen ausgesetzt. Sie zielten besonders darauf. Dreimal wurde ich ohnmächtig und man übergoß mich mit Wasser. Als ich von der Schaukel genommen wurde, sagte Boger: Jetzt haben wir dich zur fröhlichen Himmelfahrt vorbereitet. Ich wurde in eine Zelle des Block Elf gebracht. Ich weiß nicht, wieviele Tage ich dort verbrachte. Mein Gesäß war vereitert. Meine Hoden waren grün und blau und riesig angeschwollen. Die meiste Zeit lag ich bewußtlos.

Wir hörten die Schläge und das Schreien. Nach einer Stunde oder nach mehreren Stunden wurden sie herausgetragen. Sie waren nicht mehr zu erkennen. Wer danach nicht tot war, konnte die nächsten Stunden kaum überleben. Wie oft haben Sie gesehen, daß Häftlinge nach dem Herunternehmen von der Maschine starben? Mindestens zwanzigmal. In mindestens zwanzig Fällen können Sie bürgen, daß in Ihrer Gegenwart der Tod eingetreten ist? – Ja.

Ich habe nie einen Befehl gesehen, der von der Hinzuziehung eines Arztes sprach. Dies war auch unnötig, denn in dem Augenblick, in dem das Blut strömte, brach ich ab. Der Zweck der verschärften Vernehmung war erreicht, wenn das Blut durch die Hosen lief. Im übrigen bin ich der Meinung, daß auch heute noch die Prügelstrafe angebracht wäre, zum Beispiel im Jugendstrafrecht, um Herr zu werden über manche Fälle von Verrohung.

»Mein Mandant Renin Peralta wurde entkleidet und auf die Papageienschaukel gehängt«, berichtete in Santiago der Rechtsanwalt Salvador Zegers. Die kennt man bei Folterern in ganz Lateinamerika. Das Opfer wird in den Kniekehlen auf eine Eisenstange gehängt, und die Hände werden mit den Fußknöcheln zusammengebunden. Hier baumelte auch der Chilene Peralta bei der Kriminalpolizei in Santiago mit dem Kopf nach unten. Sie versetzten ihm Elektroschocks am ganzen Körper. Seine Schmerzensschreie versuchten sie zu übertönen, indem sie Radiomusik besonders laut abspielten.

Brandmarkung

Häufig kam es vor, daß die Strafe nicht mit einem glühenden Eisen eingebrannt, sondern daß mit einem kalten Eisen ein Zeichen in die Haut eingekniffen wurde. Aus zahlreichen Quellen geht hervor, daß der in Frage kommende Körperteil mit Nadeln durchstochen und in die Löcher Pulver eingestreut wurde.

Daß die Brandmarkung bereits in alten deutschen Quellen vorkommt, ist richtig. Auch die Römer brannten zur Strafe dem Übeltäter nicht nur Buchstaben, sondern auch Zeichen auf. So wurden in Rom und in Deutschland bei Diebstahl Schlüssel eingebrannt, in Frankreich zwei Lilien. Vielfach wurden auch die Buchstaben der besonderen Art des Verbrechens angepaßt, so in Rom der Buchstabe K für Verleumdung, Calumnia, in Frankreich die Buchstaben gal für Galeerensträflinge, in England die Buchstaben BC allgemein für Verbrecher, bad character.

Münzen für Münzfälscher, Bootshaken für flüchtige Schiffsleute, Hirschgeweihe für den Wilddieb, Hufeisen für Sodomie, Geschlechtsorgane für den Verführer, Würfel für den Falschspieler, die Figur eines Menschen ohne Kopf für den Totschläger, Gastwirtschaftsbilder für verbotenen Genuß berauschender Getränke. Das Brandmal wurde an augenfälliger Stelle eingebrannt: Stirn, Gesicht, Wangen oder Lippen, Rücken oder Ohren, später in milderer Form auch auf Arme, Hände, Daumen, Schultern, Brust, Beine oder Füße.

Nachdem das Brandmal aufgedrückt war, prüfte der Scharfrichter die Hand und wandte sich, wenn er mit dem Ergebnis zufrieden war, an den Richter und meldete: Das Zeichen ist wohlgelungen, Euer Hochwohlgeboren. Bisweilen ähnelten die eingebrannten Kennzeichen den modernen Autobezeichnungen, B Bayern, OS Oberschweiz, SG St. Gallen. Das Bonner Brandmal war C, Cöln.

Eine Brandmarke richtig und deutlich auf den Körper setzen, hieß zierlich zeichnen. Die Kunst war wichtig, weil die verschiedenen Brandmarken ein Vorstrafenregister darstellten. Ein erfahrener Scharfrichter brauchte den Delinquenten nur zu entkleiden, um zu sehen, mit wem er es zu tun hatte.

Braten

Bei seinen langen und fruchtlosen Kriegen gegen die Schwertritter bezeichneten schreckliche Todes-Martern Iwans flüchtige Erfolge. Seine Gefangenen ließ er in glühende Kessel werfen, auf Lanzen aufspießen, auf Kohlenpfannen, die er selbst anschürte, lebendig braten.

Große und Edle brachten sie gewöhnlich folgendergestalt um: sie machten Roste von Stäben, die sie auf Gabeln legten, darauf banden sie die Unglücklichen fest und machten ein gelindes Feuer darunter, bis sie nach und nach ein jämmerliches Geschrei erhoben und unter unsäglichen Schmerzen den Geist aufgaben.

Ich kam einmal dazu, als sie vier bis fünf der vornehmsten Indianer auf solchen Rosten verbrannten. Sie alle machten ein gräßliches Geschrei, das dem Befehlshaber lästig fiel oder ihn vielleicht im Schlafe störte. Er gab Befehl, man solle sie erdrosseln; der Alguacil – ich weiß seinen Namen, seine Verwandten zu Sevilla sind mir gut bekannt – war weit grausamer als der Henker, welcher sie verbrannte; er ließ sie nicht erdrosseln, sondern steckte ihnen mit eigener Hand Knebel in den Mund und schürte das Feuer.

Sie waren dreißig. Man hob dreißig Löcher aus dem Sand und grub sie bis zum Halse ein, nackt, mit rasierten Köpfen unter der Mittagssonne. Damit sie nicht zu schnell starben, begoß man sie von Zeit zu Zeit wie Kohlköpfe. Nach einer halben Stunde waren ihre Lider geschwollen, ihre Augäpfel traten aus den Höhlen, und ihre Zungen waren so dick, daß sie ihnen ganz den Mund ausfüllten, und die Münder standen weit offen. Ihre Haut sah aus wie braun gebraten und begann zu reißen. Das ließ jede Anmut vermissen. Dreißig Köpfe, die wie mißgeformte Kieselsteine aus der Erde ragten.

Brennen

Die Provinz Mechuacam liegt vierzig Meilen von Mexiko und ist ebenso volkreich und fruchtbar wie dieses Reich. Der König des Landes kam ihm, nebst einer zahlreichen Prozession, entgegen, brachte ihm Geschenke und erbot sich zu allen möglichen Diensten. Auf der Stelle ließ er ihn gefangennehmen, denn er stand in dem Rufe, daß er viel Gold und Silber besitze. Damit er seine Schätze hergäbe, ließ der Tyrann ihn peinigen. Man legte ihn auf die Erde, band seine Hände an einen Pfahl, schloß seine Füße in den Stock und hielt ihm einen Brand dicht an die Sohlen. Ein Junge mußte dieselben von Zeit zu Zeit mit einem in Öl getauchten Weihwedel benetzen, damit die Haut recht durchbraten sollte. Neben ihm stand auf der einen Seite ein schrecklicher Kerl, der mit gespannter Armbrust ihm nach dem Herzen zielte; auf der andern stand wieder so ein Barbar, hielt einen grimmigen Hund und hetzte denselben auf ihn los, als wenn er ihn zerreißen sollte. So marterte man den König, damit er die vermeintlichen Schätze entdecken sollte. Er starb an den erlittenen Martern.

Bei der Feuertortur (Tormentum ignis) wurde der Gefolterte barfuß über glühende Kohlen getrieben oder in einen Bock gesteckt, wo unter die hervorragenden Füße Gefäße mit glühenden Kohlen gestellt wurden, oder er wurde auf eine Bank ausgestreckt gefesselt und ihm Metallbecken, in denen sich Glut befand, auf den Leib gesetzt.

Die angeklagte Person, eine Ruine durch die Martern, wurde auf ein Holzgestell ausgestreckt und festgebunden. Die Füße befanden sich frei herausragend in einem Block. Die vermummten Diener oder vielmehr Henkersknechte der Inquisition stellten ein Becken mit feurigen Kohlen unmittelbar unter die Füße. Überflüssig ist es zu bemerken, daß hierbei das halbgebratene Fleisch der Füße sich von den Knochen löste.

Die Amerikaner verhehlen nicht, was sie im Schild führen. Es scheint, sie halten es gar nicht für notwendig, ausgenommen die Tarnung durch ihren camouflierenden Wortschwall. So wurde aus Napalm »Incinder-jell« – eine Art Brenngelee, das mehr wie »jello« (Götterspeise) klingt.

Die Pfanne, darin der Schwefel auf glühenden Kohlen brannte, erfüllte die Luft mit scharfem Geruch. Damiens hustete. Die Knechte banden ihn auf die Plattform. Er betrachtete seine rechte Hand mit traurigem Ausdruck. Er flüsterte: Was hab ich denn getan? Was hab ich denn getan? Der Arm wurde auf einem Block derart festgelegt, daß das Handgelenk über die letzte Planke der Plattform hinausreichte. Gabriel näherte sich mit der Kohlenpfanne. Die bläuliche Flamme berührte das Fleisch, er stieß einen schrecklichen Schrei aus und biß in seine Bande. Als der erste Schmerz vorüber war, hob er den Kopf und sah zu, wie seine Hand abbrannte. Sein Schmerz verriet sich durch das Knirschen und Klappern der Zähne.

Dieser erste Teil der Strafvollstreckung dauerte nur drei Minuten, Charles Henry Sanson sah die Pfanne in den Händen seines Oheims wanken. Der Schweiß auf seinem Gesicht, der Schauder, der ihm die Glieder schüttelte, seine Blässe, fast so groß wie die des Verurteilten; dies zeigte, er würde das Zangenreißen nicht vornehmen können. Ein Knecht wurde dazu für hundert Livres gewonnen. Sogleich ließ er sein furchtbares Instrument über Arme, Brust und Schenkel des Verurteilten gleiten. Jedesmal riß das Feuereisen ein Stück zuckendes Fleisch heraus. In die klaffende Wunde goß der Knecht bald kochendes Öl, bald brennendes Harz, glühenden Schwefel oder geschmolzenes Blei, das ihm die anderen reichten.

Da sah man etwas, von der Sprache nicht zu beschreibendes, etwas Höllisches, vom menschlichen Geist kaum zu fassen, ich kann es nur die Trunkenheit des Schmerzes nennen: Damiens, mit weit aus den Höhlen tretenden Augen, mit gesträubten Haaren und fest ineinander verbissenen Lippen, verspottete die Henker, verachtete ihre Martern und forderte neue Leiden. Als sein Fleisch unter den flammenden Flüssigkeiten aufzischte, mengte sich seine Stimme in den grauenhaften Ton, seine unmenschlich gewordene Stimme heulte: Noch mehr! Noch mehr!

In einer Provinz im Delta lebte eine Frau, deren Arme durch Napalm weggebrannt sind und deren Augenlider so schlimm verbrannten, daß sie sie nicht schließen kann. Wenn es soweit ist, daß sie sich schlafen legt, breitet ihre Familie eine Decke über ihren Kopf. Zwei Kinder der Frau wurden in einem Luftangriff im April letzten Jahres getötet, der auch sie verstümmelte, und sie sah fünf andere Kinder sterben. Sie war ganz gelassen, als sie einem Amerikaner sagte: Es wurden mehr Kinder getötet, weil die Kinder nicht so viel Erfahrung haben und nicht wissen, wie man sich hinter die Reisfeld-Deiche legt.

Reuters Depesche aus Da Nang, die von keiner amerikanischen Zeitung gebracht wurde: Gestern bombardierten Flugzeuge ein Dorf in der Nähe. Dabei wurden ungefähr 45 Dorfbewohner getötet, unter ihnen 37 Schulkinder, wie aus militärischen Quellen verlautete. Dorfbewohner marschierten nach dem Angriff mit Särgen nach Da Nang, sie wurden von vietnamesischen Truppen zum Umkehren gezwungen. In der Folge erfuhr man, daß alle 45 Opfer Schulkinder waren, Schüler der Hoa Thuan Schule, die durch Napalm und Sprengbomben völlig zerstört wurde. Das Jammern und der Gestank verbrannter Leichen empfing die Truppenkolonne, die müde in Ba Gia einmarschierte.

Der 46jährige Bauer Hoang Than Hung. Am 10. Mai des Jahres 1965 war er mit zwei Freunden auf dem Weg zum Dorf Ba La, als neunzehn Flugzeuge mit Raketen und Napalmbomben einen Angriff starteten. Er ging im Gebüsch in Deckung. Da gab es hinter ihm eine Explosion; er war sofort mit Flammen bedeckt. Er lief etwa dreihundert Meter und brach von der extremen Hitze zusammen. Dorfbewohner warfen Sand auf seinen Körper und behandelten ihn mit Medikamenten. Sie trugen den Bewußtlosen in ein Feldlazarett. Sein verkohlter Körper dampfte noch und sonderte eine gelbliche Flüssigkeit ab. Dieses Krankenhaus hatte 200 Betten, fünfzig mit Napalm- und Phosphoropfern belegt.

Hung lebte und lebt noch unter entsetzlichen Schmerzen. Die Fliegen legten ihre Eier auf seine offenen Wunden, was einen ekelhaften Geruch verbreitete. Stücke verdorbenen Fleisches lösten sich von seinem Körper. Im vergangenen Winter, als es sehr kalt war, war sein Körper unerträglich heiß. Er konnte weder liegen noch essen; er verlangte nur Fruchtsäfte. Nach fünfmonatiger Behandlung waren seine Wunden so weit geheilt, daß er ins Kreiskrankenhaus verlegt werden konnte.

Es gibt zwei Arten von Napalmbomben: Die eine wurde zum erstenmal am 21. März 1965 in Südvietnam eingesetzt. Sie besteht aus Benzin und Aluminium – mit einem Naphtinat- und Palmitat-Zusatz. Diese Sorte Napalm ist besonders schmerzhaft. Sie klebt brennend an der Haut. Die Brenndauer beträgt zwischen drei und fünfzehn Minuten. Das Napalm entwickelt eine Temperatur zwischen 800 und 1100 Grad Celsius.

Bunker

Von mindestens 100 Juden, die zwischen 1940 und 1941 durch den Bunker gingen, hat ihn keiner lebend verlassen.

Jede Fuge und Ritze war mit Papier überklebt. Da es keine Heizung gab, setzte sich durch die hermetische Abschließung an den Wänden viel Feuchtigkeit ab. Auf dem Fußboden bildeten sich Lachen. Nach diesen Stellen tastete ich mich im Finstern, um mich hineinzusetzen und die furchtbare Hitze im Gesäß und die unerträgliche Spannung der Haut etwas zu mildern. Waschen konnten wir uns nur alle zwei bis drei Tage, rasieren nur alle 14 Tage, selbstverständlich im Eiltempo. Der Raum war kahl, in einer Ecke standen zwei Kübel für die Notdurft. Wir mußten uns dorthin tasten. Die Fäkalien entwickelten eine stickige, unerträgliche Luft. Geschlafen wurde Körper an Körper unmittelbar auf den harten Dielen. Die Schuhe, von der Häftlingsmütze bedeckt, dienten als Kopfkissen, die Jacke mußte die Decke ersetzen. In langen Reihen lagen wir aneinandergeschmiegt, um nicht zu erfrieren. Keiner durfte seine Lage verändern, alles ging nach Kommando. Zwei bis drei Stunden hielten wir es so aus, dann waren wir vollständig durchgefroren. Machte einer schlapp, wurde er in die Ecke gelegt. Lag er dort zwei Tage, so wurde er weggeholt; die meisten von ihnen gingen ein. So verstrichen Tage und Wochen. Tote und Halbtote wurden hinausgeworfen. Eine bestimmte Strafdauer gab es nicht. 50 Tage und Nächte brachte ich im Schwarzen Bunker zu, war aber dann ebenfalls am Ende meiner Kräfte. Als ich herauskam, erschien mir das KL wie die goldene Freiheit selbst.

Sie reichten von »Hundezellen« in Dachau, Stehzellen in Sachsenhausen, die gerade Raum genug für einen Menschen in aufrechter Haltung boten, der durch ein Gitter in Gesichtshöhe angespuckt werden konnte, ohne daß er die Möglichkeit hatte, sich den Schleim und Speichel abzuwischen.

Pfarrer Niemöller in Sachsenhausen. Er hatte seine gesamte KL-Zeit, mehr als sieben Jahre, in Bunker-Einzelhaft zugebracht und bekam vom übrigen Lager beinahe nichts zu sehen. Wenn er in die Zahnstation geführt werden mußte, wurde ein Schubkarren gebracht, den er zu besteigen hatte, eine Plache wurde darübergelegt, vor der inzwischen von Häftlingen freigemachten Zahnstation mußte er herauskriechen und den leeren Raum betreten. Nach der Behandlung durch den SS-Zahnarzt erfolgte der Rücktransport auf die gleiche Weise.

Üblich war es, den Arrestanten Abführmittel ins Essen zu geben, nach deren Genuß sie an blutigem Stuhlgang erkrankten. Es waren zwei Klosetts im Bunker vorhanden, eines für Häftlinge, eines für die SS. Wenn ein Häftling

25 Stockhiebe von Sommer bekam, mußte er sich bücken und den Kopf in das mit Kot gefüllte SS-Klosett stecken. Nach vollzogener Prügelstrafe durfte er den Kot nicht vom Gesicht abwaschen.

Wurde jemand in den Bunker eingeliefert, so buchte man ihn unter den Kameraden im Lager sofort ab. Viele haben den Martern nicht standgehalten und den Strick benutzt, den Sommer mit Vorliebe nach einiger Zeit in die Zelle brachte...

In Zelle 2 befanden sich ein Pole und zwei Letten. Die Zelle war einen Meter breit und zwei Meter lang. Zwei von uns schliefen auf einer Holzpritsche, die beiden anderen auf dem Betonboden. Ein verrosteter Marmeladeneimer war zum Verrichten der Notdurft da. Außerdem hatten wir zwei vollständig zerlumpte und verlauste Decken sowie einen Strohsack ohne Stroh. Um fünf Uhr früh war Wecken. Das Waschen, Kübelleeren und Auskehren durfte zwei bis drei Minuten dauern, sonst gab es Prügel. Suppe erhielten wir um 17 Uhr, anschließend Brot, gelegentlich etwas Marmelade, selten Margarine. Oft aßen die SS-Wächter unsere Marmelade auf; mit unserer Margarine machten sie sich Bratkartoffeln. Nach sechs Tagen wurde ich in die Zelle drei verlegt und gezwungen, Kalfaktordienst zu tun. Dabei konnte ich feststellen, wer in den verschiedenen Zellen lag. In Zelle 1 war eine Russin, die an einem der letzten Tage vom Oberscharführer erwürgt wurde. Ich hörte deutlich das Schreien und schließlich das Röcheln. In Zelle 4 lagen vier holländische Kameraden, in Zelle 5 waren vier Russen, ebenso in der nächsten Zelle fünf russische Kameraden, die zu Skeletten abgemagert waren. In Zelle 7 befanden sich fünf Häftlinge aus verschiedenen Nationen. Eine Zelle, in der zwei Kameraden saßen, wurde niemals geöffnet. Das war die eine Seite des Ganges. Die gegenüberliegenden Zellen waren zum Teil mit SS-Leuten belegt. So saßen in der ersten Zelle zwei ukrainische SS-Leute, in der zweiten Zelle drei italienische. Daneben war wieder ein Häftling in strenger Isolierung, den ich nur einmal durch die Türklappe sah. In der Nacht vom 9. auf den 10. April 1945 wurden alle Häftlinge auf dieser Seite sowie die Kameraden aus den Zellen 5 bis 8 von den Bunkerwärtern ermordet. Obwohl ich die Morde nicht mit eigenen Augen gesehen habe, gibt es genügend Beweise. Schon in der Nacht hörte ich deutlich ersticktes Schreien und Röcheln auf dem Gang. Am Morgen waren die genannten Zellen alle leer. Am Boden beim Eingangsgitter und an den Wänden sah man überall frische Blutspuren, die ich abwaschen mußte. Stark verblutete Handschellen, an denen noch Fleischfetzen hingen, lagen im Spülbecken des Waschraumes, blutgetränkte Stricke hingen in den Gerätekammern. Zwei mit frischem Blut getränkte Drillichanzüge der SS-Leute mußte ich auswaschen und in der 2. und 3. Zelle der rechten Gangseite zum Trocknen aufhängen. Die Kragen dieser Drillichröcke waren völlig zerfetzt. Die Leibwäsche der SS-Mörder war ebenfalls blutdurchtränkt und lag noch am Tage unserer Befreiung im Waschraum. Vier Paar völlig blutdurchtränkter Socken mußte ich gleichfalls waschen.

Sagte der Häftling nicht genau aus oder schwieg er, so wurde bei Kommandant Koch der berühmte Zettel geholt: Vernehmung bis zur Aussage. Aufgrund dieses Zettels ließ Sommer den nackt ausgezogenen Häftling zum Beispiel die Hoden in abwechselnd eiskaltes oder siedend heißes Wasser hängen und pinselte sie, wenn sich die Haut in Fetzen löste, mit Jod ein, was wahnsinnige Schmerzen hervorrief. Oder er kam mit einem Strick, band die Hände des Häftlings auf dem Rücken zusammen, zog den Strick durch die im Mittelgang des Zellenbaus an einer Gittertür befindlichen Ringe, so daß der Häftling 30 bis 50 Zentimeter über dem Boden hing. Sommer und Leclaire zusammen legten noch einen Strick um den Hals des Opfers und zogen ihm von Zeit zu Zeit die Luft weg; dann hängten sie sich gelegentlich an den Beinen des Aufgehängten an. Nach spätestens zwanzig Minuten war der Delinquent bewußtlos. Nutzte die Baumelei nichts, bekamen sie nichts zu essen und zu trinken und wurden jeden Tag vernommen. Aufgehängt wurde bis zu dreimal, das Fasten bis auf zehn Tage ausgedehnt. Hatte ein Häftling bis zum zehnten Tag nichts gesagt, kam die letzte Prüfung: Baumeln mit dem Kopf nach unten. Kurt Leeser, der auch diese Erfahrung mitgemacht hat, hielt es immerhin etwa 15 Minuten aus. Hatte alles zusammen kein befriedigendes Ergebnis, so ließ Sommer den Delinquenten entweder frei, oder er gab ihm, wenn die Politische Abteilung meinte, der Mann sei ein schwieriger Fall, abends eine Tasse Tee, unter dessen Einwirkung der Häftling einschlief, worauf ihm Sommer eine tödliche Injektion gab. Trank der Häftling den Tee nicht, kam Sommer alle paar Minuten an das Zellenfensterchen, um nachzusehen, ob der Mann nicht schon schlafe. Am nächsten Tag wurde warmes Essen in die Zelle gebracht, das vergiftet war. Wurde auch damit kein Erfolg erzielt, bekam Sommer eine sonderbare Anwandlung – aber nur, wenn der Häftling keinen anderen belastet hatte –: er beantragte für diesen Bunkerinsassen die Entlassung.

D

Daumenschrauben

In den doppelten Daumenstock oder das Mecklenburger Instrument wurden die Daumen und großen Zehen kreuzweise eingeschraubt, wodurch der Körper in stark gekrümmte Lage gebracht wurde, während man unter den Armen und Beinen eiserne Stäbe oder Stangen durchsteckte. In dieser Stellung zog man den Delinquenten an Stricken in die Höhe und ließ ihn so hängen. Dies war eine wunderliche Position.

Die einfachen Daumenschrauben waren zwei auf einen Holzblock befestigte Eisenplatten, die an zwei, zuweilen auch an drei Schraubenspindeln mittels Schraubenschlüssel zusammengedreht wurden, während die Daumen dazwischen lagen. Die Druckflächen waren gewöhnlich rautenförmig eingefeilt oder durch Einhauen mit dem Spitzeisen mit kleinen scharfen Spitzen unregelmäßig bedeckt. Zur Erhöhung der Annehmlichkeit für den Delinquenten pflegte der Henker nach dem Zusammenschrauben mit dem Schraubenschlüssel auf die Platte zu klopfen, auch wurden häufig die Schrauben gelockert, um dann fester zusammengezogen zu werden.

Durst

In den Kolonialgebieten, die schon länger in deutschem Besitz waren, gab es Aufstände der unterdrückten Stämme. In Ostafrika kämpften in den Jahren 1890 bis 1894 und 1905 bis 1907 einheimische Stämme gegen ihre deutschen Unterdrücker. Die Deutschen zerstörten Hütten und Felder der Kämpfenden und brachten mehr als 120 000 ums Leben. Auch in Südwestafrika erkannten die von den Deutschen unterdrückten Stämme, daß sie durch die Verträge, welche die Deutschen mit ihnen abgeschlossen hatten, betrogen worden waren. Die deutschen Kolonialbehörden enteigneten Wasserstellen und Weideplätze der einheimischen Bevölkerung und verkauften viele Männer als Sklaven an britische Minenbesitzer nach Transvaal. Da erhob sich 1904 eine Reihe von Stämmen. Besonders tapfer kämpften die Hereros. Die deutsche Regierung entsandte Soldaten zur Verstärkung der Kolonialtruppe. Die deutschen Truppen besetzten die Wasserstellen, drängten Männer,

Frauen und Kinder und das Vieh der Einheimischen in die Wüste und ließen sie dort verdursten. Der Hottentottenhäuptling Hendrik Witboi bat in einem Brief den deutschen Befehlshaber, der die Wasserquellen besetzt hatte, flehentlich um Wasser für Frauen und Kinder, die in der Kalahari verdursteten. Bericht des deutschen Generalstabes: Major von Lengerke lehnte dieses Ansinnen selbstverständlich ab.

Ein halbes Jahr nachdem die Hereros in die Wüste getrieben worden waren, berichtete ein deutscher Offizier: Von Onduwo ab bezeichnete ein ausgetretener Fußpfad, neben welchem Menschenschädel und Gerippe und Tausende gefallenen Viehs, besonders Großviehs lagen, den Weg, den die Hereros genommen haben. Besonders in den dichten Gebüschen am Wege, wo die verdurstenden Tiere wohl Schutz vor den versengenden Strahlen der Sonne gesucht hatten, lagen die Kadaver zu Hunderten dicht neben- und übereinander. An vielen Stellen war in 15 bis 20 Meter tiefen Löchern vergeblich nach Wasser gegraben worden. Alles läßt darauf schließen, daß der Rückzug ein Zug des Todes war.

Hereros und Hottentotten wurden fast völlig ausgerottet. Den Rest trieb man in engbegrenzte Gebiete, die sogenannten Reservate, die nicht verlassen werden durften.

Der Strom hatte meine Zunge ausgetrocknet, meine Lippen, meine Gurgel, sie waren rauh und hart wie Holz. Irulin wußte offensichtlich, daß die elektrische Folter einen unerträglichen Durst verursacht. Er hatte seine Streichhölzer aufgegeben und hielt in der Hand einen Becher und einen Zinkbehälter. Seit zwei Tagen hast du nicht getrunken. Noch vier bis zum Verrecken. Das ist lange, vier Tage! Du wirst noch deine Pisse auflecken. In Höhe meiner Augen oder nahe am Ohr ließ er in den Becher einen dünnen Wasserstrahl laufen und wiederholte: Du sprichst und darfst trinken ... du sprichst und darfst trinken ... Mit dem Rand des Bechers öffnete er mir leicht die Lippen. Er hatte nur wenig Flüssigkeit hineinlaufen lassen. Ich sah, wie das frische Wasser sich auf dem Grunde bewegte, konnte jedoch keinen Tropfen schlucken. Dicht an meinem Gesicht lachte Irulin über meine unnützen und mühsamen Anstrengungen. Sagt den Jungens, sie sollen herkommen, um sich Tantalusqualen anzusehen. Im Türrahmen tauchten andere Paras auf, und trotz meines Zustandes der Abstumpfung richtete ich meinen Kopf in die Höhe und weigerte mich, nach dem Wasser zu blicken. Wir sind gar nicht so hart. Wir werden dir etwas geben. Er führte den bis zum Rand gefüllten Becher an meine Lippen. Ich zögerte einen Augenblick; er kniff mir die Nase zu, stieß meinen Kopf nach hinten und schüttete mir den Inhalt des Bechers in den Mund: gesalzenes Wasser.

Mit der Zunahme des Luftkrieges über dem Mittelmeer und dem Atlantik häuften sich die Fälle von Seenot, deren Hauptgefahr in den warmen Gegenden der Durst war.

Während es sich bei dem Schäfer-Verfahren um eine direkte Entsalzung des Meerwassers handelte, vermochte das Berkamittel nur den Geschmack des Seewassers zu verbessern und angeblich durch seinen Vitamin-C-Gehalt die Kochsalzausscheidung der Nieren zu steigern.

Die Gefahr des Berkatits haben wir im folgenden gesehen: Das Berkatit ist ein zuckerähnliches Mittel, das die Eigenschaft hat, den bittersalzigen Geschmack des Seewassers zu verdrängen und aus dem Seewasser eine trinkbare Flüssigkeit zu machen. Da aber das Berkatit den Salzgehalt des Wassers nicht verdrängt, wird der Schiffbrüchige nach einiger Zeit Durst bekommen und sich wieder mit Hilfe des Berkatits aus dem Meerwasser Trinkwasser machen. Er führt sich wieder viel Salz zu, das sein Körper ausscheiden muß, und da das Wasser, das er sich mit dem Seewasser, zusammen also mit dem Salz, zuführt, nicht ausreicht, wird er immer mehr Durst bekommen und sich in das Trinken immer größerer Mengen Berkatit-Seewassers hineinsteigern. Soweit er als Einzelmenge mehr trinkt als 300 ccm, muß es zu Durchfällen kommen. Er wird jetzt nicht nur durch Harn Wasser verlieren, sondern auch durch Durchfälle, damit steigert sich der Zustand des Durstes und gleichzeitig die Gefahr des Verdurstens immer mehr.

Da die Versuche an Menschen bisher nur bis zu einer Dauer von vier Tagen durchgeführt werden konnten, die praktische Forderung aber eine Versorgung in Seenot Geratener bis zu 12 Tagen verlangen, sind entsprechende Versuche erforderlich. Benötigt werden 40 gesunde Versuchspersonen, die für vier Wochen voll zur Verfügung stehen müßten. Da von früheren Versuchen bekannt ist, daß im KZ Dachau die notwendigen Laboratorien sind, wäre dieses Lager geeignet.

Der Befehl lautet dahin: Eine Gruppe, die hungern und dursten sollte, eine Gruppe, die reines Meerwasser bekam, und eine Gruppe, die das Meerwasser mit Berkazusatz trinken sollte, und zwar teils mit 500 und teils mit 1000 ccm täglich. Weil man bei all diesen Gruppen mit einem Wasserverlust rechnen mußte und sie alle Ernährungsbedingungen unterworfen wurden, die ungewöhnlich waren, mußte zum Zwecke der Entscheidung, wieviel Wasser verlorengeht, eine Gruppe in den Versuch genommen werden, die normal zu trinken bekam, aber ebenso ernährt wurde wie die anderen. Und für diese Gruppe, die ursprünglich, soweit ich weiß, mit gewöhnlichem Trinkwasser ausgesetzt werden sollte, wurde später das Schäfer-Wasser gewählt, um sich auf diese Weise noch einmal zu versichern, daß bei der Anwendung dieses Wassers keinerlei Veränderungen auftreten würden.

In dieser Spanne zwischen der Gefährdung und der lebensbedrohlichen Grenze ändert sich im Körper gegenüber der früheren Wasserabgabe der Umstand, daß anfangs nur das frei verfügbare Wasser aus dem Gewebe abgegeben wird, während eben in der Zeit zwischen dem 10. oder 12. Tag auch das Wasser, bis zu 22%, aus den Körperzellen herausgenommen wird, daß um diese Zeit also ein Angreifen des intrazellulären Wassers erfolgt.

In den ersten drei Tagen bekamen die Versuchspersonen Seenotverpflegung, bestehend aus einer Platte Schoka-Kola, etwas Dextropur, einigen Stücken Zwieback, etwa 10-12 kleine Stücke. Vom ersten Tag bis zum letzten wurde den Teilnehmern außerdem 4-5mal täglich Salzwasser verabreicht zu Mengen von ½ Liter insgesamt. Die 44 Personen wurden in 5 oder 6 Gruppen unterteilt. Zwei Gruppen erhielten reines Meerwasser mit zusätzlichem Salzpräparat, die übrige Gruppe erhielt destilliertes Meerwasser ohne Zusatz. Von Beginn an wurden den Teilnehmern täglich Blutproben abgenommen. Bei einzelnen Patienten wirkten sich die Schwächezustände und das Durstgefühl derart aus, daß sie bereits nach einigen Tagen das Bett nicht mehr verlassen konnten, bei einem Einzelnen kann ich mich erinnern, daß er in Schreikrämpfe ausbrach. Es kam des öfteren vor, daß diese Patienten aus dem Schmutzwassereimer des Pflegepersonals tranken sowie aus den am Gang aufgestellten Luftschutzeimern in unbewachten Augenblicken. Ebenso während des Bodenaufwaschens saugten einige Patienten das am Boden ausgeschüttete Wasser auf. Ich mußte die Versuchsteilnehmer täglich abwiegen und stellte fest, daß der tägliche Körpergewichtsverlust bis zu einem Kilo betrug.

E

Elektrisieren

Ich legte mich auf das Brett. Mit Unterstützung eines andern band mich Lorca mit Lederriemen an den Hand- und Fußgelenken fest.

Jaquet, immer noch lächelnd, hielt mir zunächst die am Ende der Elektroden befestigten Klemmen vor die Augen: kleine, längliche, gezähnte, glänzende Stahlklemmen; Krokodile sagen die Arbeiter, die die Telefonleitungen legen und diese Klemmen benutzen. Er befestigte mir eine am rechten Ohrläppchen, die andere an einem Finger der rechten Hand. Mit einem Male bäumte ich mich in meinen Fesseln auf und schrie. An meinem Ohr war ein langer Funke hervorgeschossen, und ich fühlte mein Herz heftig klopfen. Ich schrie, krümmte mich und stemmte mich so heftig gegen die Fesseln, daß sie mir ins Fleisch schnitten, während Charbonnier, der den Apparat in Händen hielt, die Stromstöße ununterbrochen einander folgen ließ. Im selben Rhythmus skandierte er eine einzige Frage und hämmerte mir die Silben ein: Wo hast du gewohnt?

Zwischen zwei Stromstößen wandte ich mich ihm zu: Sie haben unrecht und werden es bereuen! Wütend schaltete Charbonnier die höchste Stromstärke ein: Sooft du mir Moral predigst, schicke ich dir eine neue Ladung! Während ich weiterschrie, sagte er zu Jaquet: Du lieber Gott, ist das ein Schreihals! Stopfen Sie ihm was ins Maul! Jaquet rollte mein Hemd zusammen, drückte es mir in den Mund, und die Folter begann von neuem. Mit ganzer Kraft biß ich in den Stoff zwischen meinen Zähnen und hatte dadurch sogar etwas Erleichterung.

Plötzlich glaubte ich den wilden Biß eines Tieres zu verspüren, das mir das Fleisch stückweise vom Leib zu reißen schien. Jaquet, noch immer auf mich herablächelnd, hatte mir die Klemme am Geschlecht angebracht. Die Stöße, die mich durchzuckten, waren so heftig, daß sich die Riemen an einem Fußgelenk lösten.

Bald übernahm der Leutnant die Nachfolge von Jaquet. Er hatte einen Draht von der Klemme gelöst und legte ihn in ganzer Breite auf meine Brust. Ich wurde von immer heftigeren nervösen Zuckungen gänzlich erschüttert. Um die Wirkung des Stromes zu erhöhen, hatte man mich mit Wasser besprengt. Zwischen zwei Ladungen zitterte ich vor Kälte.

Es dauerte ihm zu lange: Du wirst reden, hörst du! Hier muß jeder reden! Wir haben den Krieg in Indochina mitgemacht, da haben wir euch kennengelernt. Hier ist die Gestapo! Du kennst doch die Gestapo! Irulin hämmerte mir Ohrfeigen ins Gesicht und stieß mir mit den Knien in den Leib. Was wir hier machen, werden wir in Frankreich machen!

Eine neue Sitzung der elektrischen Folter begann. Diesmal ist es die dicke Gégène. In den Händen meines Folterers sah ich einen größeren Apparat, und auch in den Qualen empfand ich einen Unterschied. Statt der spitzen und schnellen Stiche, die mir den Körper zu zerreißen schienen, fühlte ich jetzt einen anhaltenden Schmerz, der tief in alle meine Muskeln eindrang und sie für längere Zeit verkrampfte. Auch als die Stromstöße aufhörten, zitterte ich noch.

Sie knöpften mir die Hose auf, zogen meinen Slip herunter und klemmten mir die Elektroden zu beiden Seiten der Leistengegend an. Sie lösten sich gegenseitig ab, um die Kurbel einer dicken Gégène zu drehen.

Ich fühlte, daß mein Widerstand sie immer brutaler und nervöser machte.

Wir werden's ihm ins Maul geben.

Mach den Mund auf! Er steckte mir den bloßen Draht weit hinein, bis hinten an den Gaumen, während Charbonnier den Apparat in Gang setzte. Ich fühlte, wie die Stromstärke zunahm und wie sich die Kehle, die Kiefer, alle Gesichtsmuskeln bis zu meinen Augenlidern in einer immer schmerzhafter werdenden Verkrampfung zusammenzogen.

Du kannst ihn loslassen, sagte Irulin, er hält von selbst. Tatsächlich waren meine Kiefer durch den Strom an die Elektrode geschweißt; es war mir unmöglich, die Zähne auseinanderzumachen. Feuerbilder, leuchtende geometrische Zeichnungen durchzuckten meine Augen unter den krampfhaft zusammengezogenen Lidern, und ich hatte das Gefühl, als rissen sie sich, wie von innen gestoßen, ruckweise aus den Augenhöhlen.

Die Stromstärke nahm ab, die Krämpfe, die meinen ganzen Körper erstarren ließen, wichen; dann schaltete der andere wieder voll ein, der Schmerz zerriß mich von neuem. Um diesem Absinken und Wiederansteigen zum Höhepunkt der Qual zu entgehen, schlug ich mit aller Kraft meinen Kopf gegen den Boden, jeder Schlag brachte mir Erleichterung. Irulin schrie mir ins Ohr: Versuch nicht, dich zu erschlagen, es gelingt dir doch nicht!

Eine Methode, die von den Regierungstruppen angewandt wird, ist eine partielle elektrische Hinrichtung – oder »Braten«, wie es ein amerikanischer Berater nannte. Der Korrespondent war bei einer Gelegenheit anwesend. Zwei Drähte wurden an den Daumen eines Vietcong-Gefangenen befestigt. Am anderen Ende des Kabels war ein Feldgenerator, der von einem vietnamesischen Soldaten angekurbelt wurde. Dieser Mechanismus erzeugte Strom, der den Gefangenen verbrannte und ihm Schläge versetzte.

Elektrische Folterungen werden überall in Vietnam angewandt, selbst im Kampfgebiet. Ein kleiner amerikanischer Feldgenerator, den man braucht, um Funkgeräte zu betreiben, wird für Folterzwecke modifiziert und wegen seiner Handlichkeit geschätzt. Dieses Gerät erzeugt eine genügend hohe Voltzahl, um starke, manchmal tödliche Schläge zu produzieren. In dem Maße wie die Zahl der US-Soldaten im Feld anstieg, gingen die amerikanischen Truppen vom bloßen Beraten bei einem solchen Verhör zu aktiver Teilnahme über.

»Avenida de la Felicidad«, »Straße der Glückseligkeit«, stand auf dem Schild am Eingang zu dem Keller, in dem sich die Folterzellen der »Escuela Mecánica«, der Hauptmarinebasis in Buenos Aires befanden. In den Zellen fand das statt, was die Offiziere verschärftes Verhör nannten. Die Zelle: ein Metallbett, auf das die Gefangenen nackt gefesselt wurden; ein kleines Tischchen und ein Elektroapparat darauf, mit dem die Stromstöße reguliert wurden; ein Sessel für den Verhöroffizier. Während der Folter wurden laute Musik oder Fußballreportagen abgespielt. Zu Beginn seiner Haftzeit wurde Martin Gras jeden Tag gefoltert, stundenlang. Ab und zu kam ein Arzt und entschied, ob weitergemacht wurde oder nicht.

Elektrokution

Für die Folgen einer Stromeinwirkung ist die Kontaktdauer von ausschlaggebender Bedeutung. In Verbindung mit dem Widerstand und der Stromstärke hat sie nach der Formel Stromstärke × Widerstand × Zeit maßgeblichen Einfluß darauf, in welchem Umfange Energie verlorengeht und Joulesche Wärme gebildet wird. Starke Hitzeschädigungen des Gewebes aber, insbesondere Verkohlungen, vermögen dem Strom einen so beträchtlichen Widerstand entgegenzusetzen, daß der Stromfluß in den Körper unter Umständen aufgehoben wird. Der Körper schaltet sich selbst aus.

Da aber Blut ein guter Leiter ist und in der Mehrzahl der Fälle der Strom von Arm zu Arm oder Arm zu Bein fließt, ist damit das Herz bevorzugt betroffen. Die häufigste Todesursache ist mithin auch der Herztod, entweder infolge sofortigen Herzstillstandes, Herzkammerflimmerns oder langsamen Herzversagens.

Bei der Elektrokution ist außer der Fesselung noch das Aufschlitzen des rechten Hosenbeins erforderlich, bei Frauen das herabrollen des Strumpfes.

Der Henker hat sich nach der Stimmung des Gefangenen erkundigt, er möchte wissen, ob Schwierigkeiten zu erwarten sind. Temperatur und Luftfeuchtigkeit am Hinrichtungstage spielen eine Rolle, und Tuberkulöse halten einen elektrischen Schock besser aus als normale Personen. Er hört gern, daß ein Geständnis vorliegt.

Verschiedene technische Methoden der gleichen Strafart haben sich bitter bekämpft. Siehe den Wettlauf der Edison- und Westinghouse-Konzerne, von Gleich- und Wechselstrom beim elektrischen Stuhl.

Fünfzig der neu eingetroffenen Juden wurden vom Bad aus nackt in das Lager getrieben und in die elektrische Umzäunung gejagt.

Die elektrische Apparatur ist kompliziert und muß nachgeprüft werden. Ein Scharfrichter verwendete ein großes Stück rohes Rindfleisch, um die Stärke des Stromes zu messen. Dieses Fleischstück – bisweilen fünfzehn Pfund schwer – wird, nachdem der Scharfrichter einmal mit ihm experimentiert hat, von einem Wärter in den Heizungskessel geworfen, zur großen Enttäuschung der Gefangenen, die in der Nähe des Maschinenhauses arbeiten und es gern gegessen hätten.

Es kommt vor, daß der Delinquent sich beim elektrischen Schlag mit furchtbarer Wucht gegen die Riemen wirft. Was man vom Gesicht sehen kann, vom Mund bis zur Kehle, wird weinrot. Manchmal erhebt sich eine kleine Rauchfahne vom Scheitel des Kopfes, und mit ihr kommt der Geruch des Verbrannten.

Freds Herz, größer als das irgendeiner bisher hingerichteten Person, schlug noch, und er war am Leben. Man konnte nur eins tun: ihn wieder in den Stuhl setzen und den Strom durch seinen Körper jagen, bis er tot war.

Während der Hinrichtung steigt die Temperatur in den Kontaktelektroden so an, daß Kupfer geschmolzen würde. Im Gehirn des Delinquenten erreicht sie einen Grad, der an den kochenden Wassers heranreicht. Der arme Sünder ist dem Gangsterausdruck entsprechend »cooked«.

In den Anfangstagen der elektrischen Exekution war es Gewohnheit, eine Stelle oben am Kopf auszurasieren, aber später fand man, daß dies unnötig war. Haar ist ein guter Leiter, alles was notwendig ist, ist jetzt, das Haar so zu schneiden, daß es für den Aufsatzhelm kein Hindernis bildet. Bei der elektrischen Hinrichtung ist es eine Art Haube, die das Gesicht wie der Schutzkorb, den amerikanische Footballspieler aufsetzen, verbirgt und die Stimme dämpft oder erstickt. Gleichzeitig ist die Maske mit einer Elektrode verbunden. Sie ist aus schwarzem Leder. Ihretwegen müssen Brillen vorher abgenommen, können Zigaretten nicht bis zum letzten Augenblick geraucht werden.

Kaum hatte man Platz genommen, so öffnete sich eine Tür. Vom Gefängnisgeistlichen geführt, erschien der Exequent, ein junger Mann von etwa 30 Jahren, fahl, aber in ruhiger Haltung. Er nahm ohne Widerstreben auf dem Armstuhl Platz und wurde außerordentlich rasch an Körper, Armen und Beinen angeschnallt. Er hatte den geschorenen Kopf von Anfang an zurückgelehnt und die Augen geschlossen. Das Kinn wurde mit einer Bandage gestützt. Eine Metallkappe wurde ihm aufgesetzt und an ihr der von der Decke herabhängende Leitungsdraht befestigt. Das linke Bein wurde entblößt. Indessen las der Kaplan mit lauter Stimme langsam die Worte eines Gebetes.

Auf ein Zeichen des Deputy erfolgte eine Hebeldrehung in dem Verschlage, in dem der Staatselektriker Davis stand. Der Gefangene richtete sich tiefatmend auf. Ein Zittern geht durch seinen Körper. Der Strom von 1780 Volt, 7½ Ampère, wird eine reichliche halbe Minute lang angehalten, darauf allmählich vermindert und wieder auf seine volle Kraft verstärkt. Noch einmal hebt sich der Körper. Der Gefängnisarzt tritt heran, befestigt den Hörapparat an den Ohren und auskultiert den Exequenten einmal und noch einmal. Darauf fordert er einen anwesenden Arzt auf. Dieser tritt vor und horcht. Darauf ein leises Wort von ihm zum Gefängnisarzt. Ein neuer elektrischer Schlag folgt. Wieder hebt sich der Körper. Nochmals auskultiert, während meine Hintermänner zu lachen anfangen. Der Gefängnisarzt bringt endlich durch eine Geste zum Ausdruck, daß er die Exekution als beendet ansieht, und bittet die anwesenden Ärzte, auch ihrerseits zu auskultieren. Fünf Minuten nach sechs Uhr hatten wir das Zimmer betreten. Drei Minuten später war der erste Schlag erfolgt. Sechs Uhr fünfzehn Minuten, also weitere sieben Minuten später, schloß der Deputy die Zeremonie mit den Worten: That is all, gentlemen.

Man lege an den zu Tötenden eine Hochspannung von 100 000 Volt bei 100 Ampère – er wird sekundenschnell sterben. Doch für den Vollzug der Todesstrafe gilt: Die Hinrichtung muß mitanzusehen sein! Bei dem blitzschnellen Verfahren würde der Körper des Delinquenten in einem Flammenbogen aufgehen und im elektrischen Stuhl als verkohltes Etwas zurückbleiben. Da man das nicht in Kauf nehmen kann, muß man weniger hochgespannte Stromstöße verwenden. Einen Menschen mit relativ niedrigen Spannungen, die seinen Körper nicht verunstalten, schnell und sicher zu töten, ist sehr schwierig.

Der erste Schlag tötete White nicht, die anwesenden Ärzte stellten fest, daß das Herz regelmäßig schlug; auch der zweite Schlag blieb erfolglos. Darauf wurde beschlossen, einen dreifach stärkeren Strom anzuwenden. Als dieser eingeschaltet wurde, schlugen helle Flammen aus dem zuckenden Körper Whites hervor, der Geruch verbrannten Fleisches erfüllte das Hinrichtungszimmer. Nach mehreren Sekunden wurde der Strom ausgeschaltet. Der Tod war nicht durch elektrischen Schlag, sondern durch Verbrennung eingetreten. Am schwersten zu ertragen war der Geruch. Man kann ihn mit nichts vergleichen als mit dem scharfen Geruch von Schweinebraten. Durch den ganzen Raum – und weit nach draußen, wie wir später feststellten – drang dieser widerliche Geruch. Ich begriff, warum Berichterstatter diesem Schauspiel so ungern beiwohnten. Ich beobachtete hier, wie ein Mensch lebendig geröstet wurde.

Am 25. Juni 1904 wurde im Staatsgefängnis von Ohio ein Mann namens Michael Skiller auf den elektrischen Stuhl gesetzt und von einer Spannung von 1750 Volt durchströmt, ohne daran zu sterben. Man erhöhte die Spannung auf 1900 Volt – auch die tötete ihn nicht; man wiederholte den Stromstoß von 1900 Volt – der Mann ist mit dem Leben davongekommen. Woran das lag, konnte nicht geklärt werden.

Ihr Gesicht war zu einer Maske verzerrt. Es sollte ein tapferes Lächeln sein, war in Wahrheit aber das grauenhafteste Grinsen, das ich je gesehen hatte. Sie wollte etwas sagen, brachte aber nur einen gequälten Schrei hervor. Wieder hob der Direktor den Arm, und der Schalter schwang herum. Die Frau bäumte sich im Stuhl hoch, wurde aber nicht bewußtlos. Ein rasender Impuls warf ihren Körper hin und her. Verblüfft blickte der Schaltmeister zu ihr hinüber. Dann riß er den Hebel zurück, veränderte die Stromstärke und schaltete noch einmal. Ein Stromstoß nach dem anderen fegte durch den Körper der Verurteilten. Keiner vermochte ihr die Sinne zu nehmen oder sie gar zu töten. Ununterbrochen rasten 2000 Volt durch ihre schweren Glieder. Mir flimmerte es vor den Augen, ich sah endlich, wie nach einer halben Ewigkeit der Staatsanwalt dem Direktor einen Wink gab und der Beamte den Strom unterbrach. Die Delinquentin lebte noch und wurde in ihre Zelle zurückgebracht.

Enthaupten

In Augsburg war es Gewohnheit des Meisters Matthes Hartmann, die armen Sünder im Gehen zu richten. Als er auf die hauptstat kam und nach gewonhait das volk gesegnet und das gemain gepot anruft, wolt der züchtiger aus ainer freveln kwonhait ime sin haupt also stendling am ort der hauptstat abgehawen haben; und felt, hawt im ein groß stuck aus der achsel und drey zen aus dem kivr; indem fiel der arm über die hauptstat den kopf herab und der züchtiger sprang hinach und richtet in erst durch den fünften straich.

Das Schwert des Scharfrichters Fuchs von Kaufbeuren aus dem Jahre 1705 ist 1,07 m lang, die Klingenbreite vermindert sich von 5,5 cm auf 5 cm am Klingenende. Der Griff mit einer Länge von 22 cm ist mit Schlangenhaut umwunden. Er endet mit einem runden Eisenkopf mit Glattkante.

Obwohl 1571 der Augsburger Ratsdiener Veit Mayr, der Geld unterschlagen hatte, dem Henker auf der Richtstätte beherzt zugesprochen, mißlang diesem der Streich. Er hieb dem Delinquenten in die Brust.

War der erste Streich mißlungen, blieb meistens dem Nachrichter nichts anderes übrig, als den Kopf des Delinquenten am Boden des Schafotts abzuschneiden.

Bei Massenhinrichtungen habe der Henker bis an die Knöchel im But gestanden, oder ein Henker sei so geschickt gewesen, daß er mit dem Enthaupten von 75 Mann in einer Stunde fertig wurde – er tat je 6 mit einem Streich ab.

Als Harsch im Jahre 1897 in Nancy hingerichtet wurde, schoß aus seinem durchtrennten Nacken eine zwei Meter hohe Blutfontäne, die sich über den Henker ergoß.

Wir erblicken bei der Enthauptung eine gewaltsame Form der Verblutung und eine Bewußtlosigkeit herbeiführende Zertrümmerung der Wirbelsäule. Rein physiologisch besteht eine gewisse Ähnlichkeit mit dem Hängen darin, daß die Luftwege abgesperrt sind, während das Genick gebrochen wird. Neben dem anatomischen Befund ist noch ein anderer Komplex von Bedeutung. Bei der Enthauptung erfolgt eine Zweiteilung, wie das Vierteilen den Vorgang der Zerlegung weiterführt.

Das Nackenband ist elastisches Bindegewebe, das aus gelben, besonders starken, festen und dehnbaren Fasern besteht. Im Gegensatz zum lockeren Bindegewebe, das nur einzelne elastische Fasern enthält, besteht das elastische Bindegewebe fast ausschließlich aus solchen. Seine Fasern vereinigen sich stellenweise zu elastischen Strängen, Platten oder Netzen. Elastisches Bindegewebe leistet ähnliche Arbeit wie der Muskel, jedoch ohne Kraftverbrauch. Darum ist es überall dort in größeren Mengen vorhanden, wo Kraft ohne Unterlaß wirken muß, ohne daß eine Ermüdung eintritt. Das Nackenband ist in der Lage, das Gewicht des Kopfes allein und ohne Muskelhilfe zu tragen.

1859 wurde in Göttingen eine Frau hingerichtet. Hannoversche Schützen hatten ein Karree um das Blutgerüst gebildet, die Menge durchbrach es und stürzte sich auf den Leib der eben Getöteten, um an ihr Blut zu kommen.

1861 kam es in Hanau bei einer Hinrichtung zu empörenden Szenen. Die unzureichend geschützte Richtstätte wurde erstürmt, und die Menschen, die das frische Blut getrunken, liefen mit ihren blutverschmierten Gesichtern zu Dutzenden herum.

Kein Scharfrichter konnte vorher sagen, ob der Streich gelingen würde, keiner wußte, wie der Delinquent sich verhalten würde. Alles hing von der Gunst der Sekunde ab.

Drei Stunden nach der Hinrichtung des Mörders Menesclou am 7. September 1880 begann der Arzt das Blut eines lebenden Hundes in den Kopf des toten Verbrechers zu pumpen. Diesmal war das Ergebnis sensationell. Kaum hatte die Transfusion begonnen, als Menesclous Gesicht sich rötete, seine Lippen schwollen und deutliche Röte annahmen und seine Gesichtszüge die bisherige Schlaffheit verloren. Die Transfusion schritt fort, und plötzlich, es gab keinen Zweifel, bewegten sich die Lippen zwei Sekunden lang in stummem Stammeln, die Augenlider zuckten, das ganze Gesicht nahm den Ausdruck verwirrten Staunens an.

Der Kopf fiel auf die durchschnittene Fläche des Nackens, und so brauchte ich ihn nicht in meine Hände zu nehmen, ich brauchte ihn nicht einmal zu berühren, um ihn aufzurichten. Augenlider und Lippen des guillotinierten Mannes bewegten sich in unregelmäßigen, rhythmischen Zuckungen fünf oder sechs Sekunden lang. Dieses Phänomen ist von all jenen beobachtet worden, die unter den gleichen Bedingungen wie ich verfolgten, was nach der Durchtrennung des Nackens geschah. Ich wartete einige Sekunden. Die krampfhaften Zuckungen hörten auf. Das Gesicht entspannte sich, die Lider schlossen sich halb über den Augäpfeln, so daß nur das Weiße der Bindehaut sichtbar blieb, wie wir es jeden Tag in der Ausübung unseres Berufes bei Sterbenden oder gerade Verschiedenen beobachten. Da rief ich mit lauter und scharfer Stimme: Languille! Ich sah, wie sich die Augenlider langsam hoben, ohne jede krampfartige Kontraktion, sondern mit einer ruhigen, ganz deutlichen und normalen Bewegung, wie man es täglich erlebt, wenn die Leute aus dem Schlaf oder ihren Gedanken gerissen werden. Anschließend fixierten Languilles Augen sehr bestimmt die meinen, und die Pupillen verengten sich. Ich hatte es mit keinem vagen, ausdruckslosen Blick zu tun, wie man ihn von Sterbenden kennt, mit denen man spricht – mich blickten unzweifelhaft Augen an, die lebten. Nach einigen Sekunden schlossen sich die Lider wieder, langsam und gleichmäßig, und das Gesicht nahm den gleichen Ausdruck wie vor dem Anruf an. Da rief ich ihn noch einmal, und wieder öffneten sich die Lider langsam und ohne Zuckungen, und zwei Augen, die zweifellos lebten, blickten mich fest an, und zwar noch durchdringender als beim ersten Mal. Und wieder schlossen sie sich, diesmal jedoch nicht so vollständig. Ich machte einen dritten Versuch; es ereignete sich keine Reaktion; die Augen hatten den glasigen Ausdruck, den man bei Toten kennt. Ich habe Ihnen damit mit absoluter Exaktheit berichtet, was ich beobachten konnte.

Die meisten Physiologen verhalten sich sehr reserviert einer so bizarren und beängstigenden Vorstellung gegenüber, daß ein vom Rumpf getrennter Kopf seinen eigenen Zustand betrachtet. Trotzdem sind sie nicht geneigt, diese Möglichkeit einfach zu leugnen.

Ordinarius für Anatomie Prof. Dr. August Hirt: Betr.: Sicherstellung der Schädel von jüdisch-bolschewistischen Kommissaren zu wissenschaftlichen Forschungen. Nahezu von allen Rassen und Völkern sind umfangreiche Schädelsammlungen vorhanden. Nur von den Juden stehen der Wissenschaft so wenige Schädel zur Verfügung, daß die Bearbeitung keine gesicherten Ergebnisse zuläßt. Der Krieg im Osten bietet uns jetzt Gelegenheit, diesem Mangel abzuhelfen. In den jüdisch-bolschewistischen Kommissaren, die ein widerliches, aber charakteristisches Untermenschentum verkörpern, haben wir die Möglichkeit, ein greifbares wissenschaftliches Dokument zu erwerben, indem wir ihre Schädel sichern.

Die praktische Durchführung der reibungslosen Beschaffung und Sicherstellung dieses Schädelmaterials geschieht am zweckmäßigsten in Form einer Anweisung an die Wehrmacht, sämtliche jüdisch-bolschewistischen Kommissare in Zukunft lebend sofort der Feldpolizei zu übergeben. Die Feldpolizei erhält Sonderanweisung, einer bestimmten Stelle laufend den Bestand und Aufenthaltsort dieser gefangenen Juden zu melden und sie bis zum Eintreffen eines Beauftragten wohl zu behüten. Der zur Sicherstellung des Materials Beauftragte – ein der Wehrmacht oder sogar der Feldpolizei angehörender Jungarzt oder Medizinstudent, zugerüstet mit einem Pkw nebst Fahrer – hat eine vorher festgelegte Reihe photographischer Aufnahmen und anthropologischer Messungen zu machen und, so weit möglich, Herkunft, Geburtsdaten und andere Personalangaben festzustellen. Nach dem danach herbeigeführten Tode des Juden, dessen Kopf nicht verletzt werden darf, trennt er den Kopf vom Rumpf und sendet ihn, in eine Konservierungsflüssigkeit gebettet, in eigens zu diesem Zweck geschaffenen und gut verschließbaren Blechbehältern zum Bestimmungsort.

Überfütterung und große Anstrengung beim Transport hemmen den Blutabfluß bei der Enthauptung, da sich das Blut zu einem erheblichen Teil in den Haargefäßen von Magen und Darm beziehungsweise der Muskeln befindet und weil es sich mit dem Mageninhalt vermischt, der durch den ebenfalls durchschnittenen Schlund austritt. Das Serum ist zusammen mit dem gelösten Fibrin eine eiweißreiche Flüssigkeit. Eiweißreiche Flüssigkeiten haben die Eigenschaft, daß sie sich leicht zersetzen, d. h. verfaulen. Verurteilte, die im Zustand der Aufregung, Erschöpfung oder Krankheit enthauptet werden, bluten schlecht aus. Blut zersetzt sich rasch, weil es wie alle eiweißreichen Flüssigkeiten einen guten Nährboden für Bakterien bildet. Es ist bekannt, daß der Halsstumpf besonders rasch in Fäulnis übergeht, weil das Fleisch hier sehr stark mit Blut durchsetzt ist.

Allein der Franziskaner-Stipendiat Brzica hat dort in einer Nacht, am 29. August 1942, 1360 Menschen mit einem Spezialmesser geköpft.

Da Costa hat auch Fotos aus Mosambik mitgebracht. Eines davon zeigt einen portugiesischen Soldaten, der einem gefangengenommenen Befreiungskämpfer den Kopf abschlägt. Der portugiesische Missionar Luis Alfonso da Costa erklärte gegenüber der Wochenzeitung »Il Mondo«: »Ich habe mit eigenen Augen gesehen, wie portugiesische Soldaten mit den abgeschnittenen Köpfen von Eingeborenen spielten.« Er beschuldigte die Portugiesen, Folterungen, Enthauptungen und andere Untaten begangen zu haben und sich »schlimmer als die Nazis« benommen zu haben. »All diese Dinge kann ich belegen. Ich werde es in dem Weißbuch tun, das ich vorbereite und das ich den UN vorlegen werde.«

Viele Geistliche in Rom sind der Meinung, daß der Vatikan angesichts der Greuel im portugiesischen Afrika eine »bedauerliche Figur« gemacht habe.

Erdrosseln

Auch beim Erdrosseln hat man es mit einer Erstickung infolge Strangulation und Kompression der Halsweichteile zu tun. Nur wird beim Erdrosseln das um den Hals gelegte Strangwerkzeug nicht durch das Gewicht des Körpers zusammengezogen, sondern durch außerhalb von ihm gelegene Wirkungsmechanismen.

Der Erstickungsablauf vollzieht sich ähnlich wie beim Erhängen. Nur pflegt er langsamer vor sich zu gehen, da die Blutzufuhr zum Gehirn nicht so plötzlich und vollkommen unterbrochen wird. Das liegt daran, daß das Drosselwerkzeug in der Regel unterhalb oder auf dem Kehlkopf zu liegen kommt, das heißt tiefer als beim Erhängen. Dadurch werden die Blut- und Schlagadern des Halses, nicht aber die in der Tiefe des Nackens gelegenen Wirbelschlagadern gedrosselt. Die Folge ist, daß das Gehirn allmählich von der Sauerstoffzufuhr abgeschnitten wird, während der Kohlensäuregehalt zunimmt. Auch ist zu berücksichtigen, daß die wirksame Kraft beim Erdrosseln kaum einmal so konstant sein wird wie beim Erhängen. Vielmehr ist damit zu rechnen, daß es imer wieder zu zeitweiligen Lockerungen des Drosselbandes kommt, sofern es nicht von vornherein fest verknüpft oder in anderer Weise fixiert wird.

Dadurch erklärt sich, daß Verletzungen des höher gelegenen Zungenbeines sowie der oberen Kehlkopfanteile (Kehlkopfhörner) normalerweise nur selten zu beobachten sind. Eher werden davon die zum unteren Kehlkopfgerüst gehörenden Schildknorpel und der Ringknorpel betroffen, besonders wenn sie infolge fortgeschrittener Verknöcherung an Elastizität verloren haben. In den Weichteilen des Halses kann es zu Blutungen in der Schilddrüsenkapsel und der Muskulatur kommen. Oberhalb der Drosselebene findet man fast regelmäßig Zeichen einer stärkeren Blutstauung mit Blausüchtigkeit und Dunsung des Gesichtes sowie punktförmigen Stauungsblutungen in der Gesichtshaut, den Augenbindehäuten und der Mundschleimhaut.

Im Inneren der Leiche kann man Stauungsblutungen in der Kopfschwarte und der Knochenbeinhaut des Schädeldaches sowie eine stärkere Blutfülle des Gehirns beobachten.

Der Henker setzte ine auf eine Bank, den Ruggen hart an die Vberlenunge des Gerustes, macht ime unden die Fuße fast, dan er wurde, wan er angestrenget, wollt etwas lebendig werden; desgleichen befestigte er im auch die Arme zuruck am Gerust vnd thet ime eine Strang umb den Hals, so kurtz, als ime darzu dienlich, stak ime in Nacken ein Stock dreier Vinger dick vnd ½ Elen lang in den Strick vnd wrogelte denselben umbher, wie man die Packen zum dichtigsten zustrengt, das er also worgen möste.

In unserem Arbeitskommando schlug Kaduk einen Häftling zusammen. Er legte ihm einen Stock über den Hals, stellte sich auf beide Enden und wippte hin und her, bis der Mann erdrosselt war.

Vielleicht aus Barmherzigkeit oder aus reiner Grausamkeit hob einer der südvietnamesischen Soldaten einen schweren Holzprügel auf, der im Schlamm gelegen hatte, rammte das eine Ende nächst der Kehle des Verwundeten in die Erde und bog ihn nieder, um den Mann so zu erdrosseln.

An den Folgen von Würgegriffen durch Polizeibeamte starben in den Jahren von 1975 bis 1982 in Los Angeles 16 Menschen, zwölf davon schwarzer Hautfarbe. Letzte Woche von einem Reporter darauf angesprochen, hatte Polizeichef Daryl Gates die Erklärung zur Hand, daß »die Halsadern von Schwarzen nicht so flexibel sind wie jene von normalen Leuten«.

Ersticken

Anfangs gab es nur Abortgruben. Sie waren etwa acht Meter lang, vier Meter breit und vier Meter tief. Zwei Querstangen waren, an jeder Längsseite, darübergenagelt; auf jeder von ihnen hatten 12 bis 15 Männer Platz. Die SS machte sich ein Vergnügen daraus, mit Knüppeln heranzustürzen und die Gefangenen bei dieser Verrichtung aufzuscheuchen, in allen Aufbaulagern. Wer nicht rechtzeitig davonrennen konnte, wurde zusammengehauen und stürzte in die Kloake. Im Oktober 1937 sind in Buchenwald allein zehn Gefangene im Kot erstickt.

Unter Erstickung im weiteren Sinne verstehen wir die Behinderung des physiologischen Gasaustausches der Gewebe, d. h. der Aufnahme des Sauerstoffes und der Abgabe der Kohlensäure. Wir können die Erstickung unterteilen in äußere und innere Formen. Zu den äußeren Formen gehören Erhängen, Erdrosseln, Erwürgen, Ertrinken, Verschüttung und Fremdkörper in den Luftwegen. Innere Erstickung sind Lungenembolie, akutes Herzversagen, CO-Vergiftung, akute Anämie usw. Grundsätzliche Unterschiede zwischen äußerer und innerer Erstickung bestehen nicht, da die mechanische äußere Behinderung eine innere Erstickung zur Folge hat. Letzten Endes sind fast alle Todesarten eine innere Erstickung.

Gerichtsmedizinisch wird der Begriff der Erstickung als Todesursache nur auf die Fälle beschränkt, die durch mechanische Behinderung der Lungenatmung verursacht werden.

Heute kann es als sicher gelten, daß der Sauerstoffmangel die tödliche Ursache darstellt. Der Ablauf aller Erstickungen ist annähernd gleichartig und läßt vier Phasen erkennen. Zuerst, nach Einsetzen des Erstickungsvorganges, antwortet der Organismus mit physiologischen Gegenreaktionen. Dann kommt es zu einer zentralen Reizung, die bald in allgemeine Lähmung übergeht, womit das Sterben dann eingeleitet wird. Wichtig ist, besonders auch in klinischer Hinsicht, daß während dieses Ablaufes zunächst reversible, dann irreversible Schäden an den Organen gesetzt werden. Am Ende der zentralen Reizungsphase dürften die irreversiblen Schäden auftreten. Die große Empfindlichkeit der Hirnzellen gegen Sauerstoffmangel und ihr sehr hoher Sauerstoffbedarf sind die Ursachen der frühzeitigen zentralen Schäden. Das Herz, z. B., wird viel später irreversibel geschädigt und überdauert die Hirnfunktion daher längere Zeit.

Der Organismus reagiert auf den Kohlensäureüberschuß durch Erregung des Atemzentrums in der Medulla oblongata mit Steigerung der Atembewegung und Erhöhung des Gefäßtonus. Der Sauerstoffmangel bewirkt den gleichen Effekt, allerdings nicht direkt zentral, sondern reflektorisch über die Reizempfangsstellen des Karotissinus und des Aortabogens. Diese sprechen auf chemische und mechanische Reize an. Die Reizung der Chemorezeptoren durch O_2-Mangel und CO_2-Überschuß bewirken: Steigerung der Atemfrequenz, Ausschüttung von Adrenalin und Erhöhung des Gefäßtonus. Es kommt zur Mobilisierung der Blutreserven in Leber und Milz, und diese kommen der besseren Durchblutung des Gehirns zugute, da sich seine Gefäße nicht verengen, sondern erweitern. Hier überwiegt offenbar die lokale Wirkung des Sauerstoffmangels, der eine Gefäßerweiterung bedingt. Alle Blut- und Sauerstoffreserven werden dem lebenswichtigen Organ Gehirn zur Verfügung gestellt.

Die mechanischen Reizempfangsstellen (Pressorezeptoren) reagieren auf Dehnung und Entlastung der Gefäßwände. Eine Entlastung des Karotissinusgebietes erfolgt bei der Abklemmung der Karotis durch ein Strangwerkzeug. Der reflektorische Effekt ist der gleiche wie bei Reizung der Chemorezeptoren. Eine Dehnung des gleichen Gebietes kann durch Druck oder Schlag gegen die Teilungsstelle der Halsschlagader (Würgen) oder auch durch Zug an der Schlagader (Erhängen) erfolgen. Der reflektorische Effekt besteht in Minderung der Atemfrequenz, Verlangsamung der Herzaktion, Erweiterung der Gefäße und Abfallen des Blutdrucks. Weiterhin und sehr bedeutsam ist eine Hemmung der Muskelaktivität, Erlöschen der Reflexe und eine zunehmende Somnolenz oder Einschläferung. Das sind reflektorische Folgen, die für das Verständnis des Zustandekommens des Erhängungstodes und des plötzlichen Todes nach einem Würgegriff von großer Bedeutung sind.

Das Gehirn steht als das empfindlichste Organ in der Pathologie des Erstickens weitaus im Vordergrund. Die Schädigung erfolgt nicht in allen Teilen zeitlich zugleich. Die entwicklungsgeschichtlich jüngeren Abschnitte sind die empfindlichsten, so daß in der Reihenfolge: Rinde, Hirnstamm, verlängertes Mark, Rückenmark und peripherer Nerv die Schäden eintreten. Bei akuter Unterbrechung der Sauerstoffzufuhr verbraucht die Hirnzelle ihren Vorrat in weniger als einer Minute. Dann tritt Bewußtlosigkeit ein, die vom endgültigen Tod in Kürze gefolgt wird. Es kommt durch Kohlensäureüberladung sofort zum Erstickungsgefühl und zur Atemnot, die mit fruchtlosen und krampfartigen Atembewegungen einhergehen. Diese verursachen Druckschwankungen im Brustkorb, die im Leichenbefund Emphysem und Ballonierung der Lungen bedingen. Die häufig zu findenden Punktblutungen der Pleura (Ekchymosen) mögen auch zum Teil dadurch bedingt sein. Die Erstickung an reinem Sauerstoffmangel bei ungehinderter

Atmung verursacht nicht die Erscheinungen des Lufthungers und der Atemnot, da hier kein Kohlensäureüberschuß entsteht. Derartige Erstickungen sind z. B. die Vergiftung mit Kohlenoxyd, Blausäure, Methan, Schwefelwasserstoff. Beim Fliegertod in großer Höhe und bei der langsamen CO-Vergiftung treten Empfindungen auf, die der Trunkenheit ähneln und euphorisch getönt sind.

Der äußere Ablauf des Geschehens wurde experimentell erforscht und ist bei allen gewaltsamen Erstickungsarten annähernd gleich. Zuerst wird eine inspiratorische Dyspnoe beobachtet bei tiefen Atemzügen und erheblicher Zyanose mit einer Dauer von 1-2 Minuten. Dann folgt eine kurze Phase exspiratorischer Dyspnoe mit krampfartiger Ausatmung, klonischen Krämpfen und Bewußtseinsverlust. Dieser Zustand geht über in eine Atempause von 1-2 Minuten, die dann von den terminalen, schnappenden Atemzügen beendet wird. Danach erfolgt völliger Atemstillstand bei weiterer Herztätigkeit, die noch 10-15 Minuten anhalten kann. Anfangs findet sich ein langsamer Puls bei erhöhtem Blutdruck, später ein schneller Puls mit Sinken des Blutdrucks. Unter den Erscheinungen eines Versagens des re. Herzens mit Erweiterung der Herzkammer und Stauung in den großen Venengebieten tritt der Tod ein.

Santiago de Chile, 26. Juni 1987 – Mein nackter und wie ein Tier an eine Metallstange gehängter Körper krümmte sich unter den Stromstößen. Danach kam die Erstickungsfolter, sie drückten mir Wasser durch die Nase in die Lunge. Der Mund war mit einem Tuch zugeknebelt und mein Körper an einen Tisch oder ein Brett gefesselt. Die Behandlung wiederholte sich mehrmals. Die Todesandrohung wurde ständig wiederholt, so daß ich meinen Tod als etwas Gegebenes hinnahm.

Ertränken

In der Weise vollzogen, daß man den Verbrecher oder die Verbrecherin mit zusammengebundenen Armen und Beinen ins Wasser wirft. Fehlt es an genügender Wassertiefe, so mußte der Henker mit einer Stange den armen Sünder unter das Wasser drücken.

Hinauß zu dem wasser fueren, alß danne daselbsten in ain sackh thun und mit dem wasser, darain er sy werffen, zu ir richten vnd so lang vnd vil darin liegen lassen sol, biß sy kumpt vom leben zum tod.

Solch ein Faß, in dem der noch lebende Verurteilte saß, trieb den Fluß hinab. Nachbarstädte wurden durch den Spruch »Laßt furt fahren«

gewarnt, den zum Beispiel die Ulmer auf ihren Menschenfässern anbrachten.

Ein Spanier selbst erzählte mir als Wahrheit, es sei einst ein Schiff von den Lucayischen Inseln, wo dergleichen Unmenschlichkeiten häufig begangen wurden, bis nach Hispaniola, welches sechzig bis siebzig Meilen davon liegt, ohne Kompaß und Seekarte gesegelt, weil ihm der Lauf, welchen es nehmen mußte, von den Leichnamen der Indianer vorgezeichnet worden sei, die man aus den Schiffen ins Meer gestürzt.

Sodann wurde bestimmt, daß der Fischdieb in einer Reuse eingeschlossen werde. Man solle ihm ein billiges Messer mitgeben und dann die Reuse mit ihm im Wasser versenken. Schnitt er sich aus, war er frei. Dort, wo nach der Erfahrung der Anwohner die Flut ihre letzten hohen Wogen hinschickte, wurde ein Pfahl eingerammt und der Verurteilte daran gebunden. War an diesem Tag – durch Ostwind oder andere Gründe – der Tidenhub besonders gering, konnte er mit dem Leben davonkommen; in der Regel umspülte das Wasser seinen Kopf und tötete ihn.

Die Römer verschärften das Ertränken dadurch, daß sie den Delinquenten in einen Sack steckten und ihm Tiere beigaben, die in ihrer Todesangst um sich bissen und kratzten. Dem Verurteilten wird nach vorheriger Geißelung mit einer Kappe aus Wolfsfell das Haupt verhüllt, Holzschuhe werden ihm an die Füsse gelegt, dann wird er zugleich mit Schlangen und anderem Gethier in einen rindsledernen Sack gesteckt und auf einem mit schwarzen Rindern bespannten Wagen zum Fluß gefahren und in diesen gestürzt. Als im deutschen Mittelalter gewisse römische Rechtsgrundsätze allzu wörtlich übernommen wurden, machte vor allem die Beschaffung des Affen Schwierigkeiten; man gab daher Hasen oder Katzen zu dem Unglücklichen in den Sack. Die Holzsohlen waren eine Art Fesselung. Beim Schwimmen mußten sie dem Delinquenten den Kopf nach unten drehen.

1. Als Reaktion auf den Kältereiz des Wassers kommt es zu tiefer Einatmung (ein Reflex, den jeder beim Baden an sich selber beobachten kann) und zur Luftüberfüllung der Lungen.

2. Als Abwehr gegen das Eindringen von Wasser in die Luftwege wird dann unter Wasser der Atem angehalten. Diese Phase des Atemstillstandes dauert etwa ½ bis 1 Minute.

3. Die Folge ist Lufthunger, welcher nun tiefe und krampfhafte Atembewegungen auslöst und damit den Erstickungsvorgang einleitet. Größere Mengen Wasser werden aspiriert, und es tritt Bewußtlosigkeit ein. Dauer etwa 1 Minute.

4. Dann folgt das Stadium der Erstickungskrämpfe. In den Atemwegen

werden Wasser und Luft durch krampfartige Atembewegungen zu Schaum vermischt, Luftblasen steigen an die Oberfläche des Wassers. Auch dieser Vorgang dauert etwa 1 Minute.

5. Die Erstickung ist jetzt auf dem Höhepunkt angelangt. Lähmung setzt ein, und nach einer Atempause erfolgen die tiefen terminalen Atemzüge, bei denen auch noch Flüssigkeit aspiriert wird. Dann tritt nach etwa 4-5 Minuten des gesamten Vorganges der Tod ein.

Der Ertrinkungsvorgang kann je nach den besonderen Umständen länger oder kürzer dauern. Mehrmaliges kurzes Auftauchen mit Gelegenheit zur Einatmung von Luft verlängert das Ertrinken, körperliche Erschöpfung (längeres Schwimmen) verkürzt es. Wenn der Ertrinkende im dyspnoischen Stadium tief atmet, dringt das Wasser bis in die Lungenalveolen vor. Wesentlich ist, was auch experimentell einwandfrei erwiesen werden konnte, daß ein postmortales Eindringen von Wasser bis in die Endäste der Bronchien und bis in die Alveolen nicht stattfindet.

Explosive

Der 26. April 1937 war ein Montag und deshalb in Guernica Markttag. Die Bauern der Umgebung brachten ihre Produkte auf den Marktplatz. Um 15 Uhr 30 schlugen die Klöppel der Kirchenglocken einmal an. Es war die Luftwarnung. Zwanzig Minuten vor 17 Uhr kamen Flugzeuge des Typs Heinkel 111, warfen Bomben auf das Städtchen und belegten die Straßen mit Maschinengewehrfeuer. Den Heinkelmaschinen folgten Flugzeuge des Typs Junkers 52. Die Menschen begannen aus der Stadt zu flüchten. Die Flüchtlinge wurden ebenfalls aus Maschinengewehren beschossen. Alle zwanzig Minuten kam bis 19 Uhr 45 eine neue Welle von Flugzeugen und warf Spreng- und Brandbomben ab. Letztere wogen bis zu 500 Kilogramm. Die Stadtmitte war nun zerstört. Es gab 1654 Tote und 889 Verwundete.

Von dem Lärm der Explosionen und dem Geräusch der einstürzenden Häuser macht man sich keinen Begriff. Sie flogen über die Straßenzüge hin. Sehr viele Bomben fielen. Scheinbar überall. Später sahen wir die Krater. Sie hatten einen Durchmesser von sechzehn Metern und waren acht Meter tief. Das zweite Bombardement dauerte fünfunddreißig Minuten, aber es reichte hin, um den ganzen Ort in einen gewaltigen Feuerofen zu verwandeln. Bei Sonnenuntergang konnte man immer noch nicht weiter als fünfhundert Meter sehen. Überall wüteten die Flammen, und dicker schwarzer Rauch stieg auf. Um mich herum beteten die Leute und streckten die Arme gegen den Himmel. Wir hörten, daß man den Flammenschein noch zweiundzwanzig Kilometer von Guernica entfernt gesehen hatte. Männer, Frauen und Kinder liefen durch den Wald und suchten ihre Angehörigen. In den meisten Fällen fanden sie nur die Leichen, durchsiebt von den Kugeln der Bordwaffen. Tote Tiere lagen verkohlend in den Straßen. Die Wolken hingen niedrig. Der Himmel schien erfüllt mit züngelnden Flammen, denn die Wolken spiegelten die brennende Stadt.

Im Monat März warfen US-Flugzeuge 77 000 Tonnen Bomben auf Vietnam – fast soviel wie auf dem Höhepunkt des Zweiten Weltkrieges in Europa. Zwei Drittel der nordvietnamesischen Treibstoffdepots, 3000 Eisenbahnwagen und Lokomotiven und 500 Brücken wurden bisher zerstört. Sie zerstörten zwei Wärmekraftwerke, die nur 1,8 und 3,3 Kilometer vom Stadtzentrum entfernt liegen.

Wenn wir Beobachtungsflüge unternehmen, sehen wir immer die Lichter von Haiphong. Gestern abend waren die Lichter aus. Das gibt einem ein gutes Gefühl. Liebe Schwester, gerade erhielt ich Deinen Brief hier oben in Ben Cat in der Kriegszone C. Ich habe nicht viel Zeit, aber ich kann Dir einen Lagebericht geben, und das heißt, es gibt viele Vietcong für jeden. Die Leute haben Luftschutzunterstände gegraben, ich verstehe allerdings nicht, wieso, bei all diesen B-52-Maschinen, die jede Nacht 1000-Pfund-Bomben abwerfen. Ein Angehöriger der 173er Luftlandetruppe kommt an einer Grashütte vorbei und brüllt in einen dieser Luftschutzunterstände: Ich gebe euch 10 Sekunden, bevor ich das gottverdammte Ding in die Luft sprenge. Dann sieht er auf seine Armbanduhr, und nach 10 Sekunden wirft er eine Handgranate in das Loch, das wird gesprengt, und er setzt die Hütte in Brand. Und dann komme ich, ich und mein Captain gehen an der Hütte vorbei, und er dreht sich zu mir um und sagt: Kwiecien, da ist noch jemand am Leben, können Sie das Stöhnen hören? Ich höre es, wir bleiben stehen und schauen nach. Vier tote Kinder, drei bis vier Jahre alt. Wir zogen ein kleines Mädchen heraus, das ein Loch im Kopf hatte von der Größe eines 25-Cent-Stückes, und als ich sie von dem Feuer wegtrug, konnte ich sehen, wie das Leben aus ihr entwich. Sie war ungefähr drei. Und ich schnappte mir diese Ärsche, diese Hurensöhne, die ich umbringen könnte, sie sind die größten Idioten auf der Welt – und ich sagte ihnen die Meinung. Wir hatten einen Vietcong, acht verwundete Kinder – zwei von ihnen wurden noch von der Mutter gestillt, drei alte Männer, 43 alte Frauen – vier davon verwundet, 18 Kinder, drei verwundete Mütter und fünf tote Kinder unter fünf Jahren. Und weißt du, was sie berichteten? Zwanzig verdächtige Vietcong. Ich bezweifle, daß Du das in den Nachrichten hören wirst. Gib diesen Brief nicht aus der Hand. Sie könnten mich wegen der Wahrheit vor ein Kriegsgericht stellen. In Liebe.

Die Luftwaffe belegt manchmal ein Gebiet mit Bomben von fünfhundert Pfund. Einige explodieren sofort, andere sind so eingestellt, daß sie erst einige Stunden später in die Luft gehen, nämlich wenn die Vietcongs oder die Bauern glauben, daß sie jetzt in Sicherheit ihrer Arbeit wieder nachgehen können.

An diese Kraft und dieses Vertrauen dachten die amerikanischen Industriellen, als sie Uhrwerke in die Bomben einbauten.

Ich habe an dieser Operation teilgenommen und muß sagen, daß ich weder auf mich noch auf meine Freunde noch auf mein Land stolz bin. Die im Dorf zurückgebliebenen Bewohner beobachteten mit Entsetzen, wie wir ihre Häuser, ihre persönliche Habe und ihre Nahrungsmittel ansteckten. Mein Freund trat in eine Hütte und forderte diejenigen, die sich im Bunker befanden, auf, auf die Straße zu gehen. Ein grauhaariger Alter kroch heraus. Mein Freund warf dann eine Granate hinein. Als wir danach hinabstiegen, fanden wir dort eine Mutter und drei Kinder, von denen eins erst vor ganz kurzer Zeit geboren worden war. Die Körper der drei Kinder waren völlig zerfetzt. Wir sahen uns beide an, und dann zündeten wir die Hütte an. Als ich das Dorf verließ, sah ich den Alten vor der brennenden Hütte knien. Sein graues Haar wehte im Wind und Tränen rannen ihm über das Gesicht.

Dieses Bombing endet mit einem völligen Fehlschlag: 300 000 Zivilisten werden getötet – schätzungsweise, 780 000 Menschen werden verletzt, 3 600 000 Wohneinheiten zerstört, 7 500 000 Menschen obdachlos gemacht. Die deutsche Rüstungsindustrie wird nicht entscheidend getroffen.

Zwei Wesen kriechen hervor, die wie große, dicke, häßliche Eidechsen aussahen und krächzende, stöhnende Laute von sich gaben. Im Sandkasten lagen vier Kinder, enthäutet, nackt; einige Minuten zuvor hatten sie Libellen gefangen. Männer liegen da, sie fühlen sich klebrig an wie verfaulte Kartoffeln. Der Abwurf der beiden Atombomben auf Japan war militärisch nicht notwendig. Japan stand vor der Kapitulation – wie man in Amerika wußte, da es hier gelungen war, vom Beginn bis zum Ende des japanischen Krieges alle Code-Funksprüche der Japaner zu entschlüsseln.

Mehr als 100mal schien sich in den vergangenen Monaten in den Dschungeln von Indochina der Beginn eines Atomkriegs anzukündigen: An Fallschirmen schwebte ein litfaßsäulenähnliches Gebilde vom Himmel, eine gewaltige Explosion fetzte eine fußballfeldgroße Lichtung in Mangroven und Bambus, tötete noch anderthalb Kilometer entfernt die Würmer in der Erde und entfaltete sich dann in einer 2000 Meter hohen pilzförmigen Wolke. Die

»Blu-82/b Allzweck-Druckbombe«, welche die amerikanische Luftwaffe seit April 1971 auf dem asiatischen Kriegsschauplatz einsetzt, ist keine Atombombe. »Sie ist von einer Wirkung, die nur von der Atombombe übertroffen wird.« Der »Cheeseburger« oder »Daisy Cutter« (»Gänseblümchenschere«), wie die Waffe im Pilotenjargon heißt, hat einen Umfang von 150 Zentimetern, ist 3,65 Meter lang, 7,5 Tonnen schwer und mit 5,6 Tonnen geleeartigem Brei aus Ammoniumnitrat und Aluminiumpulver gefüllt. Richtig plaziert, kann die »Big Bomb« halbe Berge ins Rutschen bringen.

Nach Unterlagen des Pentagons haben die USA in Süd- und Nordvietnam, Kambodscha und Laos von 1965 bis 1970 mehr Bomben, Granaten und Raketen abgeworfen und verschossen als im gesamten Zweiten Weltkrieg in Europa, Asien und Afrika von allen beteiligten Mächten zusammen eingesetzt worden sind.

F

Falanga

Griechischer Beitrag – Die anfängliche Routinefolterung, die von jeder Asphalia-Station berichtet wird, ist die sogenannte falanga. Der Gefangene wird an eine Bank gebunden, und seine Fußsohlen werden mit einem Stock oder Rohr geschlagen. Zwischen den Schlägen wird der Gefangene gewöhnlich gezwungen, unter schwerem Schlaghagel um die Bank herumzulaufen.

Wir sahen uns die Füße einer Person an, die vor vier Monaten diese Behandlung ertragen hatte. Die Fußsohlen waren mit dickem Narbengewebe bedeckt.

Einem Gefangenen, der sich jetzt im Averoff-Gefängnis befindet, wurde bei dieser Folter der Fuß gebrochen. Da er nicht ärztlich behandelt wurde, wuchsen die Knochen nicht richtig an, er ist verkrüppelt.

Der nächste Schritt dieser Methode ist es, den Gefangenen auf das Brustbein zu schlagen. Gefangene, die Blut aus den Lungen erbrechen, haben im allgemeinen diese Behandlung erlitten.

Fesseln

Um 12 Uhr kam ein Hubschrauber angeflogen, und der hemdlose Marinesoldat im Zelt sagte, er fliege weiter nach Da Nang. Ein junger rothaariger MG-Schütze saß im Eingang und kaute an einem Schokoladenkeks. Er stieß mit dem Fuß eine kleine Drahtrolle aus der Türöffnung und machte Platz. Wir haben gerade Nuongs geflogen, das sieht man an dem Draht hier, sagte er. Warum? wurde er gefragt. Nuongs sind chinesische Söldner aus Formosa.

Sie wollen den Draht immer für die Gefangenen, sagte der Junge. Das wissen Sie nicht? Sie nehmen sich einen Vietcong und lassen ihn die Hände an die Wangen halten. Dann nehmen sie diesen Draht und stoßen ihn einfach durch die eine Hand und durch die Wange und in seinen Mund. Dann ziehen sie den Draht durch die andere Wange raus und stecken ihn durch die andere Hand. Sie knoten jedes Ende um einen Stock. Nie gesehen, solche Gefangene? Sie sollten mal sehen, wie ruhig die Kerle da in dem Hubschrauber hocken, wenn wir sie so zusammengepackt haben.

Feuerlöscher

Dann steckten sie ihm in jedes Ohr den Schlauch eines Feuerlöschers. Die Feuerlöscher wurden aufgedreht, und der ungeheure Druck des Kohlendioxyds verursachte eine Gehirnblutung und damit einen scheinbar natürlichen Tod.

Fingernägel

Stark in Brauch war auch das Eintreiben von in Schwefel getränkten Spänen hinter den Fingernägeln, eine Prozedur, deren Schmerzen vermehrt wurden, indem man die vorstehenden Hölzchen anzündete und abbrennen ließ. Ein Mittel, das besonders in England sehr beliebt war, wo auch der gelehrte Narr und Hexenjäger König Jakob I. als Foltermittel das Abreißen der Fingernägel mit Schmiedezangen anordnete.

Wir gingen durch einen dunklen Korridor und betraten einen Raum mit nackten Zementwänden. Schlitze entlang der Decke ersetzten die Fenster. Eine Birne verstärkte das Licht, das durch die Schlitze drang. Ein fahlgelber, leicht schielender Vietnamese – nach seinen Rangabzeichen ein Unteroffizier – stand hinter einem klobigen Tisch und betrachtete den zitternden Milizsoldaten, der hereingebracht worden war.

Ich wurde mit Sergeant Ngoc bekanntgemacht. Nach seinem teigigen Händedruck wischte ich meine Hand an den Dschungelhosen ab und stellte mich in eine Ecke des Raumes, von wo ich den Verlauf des Verhörs verfolgen konnte. Ngoc ging, scheinbar ohne den Gefangenen zu beachten, gemächlich um den Tisch herum. Plötzlich holte er mit der rechten Hand aus und schlug dem Mann mit gewölbter Handfläche auf das rechte Ohr. Es gab einen dumpfen Knall, der Geschlagene winselte mit verzerrtem Gesicht. Gleich darauf folgte ein Hieb mit der linken Hand gegen das linke Ohr. Der Häftling und mutmaßliche geheime Vietcong massierte verzweifelt Ohren und Unterkiefer. Ngoc stellte ihm eine Frage. Die Antwort befriedigte ihn nicht. Ein Schlag ins Genick, und der Milizsoldat ging in die Knie. Ngoc deutete auf den Tisch, und zwei vietnamesische Special-Forces-Soldaten, die als Wachen eingeteilt waren, warfen die erschlaffte Gestalt wie einen Sack auf einen Sessel. Ngoc riß den linken Arm des Opfers hoch, verdrehte ihn, bog die Finger nach oben und schob das Handgelenk durch eine auf der Tischplatte festgenagelte Lederschlinge. Einer der Posten zerrte die Riemen fest. Ngoc zog sein Bajonett aus der Scheide und rammte es neben sich in die Tischplatte. Der Gefangene zuckte zurück. Unter dem Kragen seiner tarngefleckten Uniform zog der Sergeant eine lange, dicke Stecknadel mit einem purpurnen Kugelkopf hervor. Blitzschnell packte er mit der linken Hand den Daumen des Mannes und trieb die Nadel mit der Rechten unter den Daumennagel seines Opfers tief ins Nagelbett.

Der Gefangene heulte auf. Ngoc schob seinen Kopf ruckartig über den Tisch und stellte eine Frage. Wieder fiel die Antwort unbefriedigend aus. Langsam, den Blick starr auf sein Opfer gerichtet, zog Ngoc das Bajonett aus der Tischplatte. Er stellte dem Gefangenen weitere Fragen, erst beiläufig, dann mit Nachdruck. Ngoc wartete. Keine Antwort. Mit der flachen Bajonettklinge tippte er leicht auf den Nadelkopf. Der Gefangene schrie gellend. Einer der Wachsoldaten hatte seinen rechten Arm mit einem schmerzhaften Hammerzangengriff verdreht.

Ungerührt legte Ngoc das Bajonett auf den Tisch und holte aus einer Innentasche seiner Bluse Notizbuch und Kugelschreiber. Er legte beides griffbereit neben sich und stellte in ruhigem Ton Fragen. Der Gefangene stammelte. Ngoc schüttelte mißbilligend den Kopf und legte den Kugelschreiber sorgsam wieder auf den Tisch. Er griff nach dem Bajonett und trieb die Nadel tiefer ins Fleisch. Der Gefangene brüllte. Tränen rannen ihm aus den Augen. Dann vertauschte Ngoc das Bajonett gelassen wieder mit dem Kugelschreiber und wartete gespannt. Der Gefangene zitterte und murmelte vor sich hin, verweigerte aber immer noch die Information, die Ngoc haben wollte. Der Sergeant ließ schweigend eine halbe Minute vergehen, dann atmete er tief, legte den Kugelschreiber nieder und nahm wieder das Bajonett auf. Die Augen des Gefangenen folgten jeder Bewegung Ngocs: Er hielt die Flachseite der Klinge über den purpurnen Nadelkopf, schaute den Gefangenen fragend an und klopfte dann mit langsamen, genau berechneten Schlägen die Nadel direkt ins Daumengelenk. Das schrille Geheul, das jeden Schlag begleitete, schien nicht aus der Kehle, sondern tief aus dem Innersten des Häftlings zu kommen. Ngoc ließ die Rolle des geduldigen Fragestellers fallen und begann hemmungslos zu brüllen, denn den Gefangenen verließen offenbar die Kräfte, sein braunes Gesicht war rot angelaufen und schweißüberströmt, seine tränenden Augen glänzten irr, als er das Bajonett über dem Nagelkopf pendeln und mit einem klatschenden Schlag zuschlagen sah. Die Nadel durchbohrte das Daumengelenk.

Pfeifend zog der Gefolterte die feuchte Luft in seine Lungen, zitterte, zuckte und stieß nervenzermürbende Schreie aus. Es schien, als hätte Ngoc den Widerstand endgültig gebrochen. Als das Geheul verstummte, begann Ncog wieder, Fragen zu stellen. Vielleicht hatte sich der Gefangene wieder unter Kontrolle, oder die unerträglichen Schmerzen ließen seine Stimmbänder versagen. Jedenfalls war Ngoc über diesen Anschein von Trotz wütend, er zerrte am Kopf der eingerammten Nadel und schüttelte ihn.

Die beiden Wachen benötigten ihre ganze Kraft, um den kreischenden, sich wild aufbäumenden Körper niederzuhalten. Schließlich sackte der Gefangene erschöpft zusammen und keuchte Nuc, Wasser. Ngoc nahm wieder seinen Kugelschreiber, als der Gefangene zu sprechen versuchte, aber die Worte kamen pfeifend aus seiner ausgetrockneten Kehle. Auf einen Wink des Sergeanten nahm einer der Posten einen Kübel voll Wasser und klatschte dem Gefangenen den Inhalt ins Gesicht und in den aufgerissenen Mund. Das Wasser belebte ihn so weit, daß er normal sprechen konnte. Sofort begann Ngoc mitzuschreiben. Immer wenn der Gefangene nahe daran schien, den Wortschwall seiner Geständnisse zu unterbrechen, brauchte Ngoc nur Daumen und Zeigefinger dem Nadelkopf zu nähern, der unter dem Daumennagel des Opfers herausragte, und schon sprach der Mann hastig weiter.

Nach einem Verhör von zehn Minuten war Ngoc am Ziel seiner Wünsche. Er sagte ein paar, fast freundliche Worte zu dem Gefangenen. Nach einem schnellen Ruck hielt er die blutige Nadel in der Hand. Der Vietcong, denn er hatte schließlich zugegeben, einer zu sein, kippte halb ohnmächtig auf die Tischplatte. Ngoc wischte die Nadel im Haar seines Opfers ab und steckte sie wieder unter seinen Blusenkragen.

Folter

Das deutsche Wort Folter gilt als halb entlehnt, halb übertragen aus dem Lateinischen, und zwar aus dem nachklassischen poledrus = Fohlen. Poledrus crlangtc ncbcn dcr allgcmcincn bald eine spezielle Bedeutung; denn mit diesem Ausdruck soll schon im 5. Jahrhundert ein Foltergerät bezeichnet worden sein, das eine gewisse Ähnlichkeit mit einem Pferd oder Fohlen aufwies.

Dieses Folterwerkzeug entsprach dem klassischen eculeus, equuleus, das von den älteren Autoren bis auf Cicero als einziges Foltergerät erwähnt wird, und das im griechischen Folterrad sein Vorbild gehabt haben soll, vermutlich ein Werkzeug, das der von Cicero ebenfalls erwähnten rota entspricht. Beide, eculeus und rota, gehören zu den Instrumenten, mit deren Hilfe Geständnisse erzwungen oder Zeugenaussagen bestätigt werden sollten. Somit steht also fest, daß schon in klassisch griechischer oder römischer Zeit gebräuchliches Foltergerät später weiter benutzt wurde, und daß die vulgäre Bezeichnung poledrus – pulletrum, pullus equinus, boledrus, polentus, pollenus – zu Folter der älteren deutschen Rechtssprache wurde, ein Ausdruck, der schon in den deutschsprachigen Quellen des späten Mittelalters gebraucht, im 16. Jahrhundert immer geläufiger wird, schließlich in den Gesetzen und in der Literatur des 17. Jahrhunderts entgültig die umfassende Bedeutung Geständniserzwingungsmittel erlangte und diese in der Rechtssprache bis zur Gegenwart beibehielt. Wie so oft wurde die Bezeichnung für ein Werkzeug zur Bestimmung des Gesamtvorganges benutzt.

G

Garotte

In ihrer einfachsten Form ein aufrechtstehendes Vierkantholz mit einer Bohrung in Halshöhe, durch die man beide Enden eines Stückes Strick steckte, die hinten zusammengeknotet wurden. Die dadurch entstandene Schlinge wurde dem Delinquenten um den Hals gelegt, durch die hintere Öffnung steckte man einen derben Stock, mit dem der Scharfrichter den Strick nach Art eines Knebels enger drehte. Dieses Verfahren unterscheidet sich in seiner Wirkung von der Strangulation dadurch, daß dabei nicht die großen Halsschlagadern abgeschnürt werden, sondern die Luftröhre zusammengepreßt wird, so daß der Tod langsam durch Erstickung eintritt.

Ein eisernes Band umschlingt Hals und Balken. In einer Gewindebohrung auf der dem Hals des Delinquenten gegenüberliegenden Seite dreht sich eine schwere Schraube mit eisernen Flügeln, an deren Ende Fliehgewichte angebracht sind. Beim Festziehen der Schraube verengt sich die eiserne Schlinge und zerquetscht Luftröhre und Kehlkopf.

Bei einer dieser Vorrichtungen besteht das Halsband aus zwei Ringen. Sehr kräftige Schraubmechanismen bewirken, daß der obere Ring auf den Balken zu, der untere von ihm weg bewegt wird. Wenn die Schraube schnell gedreht und das Doppelhalsband so angebracht wird, daß der eine seiner Ringe auf einen Halswirbel, der andere auf den nächsten drückt, wird die Wirbelsäule ausgerenkt, wodurch fast augenblicklich der Tod eintritt.

Die neueste Garotte ist eine getarnte Guillotine. Sie hat ein Halsband und eine Schraube und ist in ihrer äußeren Erscheinung der Garotte ähnlich. Die Schraube drückt jedoch auf eine schmale Klinge, die durch den Balken geführt ist. Wenn die Vorrichtung sorgfältig angebracht wird, verengt sich das Halsband wie bei der gewöhnlichen Garotte, gleichzeitig aber dringt das scharfe Messer vor und zerschneidet zwischen zwei Halswirbeln hindurch das Rückenmark, wodurch augenblicklich der Tod eintritt.

Gas

Versuche. Das Gift war in Ampullen von 1 ccm bis 2 ccm. Die Häftlinge wurden in die Gaskammer gebracht. Jeweils zwei Mann kamen in diese Gaskammer hinein. Die Kammer wurde abgeschlossen, einer dieser Häftlinge mußte die Ampullen kaputtschmeißen, hernach mußten sie das Gas einatmen, und wurden – zum Teil waren sie bewußtlos – wieder herausgebracht in das Revier im Ahnenerbe, und da wurden sie weiterbehandelt beziehungsweise der Verlauf der Krankheit verfolgt. Das waren ungefähr dieselben Resultate wie bei dem flüssigen Gas. Zum Teil habe ich mit Sauerstoff gearbeitet, damit die Atmungsorgane wieder in Gang kamen. Einzelne sind an Luftmangel erstickt. Ich habe die Lungen gesehen von Leuten, die wurden gleich seziert im Ahnenerbe, die waren vielleicht noch so groß wie ein halber Apfel, zerfressen, voll Eiter.

Zu Beginn des August 1943 erhielt ich die achtzig Insassen, die mit den Gasen getötet werden sollten, die mir von Hirt übergeben worden waren. Eines Abends ging ich zur Gaskammer mit einem kleinen Wagen, es war ungefähr neun Uhr, mit ungefähr fünfzehn Frauen das erste Mal. Mit Hilfe einiger SS-Leute kleidete ich sie vollständig aus und schob sie in die Gaskammer, als sie nackt waren. Als die Türe geschlossen war, fingen sie an zu brüllen. Ich fand diese Frauen leblos am Boden, sie waren bedeckt mit Ausscheidungen. Am nächsten Morgen sagte ich den Krankenpflegern, die Leichname in einen kleinen Wagen zu legen, damit sie in das Anatomische Institut gebracht werden könnten, so wie mich Professor Hirt gebeten hatte.

Kleiner oder Lungenkreislauf: Er dient dem Gasaustausch und führt das aus der rechten Vorkammer in die rechte Herzkammer gelangte kohlensäurebeladene Blut durch die Lungenarterien – einzige Arterie mit venösem Blut – der Lunge zu. Dort gibt das Blut an die roten Blutkörperchen gebundene Kohlensäure ab und erhält neuen Sauerstoff. Die bisher dunkelrote Farbe wird dadurch hellrot.

Die einzelnen Lungenläppchen bestehen aus den mikroskopisch kleinen Lungenbläschen. Diese sitzen wie Knospen auf den Endverzweigungen der Luftröhre. In ihnen vollzieht sich der Gasaustausch, die Abgabe von Kohlensäure und die Aufnahme von Sauerstoff durch das Blut.

Die Zufuhr von Sauerstoff zur Lunge erfolgt durch die Atmung.

Beim Einatmen bewegt sich das Zwerchfell gegen die Bauchhöhle zu, die Rippen heben sich, wodurch die Brusthöhle nach allen Richtungen erweitert wird und die frische Luft ungehindert in die Lungenbläschen einströmen kann. Beim Ausatmen senken sich die Rippen, das Zwerchfell erschlafft und wölbt sich wieder nach der Brusthöhle vor, das elastische Lungengewebe zieht sich zusammen und die Kohlensäure wird ausgestoßen. Gesunde Lungen schwimmen auf dem Wasser, weil sie lufthaltig sind.

In dieser Zeit mußten die Opfer, wenn sie in die Kammern getrieben wurden, die Arme hochnehmen, damit mehr Menschen hineingepreßt werden konnten, und die Kinder wurden obenauf gelegt.

Die Sonderkommandos mußten arbeiten wie die Teufel, um mit der zusammengeballten Masse fertig zu werden. Während sie sich abmühten, schlugen SS-Aufseher mit Stöcken und Gummiknüppeln auf sie ein, um sie zu größerer Schnelligkeit anzutreiben.

Darauf setzten die Motoren ständig für kürzere Zeit aus. Der Gasfachmann Kurt Gerstein, der Belzek am 20. August 1942 besuchte, berichtete, daß man einmal zwei und eine dreiviertel Stunde brauchte, um die Motoren in Gang zu bringen. Während die Mechaniker herumexperimentierten und fluchten, ließ man in den vier Gaskammern 3000 wartende, laut stöhnende Menschen dicht aneinandergepreßt stehen.

Ein anderer Zuschauer will sich mit dem Verurteilten volle vier Minuten lang in der Taubstummensprache durch die gasdichten Fenster unterhalten haben.

Ein Geistlicher sagte von einer Gasexekution, die er in San Diego mitzumachen hatte: Das war das Schrecklichste, das ich je gesehen habe, und ich habe 52 Hinrichtungen durch Erhängen beigewohnt.

Jede Kiste enthielt dreißig Büchsen à 500 Gramm. Der Preis per Kilo war fünf Reichsmark. Für zweitausend Menschen in einer Kammer wurden etwa sechs Büchsen verbraucht. Das Kilo zu fünf Mark, macht fünfzehn Mark. Wenn die Häftlinge in die Kammern eingeführt worden waren, gingen die Sanitäter zu den Luken, setzten ihre Gasmasken auf und entleerten die Büchsen. Aus Ersparnisgründen wurden meist nicht genügend eingeworfen, so daß die Tötung bis zu fünf Minuten dauern konnte.

Die Männer des Sonderkommandos beklagten sich bei mir über Kopfschmerzen, die nach jeder Ausladung auftreten. Die Vergasung wird durchweg nicht richtig vorgenommen. Um die Aktion möglichst schnell zu beenden, geben die Fahrer durchweg Vollgas. Durch diese Maßnahme erleiden die zu Exekutierenden den Erstickungstod und nicht, wie vorgesehen, den Einschläferungstod.

Sie werden sich in Krämpfen winden, bis ihre Säuglingskräfte der Belastung nicht mehr gewachsen sind und sie blau und schwarz werden und sterben. Chemikalien wie diese, die wir den vietnamesischen Fliegern überlassen, die sie aus Hubschraubern sprühen, wo immer sie es für richtig halten, erzielen wahrscheinlich die beabsichtigte Wirkung bei wenigen Personen von entsprechendem Gewicht, entsprechender Größe und allgemeiner physischer Kondition; aber für die anderen ist die Dosierung falsch. Diejenigen von uns, die Erfahrung im Umgang mit diesen Stoffen haben, wissen, daß eine unkontrollierte Anwendung tödliche Konsequenzen hat.

Es gibt absolut keine Sicherheit, daß jeder, der in den Dörfern von Vietnam mit dem Giftgas in Berührung gekommen ist, einem Dauerschaden entgehen kann.

Diejenigen, welche an der Tür angelehnt waren, neigen sich merkwürdig steif und fallen auf uns zu und schlagen mit ihren Gesichtern dicht vor unseren Füßen auf den Betonboden.

Das Gas wurde von zwei Privatfirmen gekauft, die die Erzeugerrechte vor dem Krieg von der IG-Farben erworben hatten. Diese Firmen waren Tesch und Stabenow in Hamburg und Degesch in Dessau. Die erstgenannte lieferte Anfang 1944 monatlich zwei Tonnen nach Auschwitz, aber Höß erinnerte sich nur der Lieferung der Degesch, deren in Nürnberg vorgelegte Lieferscheine monatliche Sendungen von je einer Dreivierteltonne zwischen dem 14. Februar und dem 31. Mai 1944 aufwiesen.

Vergasung mit Zyklon B litt nicht unter den vielen mechanischen Betriebsstörungen, die Kohlenmonoxydvergasungen so unbeschreiblich grauenhaft gemacht hatten. Höß erinnerte sich nicht eines einzigen Falles, daß jemand lebend in der Gaskammer gefunden worden wäre; Dr. Nyiszli hatte jedoch einen solchen Fall mit pedandischer Sorgfalt des Pathologen aufgezeichnet. Es handelte sich um ein fünfzehnjähriges Mädchen, das durch Berührung mit der Feuchtigkeit des Bodens gerettet wurde. Nur wenige Stunden später wurde sie vom Kommandanten des Krematoriums, Mußfeld, durch Genickschuß getötet.

Dieser Fall ist eine vollkommene Bestätigung der Aussage von Höß, daß das Eintreten des Todes, je nach der Witterung und der Anzahl der Opfer in der Kammer, bis zu fünfzehn Minuten dauerte. Rascher sagte Hauptmann Payne-Best, daß es trotz Himmlers humanen Absichten nötig gewesen sei, zu viele Menschen gleichzeitig zu vergasen, so daß es nicht möglich war, allen Opfern einen sofortigen Tod zu sichern.

Der Boden über den Gaskellern war in einen wohlgepflegten Rasen verwandelt worden, auf dem sich pilzförmige Zementfiguren in regelmäßigen Abständen befanden. Diese Figuren, von denen der Neuankömmling nicht viel Notiz nahm, enthielten Öffnungen, durch die der Sanitätsunteroffizier nach sorgfältigem Abschrauben der Deckel die amethystblauen Kristalle warf, sobald ein SS-Arzt den Befahl gab: Na, gib ihnen schon zu fressen.

Das Gas entströmte langsam durch die Löcher in den Blechsäulen. Im allgemeinen waren die Opfer viel zu dicht aneinandergedrängt, um dies gleich zu bemerken, aber in anderen Fällen waren es so wenige, daß sie sich auf den Boden setzten und auf die Brausen, aus denen kein Wasser kam, und auf den Fußboden, der merkwürdigerweise keine Abflußrinnen hatte, blicken konnten. Dann spürten sie das Gas und drängten sich von den todbringenden Säulen weg und stürzten in wilder Panik zu dem riesigen Metalltor mit dem kleinen Fenster, wo sie sich zu einer einzigen blauen, klebrigen, blutbesudelten Pyramide aufhäuften, noch im Tod ineinander verkrallt und verkrampft.

Fünfundzwanzig Minuten später entfernten die elektrischen Saugpumpen die gasgesättigte Luft, das große Metalltor öffnete sich, und die Männer vom jüdischen Sonderkommando traten, mit Gasmasken, Gummistiefeln und Wasserschläuchen ausgerüstet, ein. Ihre erste Aufgabe war es, Blut und Exkremente wegzuspülen und die ineinandergekrallten Leichen mit Schlingen und Haken voneinander zu zerren – als Vorspiel zu der Suche nach Gold und dem Entfernen von künstlichen Gebissen und Haaren, die von den Deutschen als kriegswichtige Stoffe betrachtet wurden. Dann die Reise mit dem Aufzug oder Schienenwagen zu den Öfen, die Mühle, die den Klinker zu feiner Asche zermahlte, und der Lastkraftwagen, der die Asche in die Sola streute. Dies war der normale und ordnungsgemäße Verlauf im Fall, daß ein Krematorium nur mit zwei- oder dreihundert Opfern zu tun hatte, aber im Sommer 1944 arbeitete die Todesfabrik nicht so ordnungsgemäß.

Das Sonderkommando bemühte sich, so schnell wie möglich zu arbeiten. In wahnsinniger Eile zerrten sie die Leichen an den Handgelenken. Sie sehen wie Teufel aus. Männer, die vorher menschliche Gesichter hatten, kann ich nicht mehr erkennen. Ein Rechtsanwalt aus Saloniki, ein Elektroingenieur aus Budapest – sie sind keine Menschen mehr, denn sogar während sie arbeiten, sausen Stöcke und Gummiknüppel auf sie nieder. Und während dieser ganzen Zeit werden Menschen vor den Gräbern erschossen, Menschen, die nicht mehr in die Gaskammern gepfercht werden konnten, weil diese überfüllt waren. Nach eineinhalb Stunden ist die ganze Arbeit vorüber.

1938 kostete eine Gaskammer bereits 5016 Dollar, der Einbau weitere 10 000 Dollar. Die Gebrauchsanweisung ist 25 Seiten stark und enthält allein 21 Vorschriften für die technischen Maßnahmen. Vom Fabrikanten mitgeliefert werden Trichter, Gummihandschuhe, Meßgeräte, Säurepumpen, Gasmasken, Watte, Stahlketten, Handtücher, Seife, Zangen, Scheren und Sicherungen. Dazu kommen die erforderlichen Chemikalien. Bei der Exekution müssen außer dem Henker auch Techniker und Ärzte anwesend sein. Die Gaskammer ist eine Gemeinschaftsleistung von Naturwissenschaft und Technik. Der Giftgastod steht auf der Höhe unserer Zeit, seine Sense ist das Zyankali, ein Salz der Blausäure. Wir kennen es als das schnellstwirkende aller Gifte, das – eingenommen – sekundenschnell zum Tode führt. Taucht man das Salz in eine Säure, in verdünnte Schwefelsäure etwa, spaltet sich ein angenehm duftendes, tödliches Gas ab, Blausäuregas. Es gehört zu den sogenannten Zellgiften, da es das Atmungsferment der Zellen lähmt, so daß sie keinen Sauerstoff mehr anlagern können, eine Wirkung, die man Gewebserstickung nennt.

Am Morgen empfängt der Scharfrichter von der Munitions- und Waffenkammer zwei Pfund Zyankali. Er geht in den von der Gaskammer isolierten Mischraum, um dort, gleichgültig ob eine oder zwei Hinrichtungen vorgesehen sind, das Zyankali nach sorgfältigem Auswiegen in zwei Ein-Pfund-Beutel aus Gaze zu füllen. Diese beiden Gazebeutel werden in der Gaskammer an Haken unterhalb der Sitzfläche der beiden Stühle befestigt, wobei darauf geachtet werden muß, daß die mit Zyankali gefüllten Beutel weit genug in die darunter in den Boden eingelassenen und in brunnenartigen Ausschachtungen angebrachten Behälter hängen.

Etwa zehn Minuten, bevor der Gefangene in den Hinrichtungsraum gebracht wird, werden in die für die giftigen Lösungen bestimmten Gefäße je ein knapper Liter destilliertes Wasser gegossen, dem schwefelige Säure zugesetzt wird. Diese Gefäße bleiben im Mischraum, bis die Hinrichtung unmittelbar bevorsteht. Erst wenn die Gaskammer sorgfältig auf undichte Stellen überprüft worden ist, wird der Verurteilte aus der Todeszelle geholt und in die Gaskammer gebracht. Dort wird er auf einem der Stühle festgeschnallt. Das zuvor mit einem Riemen an seinem Oberkörper befestigte Stethoskop wird nun durch ein Verbindungskabel an ein Klappenventil außerhalb der Gaskammer angeschlossen, um dem anwesenden Arzt die Möglichkeit zu geben, den Herzschlag des Gefangenen zu kontrollieren, damit er den genauen Zeitpunkt des eintretenden Todes feststellen kann.

Befindet sich nur noch der Verurteilte in der Gaskammer, und sind alle Vorbereitungen abgeschlossen, wird die große eiserne Tür fest verschlossen und versiegelt. Durch Umschalten eines Hebels, der die Saugvorrichtung zur Regulierung der Luftdruckverhältnisse in der Gaskammer betätigt – ein sehr wichtiger Faktor, da nur auf diese Weise die Luftmenge abgesaugt werden kann, die die Voraussetzung für eine größtmögliche Wirkung der Giftgase schafft –, ist die eigentliche Hinrichtung eingeleitet. Inzwischen öffnet der Helfer des Scharfrichters auf ein Zeichen von diesem im Mischraum die Ventile an den Zuleitungsrohren, die von den mit der giftigen Lösung gefüllten Gefäßen in die in den Bodenschächten unterhalb des Hinrichtungsstuhls eingelassenen Behälter führen, so daß die schweflige Säure durch die Rohre in die Behälter fließen kann. Ist das geschehen, werden die Ventile wieder geschlossen, die beendeten technischen Vorbereitungen dem Direktor der Anstalt gemeldet, der zur linken Seite des Stuhls mit dem Verurteilten, an der Außenseite der Gaskammer, steht und den Vorgang beobachtet. Auf ein Kopfnicken von ihm betätigt der Scharfrichter einen weiteren Hebel, der nun die mit Zyankali gefüllten Gazebeutel in die Schächte hinabläßt, bis sie in die schweflige Säure eintauchen. Die Verbindung dieser beiden chemischen Substanzen entwickelt giftige Dämpfe, die aus den Bodenschächten aufsteigen und von dem Verurteilten eingeatmet werden. Mit diesem Vorgang ist der Akt der Hinrichtung vollzogen, der insgesamt nicht mehr als zwei Minuten in Anspruch nimmt.

Um den Tod so rasch und schmerzlos wie möglich herbeizuführen, wird der Verurteilte angewiesen, so tief wie möglich einzuatmen, wenn er sieht, daß der Direktor durch Kopfnicken das Zeichen zur Hinrichtung gibt. Das geschieht wenige Sekunden nach der Verbindung der beiden chemischen Substanzen. Ohne tiefes Inhalieren würde der Zustand der Bewußtlosigkeit erst zu einem späteren Zeitpunkt eintreten, man hätte mit Erstickungsanfällen des Verurteilten zu rechnen, die bei einem tiefen Einatmen ausgeschlossen sind.

Nach einer Hinrichtung in der Gaskammer war das Entfernen der Leichen erheblich sauberer als nach einer Hinrichtung durch den Strang. Um ganz sicher zu gehen, daß der Tod auch tatsächlich eingetreten war, blieb die Leiche noch mindestens dreißig Minuten, nachdem das Herz zu schlagen aufgehört hatte, in dem versiegelten Raum. Danach ließ man die giftigen Dämpfe durch einen Abzug im Dach entweichen. Gleichzeitig flutete frisches Wasser in die Brunnenschächte mit den giftigen chemischen Substanzen und spülte die Reste des mit schwefliger Säure vermischten destillierten Wassers aus den Behältern unterhalb der beiden Stühle in Abflußleitungen, die unterirdisch bis an die Meersbucht führten.

Eine weitere halbe Stunde mußte noch verstreichen, ehe die Aufseher, ohne ihr eigenes Leben zu gefährden, die große Stahltür öffnen und den Raum, in dem die Hinrichtung stattgefunden hatte, betreten durften; doch selbst dann war noch Vorsicht geboten. Bevor die Leiche angefaßt werden durfte, wurde sie gründlich mit Salmiakgeist besprüht, um irgendwelche Giftgasspuren, die sich in den Falten der Kleidung des Toten oder an seinem Körper selbst festgesetzt haben mochten, zu neutralisieren.

Am 8. Oktober hat unsere Gas-Kriegsführung wieder großen Aufschwung genommen, als General William Westmoreland, Kommandeur der US-Streitkräfte in Vietnam, den Gebrauch von Gas offiziell zuließ. Es war das erste Mal, daß nach einem weltweiten Schrei der Entrüstung im letzten März die Vollmacht gegeben wurde.

Seitdem hat die Gas-Kriegsführung ihren normalen Platz im amerikanisch-vietnamesischen Arsenal wiederlangt und ist sogar in die Höhe getrieben worden. Ein bewegliches Forschungsinstitut für chemische und bakteriologische Kriegsführung, das Medizinische Labor 406, ist von Japan nach Vietnam verlegt worden.

Es gab Berichte, daß in Vietnam Nervengas verwendet werde, und zwar eine Klasse von Nervengasen, die als V-Agens bekannt ist. Ein winziges Tröpfchen von einem dieser Gase auf der Haut eines Menschen kann ohne Schmerz oder eine andere Warnung resorbiert werden und den Tod verursachen. V-Agentien können durch Sprühen oder Nebel verbreitet werden, und obgleich man die Truppen durch Masken und Kleidung schützen kann, ist es dennoch möglich, daß winzige Mengen des Stoffes auf die Haut übertragen werden, wenn man die Maske abnimmt oder sich umzieht. Weil V-Gase nicht sehr flüchtig sind, können sie an Waldwegen auf Blätter appliziert werden, in Baracken oder an Plätzen, wo die Anwesenheit von Truppen verhindert werden soll.

Flugzeuge überflogen das Gebiet zwischen dem 12. und dem 18. Januar an mehreren Vormittagen. Nicht nur über unser Dorf, sondern auch über Tam Phuoc, An Loi und Tam An in der Nähe. Am 12. sah ich sie zum ersten Mal. Ich war auf dem Weg zum Markt, als ein Flugzeug ganz tief herunterkam, mit so was wie weißlichem Rauch, der aus dem Heck ausströmte. Als der Rauch über mich hinwegzog, dachte ich zuerst, ich würde anfangen zu würgen. Meine Brust fing an zu brennen. Während des ganzen Weges zum Markt hatte ich Atembeschwerden. Ich mußte immer wieder anhalten und mich hinsetzen. Nach einer Weile fing meine Nase an zu bluten. Als ich zum Markt kam, sah ich, daß andere Frauen das gleiche erlitten. Zwei von ihnen bluteten auch aus dem Mund. Andere hatten brennende Schmerzen im Brustkorb. Als ich zurück ins Dorf kam, entdeckte ich, daß einer meiner Nachbarn, eine Frau in meinem Alter, gelähmt war. Sie hatte heftiges Nasenbluten und Erbrechen gehabt. Sie war mehrere Stunden lang gelähmt. Am Abend war sie zwar in der Lage, sich zu bewegen, aber sie hatte Schmerzen in der Brust und Atembeschwerden.

Die Armee gibt verbesserte neue Gasmasken an ihre Hubschrauberpiloten aus. Eine Kapuze, die Kopf und Hals vor Senf- und Nervengasen vom V-Typ schützt, wird ebenfalls entwickelt. Es bleibt in den Berichten über die neue Ausrüstung ungesagt, daß sie die Hubschrauber-Insassen vor dem Gas, das sie selbst ausströmen lassen, schützt. In Vietnam wurde Gas von Weißen geliefert und sein Einsatz gegen Asiaten sanktioniert. Das ist etwas, das kein Asiate, sei er Kommunist oder nicht, vergessen wird.

Als Wissenschaftler und als Vater von fünf Kindern bedaure ich die Perversion der Technik, die dem Militär gestattet, ein relativ schutzloses Volk als Laboratorium zu gebrauchen.

Aus Kostengründen und wegen der Absatzflaute beschloß das Bundesverkehrsministerium, eine teure Generalentgiftung vorderhand zu vergessen. Leber: Wir müssen auf die wirtschaftliche Situation der Automobilindustrie Rücksicht nehmen. Wir sollten uns darüber im klaren sein, daß die Luftverunreinigung in Städten und Ballungsgebieten ein Problem darstellt, das ernst ist. Es wird vom Gesetzgeber wie von der Industrie bagatellisiert.

Man versuchte, die Vietcong mittels durch Dieselmotoren angetriebene Rauchgeneratoren auszuräuchern.

Die Bayer AG liefert direkt Giftstoffe, die von den Amerikanern in Vietnam angewendet werden. Die Ergebnisse werden dem Konzern in Leverkusen laufend mitgeteilt. Solche Vietnam-Gase entwickeln im Bayer-Forschungszentrum von Wuppertal-Elberfeld der Direktor der Abteilung für Giftkunde, Dr. Cross, sowie Direktor Professor Dr. Wirth, Dr. Schrader und Dr. Otto Ambros. Schrader entwickelte mit das Giftgas Zyklon B für die KZ und Wirth den Nervenkampfstoff Tabun. Anfang 1962 verhandelte Wirth als Leitungsmitglied der Bayer AG mit Bundeswehr-Offizieren unter Verletzung internationaler Verträge über die Erzeugung von Kampfstoffen. So wurde eine Vereinbarung getroffen, mehrere Sachverständige der Farbwerke Hoechst AG nach den USA zu entsenden und den USA die notwendigen Unterlagen für die Herstellung tödlicher Gase vom Typ Zyklon B zu überlassen, mit dessen Anwendung die Amerikaner in Südvietnam bereits begonnen haben.

Über den verbreiteten Einsatz chemischer Waffen gegen »unbotmäßige« Häftlinge in US-Gefängnissen, der gelegentlich sogar den Tod der Betroffenen zur Folge hat, berichtet die Internationale Juristen-Kommission (ICJ) in einer Untersuchung. Die ursprünglich für das Vorgehen gegen meuternde Häftlinge entwickelten Mittel würden teilweise in harmloseren Fällen eingesetzt, wenn etwa ein Gefangener sich weigere, seine Zelle zu verlassen, laut schimpfe oder in seiner Zelle mit Gegenständen um sich werfe. Die chemischen Waffen könnten außer dem Tod oder schweren Vergiftungen auch Verbrennungen, Augen- oder Gehirnschäden sowie Lungenentzündungen zur Folge haben. Der Bericht beruht auf Untersuchungen eines amerikanischen ICJ-Mitarbeiters und Angaben von Gefängnismitarbeitern. Unter den Reizstoffen seien Tränengas, das auch in der Bundesrepublik verwendete »Chemical Mace« (Chemische Keule) sowie CN- und CS-Gase.

Gefängnis

In der österreichischen Strafanstalt Garsten stieß der Schriftsteller Stefan Großmann noch zu Beginn des zwanzigsten Jahrhunderts auf Korrektionszellen, in denen das Wasser von den Wänden rann.

Das hier ist der Leibring. An den werden sie gefesselt wie wilde Tiere. Der Verwalter leuchtet mit der Laterne hin. In der Höhe der Bauchgegend ist hier ein handbreiter Ring an einer Kette angebracht. Daneben ein gleicher Ring. Leibringe in der Runde. Dieser Ring wird dem Häftling um den Leib geschnallt, am Ring sind Handfesseln angebracht, damit werden die Hände an dem Ring befestigt. Der Verbrecher hat das Gesicht der nassen, triefenden Wand zugekehrt und kann sich, da die Kette eng geschlossen ist, nicht zwanzig Zentimeter von der Wand entfernen. Wie lange kann diese Strafe dauern? Bis zu acht Tagen. Tag und Nacht ununterbrochen. Gewöhnlich genügt eine viel kürzere Frist, bis einer mürbe ist.

Diese Zellen dienten als Einzelgefängnisse, wo die unglücklichen Opfer inquisitorischen Hasses eingeschlossen waren, bis der Tod sie von ihren Henkern befreite. Die Leichname blieben dort bis zu ihrer Zersetzung liegen, während die Zellen mit anderen besetzt wurden. Damit die Sache die Inquisitoren nicht belästige, waren weite Abzugsrohre für den Geruch der faulenden Leichen angebracht. In diesen Zellen fanden wir die Überreste einiger Leute, die erst kürzlich gestorben sein konnten, während sich in anderen Zellen Skelette befanden, die am Fußboden angekettet waren. In einigen fanden wir auch lebende Opfer jeden Alters und Geschlechts, vom Jüngling und Mädchen bis zum siebzigjährigen Greis, alle nackt.

Eine neue Reihe von Handlungsmotiven taucht auf, roh, primitiv, der Wertskala nahestehend, die wir für Haustiere aufgestellt haben. Es ist die reibungslose Nützlichkeit des Gehorsams, eine Form der Ergiebigkeit. Die Haft ist das radikale Experiment, das wir tagtäglich an Tausenden von Menschen vornehmen; es gibt keine dunkle Ecke in der Variationsbreite ihrer seelischen Reaktion, die nicht von der Gefangenschaft in Anspruch genommen würde. Durch lange Jahre fixiert, können diese neuen Anpassungen in Freiheit andauern. Der Mensch ist auf Lebenszeit ein Produkt der Gefangenschaft geworden. Georg Fuchs kannte einen alten Sträfling, der krank wurde und sich erbrechen mußte, wenn er richtiges Essen bekam; er konnte nur noch Zuchthauskost vertragen. Als Jack Black nach langen Jahren der Haft ausbrach, machte er eine ungewöhnliche Erfahrung: die frische Nachtluft wirkte auf ihn wie die schädlichen Gase einer Kloake. I was not able to walk at first, und er mußte von seinem Befreier gestützt werden.

Von einem Kannibalentanz amnestierter alter Sträflinge wird berichtet: sie lachten, weinten, redeten wie im Fieber, tanzten, rollten auf dem Boden herum. Einer betete, ein anderer kündigte, Schaum am Munde, die wildesten sexuellen Exzesse an. Gleichgültig, ob diese Leute abgeschreckt, gebessert oder bekehrt waren oder nicht: sie konnten nicht mehr das sein, was sie früher gewesen waren.

Der Anblick der Szenen von Gewaltsamkeit, mehr noch ihr akustisches Schattenbild, löst imitativ starke motorische Reaktionen aus. Eine Hinrichtung ist vorbei und die Autopsie ist im Gange. Das Geräusch der Knochensäge bringt die Männer, die im gleichen Gebäude auf ihren Tod warten, zu einem Erregungsanfall, in dem sie kreischend alles zerschlagen und zerreißen.

Böse Spannung legte sich über die Gefangenen. Gröber geht es in Alcatraz zu. Hier werden nach Einschluß der Sträflinge von den Beamten Schießübungen vorgenommen. Am nächsten Morgen liegen die Zielpuppen im Hofe umher.

Einmal wöchentlich, am Sonntag, ließen die Wächter Prostituierte in die Anstalt kommen und ein paar Dollar auflesen. Drei kamen am Sonntag, jede Frau nahm so viele Männer, wie sie aushalten konnte. Wenn eine aus der Zelle kam, taumelte sie, als ob sie betrunken wäre. Einige stellten sich ein, ohne Geld zu nehmen, sie taten es aus Liebe zur Sache.

Man hatte den Eindruck, daß die Behörden das alles gerne sahen. Die Beamten waren sex-sick. Sie saßen in ihren Büros und stellten sich das vor, was in den Zellen vor sich ging. Einige pflegten vor der Zelle auf- und abzuwandern und einen Blick hineinzutun.

Die große Problematik der Gefangenschaft ist nicht die relativ kleine Gruppe der echten Homosexuellen, sondern der Prozeß der psychosexuellen Umwandlung, die eine viel größere Anzahl von Häftlingen erfährt. Wer in Anstalten gearbeitet hat, bringt den Eindruck zurück, daß die Atmosphäre mit diesen Spannungen gesättigt ist, daß die Vorstellungen, Gespräche und persönlichen Beziehungen um diesen Komplex kreisen, ja daß er in das Verhältnis von Wärter und Gefangenen eindringt.

Als er aus der Haft heraus war, schreibt Oscar Wildes intimster Freund von ihm, hatte er buchstäblich kein anderes Lebensinteresse mehr. Alles, was er träumte und sann, war die Befriedigung seines Lasters, und wie er sich auf die unanständigste und unehrenhafteste Weise dafür Geld beschaffen könnte.

Hier in Atmore und in anderen Gefängnissen gibt es die Älteren, die Wölfe und die gal-boys. Nur eine Minderheit machte nicht mit. Der Wolf hatte seine alte Technik: er gibt dem Jungen Geld, er kauft ihm in der Kantine, was sein Herz begehrt. Er nimmt sich Zeit. Er sagt ihm, daß er sein Freund ist und er sich vor den Anstaltsrowdies nicht zu fürchten brauche. Mit keinem Wort deutet er an, worauf er hinauswill. Wenn die Schuld angewachsen ist, kommt er mit der Sprache heraus. Der Junge ist bestürzt, sagt, er wolle das Geld zurückzahlen. Der Alte lehnt ab. Er sucht den Direktor auf und beklagt sich, daß der Junge Schulden habe und ihm, dem Älteren, keinen Respekt zeige. Der Direktor fährt den Jungen an, befiehlt ihm, zu dem Älteren nett zu sein, denn er werde ihn schützen und er werde wahrhaftig bald Schutz brauchen. Jetzt kommt der Junge in seine Zelle zurück und wird vom Alten unbarmherzig geschlagen. Die anderen sehen zu.

Wie eine junge Frau geboren wird. Sowie einer wagen würde, dazwischenzutreten, wäre der Totschlag da. Dann packt der alte Wolf den Jungen, der auf dem Boden liegt, schleppt ihn in sein Bett und zieht die Decke über sich und seine Beute.

Die Macht eines Strafanstaltsdirektors, des einzigen Mannes in unserem Kulturstaate, der noch die Geißel schwingen lassen darf, ist inerhalb ihres Reiches größer als die irgendeines anderen Mannes; sie ist eine nahezu vollkommene, denn selbst das Leben der Gefangenen kann ein Zuchthausdirektor durch Dunkelarrest und Schmälerung der ohnehin ungenügenden Kost abkürzen. Sie ist weit vollkommener als die Disziplinargewalt des militärischen Vorgesetzten.

In Guyana reiben sich die Sträflinge Sperma in die Augen, um Entzündungen zu verursachen; Erblindungen kommen vor.

Chessman behauptet, daß ein Gefangener, der Widerstand leistete, in eine leere Zelle kam; dann wurde durch den Sehschlitz eine Gaspatrone in den engen Raum abgefeuert. Black wurde so eng in eine Zwangsjacke eingeschnürt, daß er wie ein wildes Tier raste und versuchte, seinem Leben ein Ende zu machen. Mabel A. Elliott hat im Zuchthaus des Staats Kansas den Schwitzraum gesehen. Hier wird sehr heißer Dampf in einen kleinen dunklen Raum gelassen, bis der Gefangene seinen Widerstand gegen die Hausordnung aufgibt.

Vor einigen Jahren verursachte diese Heißluftbehandlung den Tod mehrerer Gefangener in Pennsylvanien. Die Einrichtung heißt hot box; der heiße Dampf kehrt auf den Schiffen wieder, die die Sträflinge nach Guyana führten. Von allen diesen Disziplinarmitteln läßt sich sagen, daß sie mindestens eine gefährliche, unter Umständen eine schwere, oder eine Körperverletzung mit Todesfolge, §§ 223a, 224, 225, 226 StGB, darstellen und über die Disziplinargewalt der Anstaltsleitung hinausgehen.

Der protestantische Gefängnispastor Luther Hannum, der bislang 68 Männer auf ihrem letzten Weg begleitete, fand: 75 bis 80 Prozent der Männer, die zum Elektrischen Stuhl gingen, bevorzugten den Tod gegenüber der Aussicht, den Rest ihres Lebens im Zuchtaus zuzubringen.

Das System der Einzelhaft sucht mit baulichen Mitteln – absoluter Trennung – Sicherheit der Verwahrung und erzieherische Einsamkeit zu erreichen. Vollständige Isolierung schaltet schlechte Einflüsse aus, soweit sie nicht im Gefangenen selbst, der Phantasie des Sträflings, seinem Triebleben und seinen masturbatorischen Exzessen verwurzelt sind. Die Folge ist, daß die normalen Mechanismen der Anpassung blutleer und kraftlos werden. Alle Fragen der Disziplin scheinen vereinfacht. In Hunderten von Zellen sitzen die Gefangenen und kommen nur für einen kurzen Spaziergang, der schweigend zu absolvieren ist, an die Luft. Gemeinschaftsleben, die Grundlage aller menschlichen Beziehungen und aller Zivilisation, wird in Hunderte von kleinen Stücken zerbrochen, der Mensch wird auf die Stufe eines reglosen, in einen steinernen Käfig eingesperrten Zwangseremiten herabgedrückt.

Die Isolierung soll eine erdrückende Langeweile erzeugen, die den Gefangenen zwingen würde, mit Neugier, mit Interesse, selbst mit Lust auf die tröstlichen Lehren der Moral und der Religion zu lauschen.

Die Erziehungs- und Besserungsarbeit wird beim Zellensystem auf den Gefangenen abgewälzt. Nach der Härte der Zwangsarbeit wird die aufgezwungene Arbeitslosigkeit ohne Scheu zum neuen Zwangsmittel erklärt. Die Tortur ist verfeinert und den Augen der Welt entzogen, bleibt aber eine unerträgliche Mißhandlung, auch wenn niemand den Gefangenen anrührt. Ruhe und Ordnung sind Anfangsstadien der Verödung des Todes.

Der amerikanische Kellner Ernst Haase, 50, war am Tag der Deutschen Einheit 1964 – des Diebstahls beschuldigt – ins Hamburger Untersuchungsgefängnis am Holstenglacis eingeliefert worden. Nach einer Woche Haft begann er, Scheiben zu zertrümmern und Wärter mit Füßen, Zellenschemel und Klosettdeckel zu attackieren. Nach zwei Wochen Haft war er tot. Ein Kalfaktor fand ihn nackt auf dem kahlen Bohlenbrett in der ausbetonierten, mit schalldichter Doppeltür versehenen Beruhigungszelle. Sie wird ihrer Höhe und Form wegen im Gefängnisjargon Glocke genannt und ist außer mit der Liegestatt nur mit einem Warmluftloch in der Decke und Abortloch in der Ecke ausgestattet. In der Glocke hatte sich Haase beruhigen sollen – sechs Tage lang.

Der Kalfaktor benachrichtigte Aufsichtsbeamte. Die holten die Mordkommission. Dann wurde die Staatsanwaltschaft eingeschaltet und die Leiche obduziert. Befund: Fettembolie in der Lunge infolge starker Schläge auf das Gesäß mit stumpfen Gegenständen. Oberwachtmeister Albert Unke gab zu, den kleinen Haase (1,57 Meter, 57,7 Kilogramm) auch mit dem Gummiknüppel beruhigt zu haben.

Daß in hamburgischen Strafanstalten Glocken-Haft und Prügel keine Seltenheit sind, halten zumindest ehemalige Insassen des Zuchthauses Fuhlsbüttel für erwiesen. Im Zuchthaus, so bekunden sie, werde doch seit eh und je aus geringfügigem Anlaß geprügelt, und sie nennen Namen von Wärtern, die sich angeblich seit Jahren im strengen Strafvollzug hervortun. Sie erinnern an ihre früheren Zellennachbarn Benzelrath, Jockel und Mortel, um deren Prügel-Schicksale sich niemals ein Untersuchungsausschuß bekümmert habe, und an den Mitgefangenen Müller, der sich ohne alles öffentliche Aufsehen aus Gram über dauernd bezogene Prügel in seiner Zelle erhängt habe.

Der Häftling Werner Preusche, der Anfang 1960 eine Gabel geschluckt hatte, sei nur deshalb gestorben, weil er eine halbe Nacht lang mit dem Eßwergzeug im Magen in seiner Zelle habe sitzen müssen, obwohl der Sanitäter seinen Zustand kannte.

Die Haftbedingungen sind an einigen Stellen besonders schlecht. Eine Technik besteht darin, den Gefangenen einige Tage in einer kleinen dunklen Zelle zu lassen ohne Verpflegung, Wasser oder Decken. Die Zellen in Dionysos, die seitlich in den Berg Pendelli eingeschnitten sind, haben einen dauernden Wasserstand von 10 cm. Da die festgehaltenen Gefangenen die Zellen nicht verlassen dürfen, füllt sich das Wasser mit ihren eigenen Exkrementen. Die Zellen im Kellergeschoß in der Athener Bouboulinas-Straße, die für die Einzelhaft benutzt werden, sind voll von Erbrochenem.

Vertreter 16 fortschrittlicher amerikanischer Organisationen haben bei einem Gericht in Washington Anklage gegen die verfassungswidrige Existenz von Konzentrationslagern in den USA erhoben. Nach Angaben der Kläger befinden sich mindestens 3000 Amerikaner unter Anwendung des McCarren-Act in solchen Lagern. Allein im Lager Allenwood (US-Bundesstaat Pennsylvania) sollen 230 Kriegsdienstverweigerer inhaftiert sein.

Paradox ist, daß die Homosexualität innerhalb des Gefängnisses Tegel legalisiert wird, daß man das Zusammenleben von Pärchen erlaubt, daß Wärter dieses Zusammenleben fördern, um Voyeur durch den Zellenspion sein zu können.

Ein Fall. Der Mann G. hatte ein homosexuelles Erlebnis. Er erhält mehr als ein Jahr Gefängnis. Er kommt nach Tegel in eine Zelle, in der D. (wegen

Zuhälterei), L. (wegen Raubüberfall), O. (wegen Diebstahl), T. (wegen Fahrens ohne Führerschein pp) und H. (wegen Meineid) einsitzen. Die meisten dieser Gefangenen sind natürlich nicht homosexuell.

Als G. erzählt, weshalb er einsitzen muß, wird die Zelle munter. Man könne erreichen, daß ein Strichjunge in die Zelle verlegt wird. Der Hauptkalfaktor mache das gegen Schmiergeld. Einige Tage später wird der Gefangene S. in seine Zelle verlegt. Es kostete nur zwei Päckchen Tabak, sonst muß man vier Päckchen ausgeben. Im Gefängnis Tegel weiß man, daß S. bisher durch rund 40 Zellen ging und daß er dabei rund 60 gleichgeschlechtliche Beziehungen anknüpfte. Aber nicht G. hat die Verlegung beantragt, sondern die anderen Gefangenen.

Nachdem S. eingewiesen ist, wird er mittels Kartenspiel verlost. G. und der Gefangene D. beteiligen sich nicht. Damit beginnt das süße Leben von Tegel. Oraler und rektaler Verkehr zwischen S. und den anderen Gefangenen. Die Zelle wird zu einer Art Bordell; Gefangene aus anderen Zellen lassen sich einschließen, um ihre Bedürfnisse zu befriedigen.

Nach der Entlassung des Gefangenen T. kam Ersatz in die Zelle: der Gefangene K. Er hat fünf Jahre wegen Raubüberfalls. K. wollte S. umsonst. Am ersten Abend sollte S. bei ihm oral tätig werden. S. weigerte sich. K. bot ihm Schläge an. Als das nichts fruchtete, wurde S. eine Decke über den Kopf geworfen, er wurde auf den Tisch gelegt, festgehalten, während K. ihn rektal vergewaltigte. S. schrie. Der Wachtmeister betrachtete den wimmernd in der Ecke liegenden S. und gab ihm eine Schlaftablette.

Einige Tage später. Der unwillige S. wird von K. und L. nackt ausgezogen, geknebelt und auf den Tisch gefesselt. Er wird vergewaltigt, wehrt sich, wird geschlagen, erhält eine offene, blutende Wunde am Kopf. Wieder geht es zum Hauptwachtmeister, wieder wird eine schriftliche Meldung gefordert, anstatt sofort eine Untersuchung einzuleiten; dem bedrohten und deshalb schweigenden S. wird geglaubt, er habe sich die Wunde durch einen unglücklichen Sturz auf die Heizung zugezogen.

An jenem Abend gab es im Gefängnis zu Tegel Kartoffelsalat und Leberwurst. Der Salat war von der Firma Majonica, größtenteils ungenießbar. Der verantwortliche Amtmann Lengler ließ servieren. Nicht anders verhielt es sich mit der Leberwurst. Diese Spezialwurst wird für den Strafvollzug hergestellt. Bestandteile: ranziges Darmfett, sehr viel Majoran, um den Geschmack zu überdecken, und Schwarten. Die Gefangenen warfen sie aus den Fenstern.

Die Gefangenen wissen nicht, daß im Küchentrakt etwa hundert Mäuse hausen, die das Brot auf den Regalen anknabbern und bekoten.

Die Gefangenen ahnen nicht, daß morgens um fünf Uhr, wenn das Küchenpersonal die Kessel anheizt, Hundertschaften von Schaben aus allen Ritzen und Rissen der Essenkübel krauchen. Dutzende der Tierchen werden mitgekocht, ebenso die an den Kesselwänden klebenden Essensreste des Vortages. An den 600-Liter-Kesseln arbeiten die Häftlinge unter Lebensgefahr, da die Kessel schadhaft und rissig sind. Trotz mehrfacher Warnung sind sie weiter im Betrieb.

Das Beispiel eines Heizungskessels, der sich im Keller befindet: Etwa sieben Zentner Glut ergossen sich wie Lava in den Keller. Der Gefangene Heinz Grosch erlitt hochgradige Verbrennungen an Brust und Bauch. Der verantwortliche Beamte hatte den Notausgang zusperren lassen. Der Dienst beginnt morgens um 2 Uhr 30 und endet nachmittags um 16 Uhr. Die Durchschnittstemperatur beträgt 40-50 Grad.

In der Küche sind Temperaturen von 48 Grad keine Seltenheit, zumal durch die rissigen Kessel Ölbrände entstehen. Die Arbeitszeit: Von morgens um fünf bis abends um 17 Uhr 30. Die vorgeschriebene Freistunde – Rundgang im Hof – hat unser Informant in anderthalb Jahren Küchendienst viermal ausnutzen dürfen.

Die Gefangenen wissen nicht, daß ein Häftling mit dem Vornamen Ewald ein halbes Jahr mit schwerer TBC in der Küche gearbeitet hat – bis zum Jahr 1968. Als bei einer Schirmbilduntersuchung seine Krankheit entdeckt wurde, dachte man nicht daran, auch die anderen Küchen-Mitarbeiter zu kontrollieren. In der Küche geschah nichts.

Bei Eintopf beträgt die Zuteilung an Hammelfleisch, das meist nur aus Fett besteht, etwa 12 Gramm. Ansonsten werden Knochen ausgekocht. Wenn sie verwendet werden, haben sie meist eine Farbe zwischen grün und violett, sie stinken und sind schmierig.

Kartoffelklöße: Hierfür wurde noch vor kurzem über 15 Jahre altes Kloß-Pulver der Marke Spreda verwandt, das noch aus den Beständen des 1952 aufgelösten Gefängnisses in der Lehrter Straße stammen soll. Das Pulver war mit Mäusekot und Mäusekadavern durchsetzt. Es mußte dennoch verwendet werden. Inzwischen wird neues Kloß-Pulver der Firma Maggi verarbeitet. Es stammt aus dem Jahre 1958. Hier haben sich zahlreiche Pakete zu Mäusefriedhöfen verwandelt.

Durch einen Zufall gab es frisches Sauerkraut. Ein Transporter hatte einen Unfall gehabt. In der Gefängnisküche konnten die plattgedrückten Krauteimer nur mit Äxten geöffnet werden. Die Metallspäne im Kraut gab es dazu. Von diesen Ausnahmen abgesehen gibt es acht bis zwölf Jahre alte Konserven aus Senatsbeständen. Die Büchsen sind teilweise durch die Gärung ausgebeult. Wenn sie geöffnet werden, gibt es Fontänen. Von den Fünf-Liter-Dosen mit Pflaumen platzen täglich einige. Oft sind sie durchgerostet.

Der Gefangene W. war in der Tegeler Anstalt wegen einer Kopfverletzung in ständiger Behandlung, er war mehrmals zusammengebrochen und mußte zur Sanitätsstation getragen werden. Sein physischer und psychischer Zustand war äußerst bedenklich. Sechs Monate vor seiner Entlassung, im Juli 1968, meldete sich W. nach einem Zusammenbruch zwischen 13 und 14 Uhr beim diensthabenden Sanitäter und verlangte wegen unerträglicher Kopfschmerzen ein Medikament. Der Sanitäter verweigerte es ihm; er habe am selben Tag bereits ein Medikament ausgegeben. Er schickte W. in seine Zelle: Dann hängen Sie sich eben auf. Nach einer halben Stunde sah der Stationswachtmeister, daß sich W. an dem Betthaken stranguliert hatte.

Die Zahl der Todesfälle im Berliner Strafvollzug ist gering. In der Zeit vom 1. Januar bis zum 31. Dezember 1967 sind 13 Gefangene gestorben, davon sieben durch Selbsttötung.

Der ehemalige Geheimdienstler berichtet über den Alltag in den chilenischen Gefängnissen: »Wenn ein neuer Gefangener angekündigt wurde, dann begannen schon automatisch die Vorbereitungen für die Folter.«

In Hamburg ist es so, daß man als Drogenabhängiger, wenn man festgenommen wird, in eine Beobachtungszelle kommt. Die befindet sich im Keller des Untersuchungsgefängnisses. Da sitzt man allein drin. Die Tür ist mit einem Zusatzfenster versehen. Alle halbe Stunde ist Kontrolle, man nennt es auch Peep-Show.

Als ich da reingepackt wurde, war ich sehr hoch dosiert, ein Gramm Heroin täglich. Ich bekam Entzugserscheinungen. Mein Kreislauf raste, ich saß zitternd in der Ecke und sagte dem Beamten, er solle den Arzt holen. Das war am zweiten Tag. Nach zwei Stunden kam der Chefarzt. Ich sagte ihm, daß ich Schiß habe, daß mein Kreislauf zusammenbricht. Ich sagte ihm, daß ich mich schon ein paarmal übergeben hätte und daß er mir auf jeden Fall erst mal Kodein oder irgendwelche Medikamente auf schwächerer Morphinbasis verschreiben sollte, um erst mal den Entzug langsam runterzudosieren.

Als er sagte, also hier gibt es nichts, dachte ich, das ist ein Scherz. Mein Kreislauf war am Rasen, ich hing wie ein Schluck Wasser in der Ecke. Er meinte, er würde morgen wieder reinschauen, und wollte gehen. Da bin ich, im Affekt vielleicht, hoch und habe ihn am Kittel gepackt: Sie gehen nicht eher hier raus, bevor ich irgendwas zur Beruhigung bekomme.

Keine zehn Sekunden, und es waren vier Beamte da. Die stehen in solchen

Situationen immer gleich vor der Tür. Ich war sehr stark in Rage, aber nach fünf Minuten haben sie mich im Griff gehabt. Dann kam ich in eine Zelle direkt nebenan.

In der Mitte stand ein Metallbett, es bestand aus einer Leichtmetallplatte mit zwei integrierten Handfesseln und zwei Fußfesseln. Da wurde ich raufgepackt, Füße und Hände zugemacht. Ich konnte mich in keiner Weise bewegen. Ich konnte mich auch nicht zur Seite drehen. Ich hatte keinen Bewegungsspielraum. Vier Tage, glaube ich, blieb ich auf der Platte.

Dabei kontinuierlich Rückenschmerzen, Gliederschmerzen am ganzen Körper sowieso. Und ständige Shakes, also Kälte-/Wärmefrösteln, die durch den ganzen Körper gehen. Und das Schlimme ist ja, daß man sich nicht bewegen kann und daß die Neonröhre, die direkt überm Bett auch ziemlich irremacht, den ganzen Tag brennt und auch die Nacht.

Bereits am Freitag hatte sich der Ministerrat mit der explosiven Lage in den Strafanstalten beschäftigt, weil seit Beginn des Jahres 15 Gefangene von Mithäftlingen ermordet worden sind und kaum ein Tag vergeht, an dem nicht Gefängnisinsassen mit aus Eßbestecken gefertigten Waffen angegriffen und lebensgefährlich verletzt werden. Hinter Gittern tobt ein blutiger Bandenkrieg, in den die sizilianische Mafia, die neapolitanische Camorra und Verbrechersyndikate aus den Großstädten des Nordens verwickelt sind. Die Bosse kommandieren ihre Clans häufig selbst von den Gefängnissen aus und schicken ihre Killer zur Verhängung von »Todesstrafen«. Die Exekutionen erinnern an Ritualmorde. Der berüchtigte Gangster Turatello wurde kürzlich von Mithäftlingen mit 60 Messerstichen niedergemetzelt. Einem anderen wurden die Augen ausgestochen, ein Dritter wurde enthauptet, einer mit einer Stahlschlinge erdrosselt und ein weiterer nach mittelalterlicher Foltermethode gepfählt.

Justizminister Darida gibt zu, daß die Gewalt auch eine Folge der hoffnungslosen Überfüllung der Haftanstalten ist. Gegenwärtig sitzen 36 000 ein, obwohl die Gefängnisse offiziell Platz für 25 000 Häftlinge haben. Mehr als die Hälfte der Gefangenen sind Untersuchungshäftlinge, von denen viele freigelassen werden. Hinter den Mauern regiert die Angst. In der vergangenen Woche suchten allein in der Vollzugsanstalt San Vittore fünf Personen einen Ausweg im Selbstmord.

Von der Großen Strafkammer des Landgerichts Lüneburg wurden drei Justizvollzugsbeamte verurteilt. Im Juni 1979 wurde ein 57jähriger Strafgefangener aus der normalen Haftanstalt in den Hochsicherheitstrakt gebracht, um eine »Hausstrafe« in Form eines Arrestes zu vollstrecken. Gegen diese Unterbringung wehrte sich der Gefangene. Unter Anwendung körperlicher Gewalt gelang es den Beamten, den Mann in die Zelle einzuschließen. Als dieser nicht Ruhe gab, öffneten die drei Beamten die Zelle, fesselten den Mann mit Handschellen ans Bett und schlugen gemeinsam mit Fäusten und Pantoffeln auf den Wehrlosen ein. Ein Beamter, so das Gericht, soll auf den ans Bett gefesselten Mann eingetreten haben.

Er erzählte uns, daß es in Con Son zum Zeitpunkt seiner Entlassung, die nicht lange zurücklag, 192 alte und 200 neue »Tigerkäfige« gab, die in den letzten drei Jahren von den Amerikanern gebaut worden waren. Eingesperrt in einen »Tigerkäfig«, etwa 90 mal 180 Zentimeter groß, erhielt er eine Tasse Reis mit etwas Salz und zwei Tassen Wasser am Tag. Er konnte sich nur kriechend vorwärts bewegen, indem er sich mit den Armen vorwärts zog und dann mit den Händen seine Beine nachholte.

Gift

Mit der Lieferung chemischer Kampfstoffe und dem Einsatz von Giftexperten beteiligten sich die Nachfolgekonzerne der IG-Farben und die Bonner Regierung an den Kriegsverbrechen der USA.

Dem USA-Büro für chemische und bakteriologische Planung in Saigon wurde kürzlich eine Gruppe westdeutscher Chemiker und Bakteriologen beigegeben, obwohl sie offiziell als Angehörige des westdeutschen Lazarettschiffes für Südvietnam geführt werden. Diese setzten bisher gegen Südvietnam acht chemische Giftstoffe ein. Diese Gifte dienen dazu, Reisfelder vergilben zu lassen und jede Ernte auf der Stelle zu vernichten. Die verseuchten Flächen wurden jährlich größer. 1962 waren es 11 000 Hektar. 1963 – 320 000, 1964 – 500 000 und 1965 – 700 000. Auf 26 Provinzen Südvietnams – das sind dreiviertel des Landes – wurde 1965 der amerikanische Giftkrieg ausgedehnt, wobei Tausende Menschen umkamen und 150 000 schwere gesundheitliche Schäden erlitten.

USA-Piloten warfen im Februar 1966 über der Provinz Ben Tre Plastikbeutel mit vergifteten Süßigkeiten ab. 20 Kinder, die davon aßen, starben einen entsetzlichen Tod.

Südvietnam wird voraussichtlich noch rund 100 Jahre unter den chemischen Entlaubungsmitteln zu leiden haben, die die US-Armee während des Krieges verwendet hat. Dies geht aus einem Sachverständigengutachten hervor, das dem US-Kongreß vorliegt.

Guillotine

Um die Exekution gemäß dem Gesetz zu vollstrecken, muß der Scharfrichter Geschick beweisen, der Verurteilte Ruhe bewahren und auf Widerstand verzichten. Treffen diese Voraussetzungen nicht zu, wird eine einwandfreie Hinrichtung mit dem Schwert unmöglich.

Nach jeder Exekution ist das Schwert für eine weitere Hinrichtung unbrauchbar; es muß erneut geschliffen und geschärft werden. Sind mehrere Personen nacheinander hinzurichten, bedingt dies einen ausreichenden Vorrat tauglicher Schwerter. Diesen bereitzustellen dürfte beträchtliche, wenn nicht unüberwindliche Schwierigkeiten mit sich bringen.

Es muß erwähnt werden, daß die Hinrichtung mehrerer Personen im Hinblick auf die großen Mengen verspritzten Blutes unter jenen, die ihr Schicksal noch erwarten, Angst und Schrecken hervorrufen wird. Ihre Schwäche bedeutet für den weiteren Verlauf der Exekution eine Erschwernis, diese kann dadurch zum Kampf, zu einem Massaker entarten.

Aus allen diesen Gründen wäre es von besonderer Bedeutung, zur Befriedigung der humanitären Bestrebungen der Nationalversammlung, eine Vorrichtung zu erfinden, die den Verurteilten in zweckdienlicher Stellung festhält, ja unbeweglich macht, und somit jede Ungewißheit bei seiner Hinrichtung von vornherein ausschaltet.

Jedermann weiß, daß Schneideinstrumente wenig oder gar keine Wirkung haben, wenn der Streich lotrecht erfolgt; wenn man den Vorgang unter dem Mikroskop untersucht, sieht man, daß diese Instrumente einer feinen Säge ähneln, daß also eine sägende Bewegung ausgeführt wird. Man kann keine Enthauptung auf einen Streich mit einem Beil ausführen, dessen Schneide gerade ist; ist die Schneide konvex, wie etwa bei alten Streitäxten, so wirkt der Streich nur in der Mitte des Werkzeuges als glatter Schnitt, während die Wirkung beiderseits der Mitte eine sägeartige ist und so ihren Zweck erfüllt.

Wenn wir die Struktur des Nackens studieren, dessen Zentrum die Wirbelsäule ist, die aus einer Reihe von Knochen besteht, deren verbindende Gelenke nicht ohne weiteres zu erkennen sind, wird uns klar, daß eine schnelle und vollkommene Abtrennung nicht möglich ist, wenn man mit dieser Aufgabe Menschen betraut, die aus moralischen und physischen Gründen unterschiedlich handeln. Für eine vollkommene Prozedur ist es absolut notwendig, sich eines unveränderlichen mechanischen Werkzeuges zu bedienen, dessen Kraft und Wirkung sich genau bestimmen lassen.

Die gut getemperte Schneide, von der Qualität bester Hackmesser und von einem befähigten Messerschmied hergestellt, ist konvex. Diese Schneide ist acht Zoll breit und sechs Zoll hoch. Oben weist das Blatt die Stärke eines Beils auf. Unter dem oberen Rand bohrt der Mechaniker Öffnungen,so daß das dreißig oder mehr Pfund schwere Gewicht mit Hilfe von Eisenbändern befestigt werden kann; sollte es sich während der Testversuche als wünschenswert erweisen, die Schwere dieser Ramme zu vergrößern, wird in deren Mitte ein eiserner Ring angebracht.

Um den Kopf in seiner festen Position zu halten und jede Bewegung im Augenblick der Hinrichtung zu verhindern, sollte der Nacken des Opfers am Schädelansatz durch einen hufeisenförmigen eisernen Bügel umfaßt werden. Die beiden Enden dieses Bügels sollten Löcher aufweisen, damit man ihn mit Bolzen am Block befestigen kann.

Das Opfer hat das Gesicht zur Erde gewandt; seine Ellenbogen stützen die Brust, und sein Nacken schmiegt sich ohne Schwierigkeiten in den Einschnitt des Blocks.

Die Versuche mit der Maschine Schmidts wurden am Dienstag in Bicêtre an drei Leichen vollzogen. Die Maschine enthauptete die Leichen so sauber, daß man von der Gewalt und Schnelligkeit überwältigt war. Mit Taktgefühl für den Vorgang begann der Henker seine Versuche mit den Leichen von Frauen und Kindern, deren zarter Nacken so leicht durchtrennt wurde, als handle es sich wirklich um Schafe und Kälber. Kaum mehr Widerstand boten zwei männliche Körper. Die Anwesenden, denen der Scharfrichter die sauber abgetrennten Köpfe zur freundlichen Begutachtung reichte, verrieten diskrete Begeisterung.

Um das Jahr 1880 hatte die Guillotine jenes Stadium der Vollkommenheit erreicht, das nur noch wenige Verbesserungen Raum ließ. In einer Dreiviertelsekunde fiel das Beil aus der Höhe und durchschnitt den Nacken. Es war eine andere Sache gewesen, als man im Jahre 1626 die epische Enthauptung des Comte de Chalais erlebt hatte, dessen Haupt erst fiel, nachdem der neunundzwanzigste Streich mit dem Schwert geführt worden war; und beim zwanzigsten hatte er noch gelebt.

Ein großes schweres Holzkreuz dient als Basis. Darüber die beiden senkrechten Pfosten, der Querbalken, die beiden Teile der lunette, deren oberer Teil in Nuten gleitet, die parallel zu den für den Block mit dem Beil vorgesehenen Nuten laufen; die breite Holzbank, auf der das Opfer liegt; ein Seil, das über eine auf dem Querbalken montierte Rolle läuft und dessen eines Ende mit dem Beil verbunden ist. Der Rest besteht aus dem Zubehör: einem kleinen Eimer für den Kopf, einem Zinksarg für den Rumpf, einem Schild, wie ihn Schweißer als Augenschutz benutzen, der den Photographen vor dem Blutstrahl schützt, den das Herz, das noch nicht weiß, daß es nur einen Rumpf beliefert, weiter durch die Arterien des abgeschnittenen Nackens drängt.

Kurz bevor es dämmert, nähern sich zwei Wärter der Zelle des Verurteilten. Sie gehen auf Strümpfen, die letzten Sekunden des Schlafes, den der Delinquent tut, dürfen nicht gestört werden. Jäh öffnen sie die Tür, treten an die Pritsche, ergreifen den Verurteilten. Der Geistliche und die Beamten betreten die Zelle. Dann spricht der Gefängnisdirektor die traditionellen Worte: Ihr Gnadengesuch ist abgelehnt worden. Seien Sie tapfer.

Man überstürzt nichts. Das Opfer darf eine letzte Zigarette rauchen, ein letztes Glas Rum trinken, einen Brief schreiben und, wenn der Wunsch besteht, jenen Trost empfangen, den der Geistliche zu spenden vermag. Der Verurteilte trägt die Kleidung, die er trug, als er vom Schwurgericht in die Todeszelle gebracht wurde. Es ist vorgekommen, daß der Wärter, als er die Kleidungsstücke von der Kammer holte, den Hut des Mannes mitbrachte.

Von der Todeszelle wird der Delinquent in ein Büro geführt. Die Gehilfen des Scharfrichters haben auf einem Tisch Geräte aufgebaut, die zur Toilette des Opfers benötigt werden. Mit einer Schere entfernen sie sein Nackenhaar und trennen den oberen Teil des Hemdes ab. Stricke in angemessener Länge liegen bereit. Man legt dem Verurteilten seine Karteikarte vor; er unterschreibt sie. Darunter schreibt der Direktor: Dem Herrn Scharfrichter zur Vollstreckung des Urteils übergeben. Der Henker quittiert den Erhalt des Verurteilten.

Es ist ein kurzer Weg zur Guillotine. Mit der Geste eines Kavaliers, der einer alten Dame über die Straße hilft, erfassen die beiden Gehilfen die Arme des Verurteilten. Mit dieser Höflichkeit wird der Mann zur Maschine geführt. Die Gehilfen stoßen ihn energisch gegen die bascule. Die richtige Lage ist hergestellt. Die lunette schließt sich um seinen Nacken. Monsieur de Paris drückt auf den Auslöser. Das Beil stürzt nieder. Der Kopf fällt in den Eimer. Der Körper wird seitlich in den langen sargähnlichen Korb gerollt.

H

Hängen

Das Apartheid-Regime in Südafrika hat gestern in den frühen Morgenstunden sieben Farbige hinrichten lassen. Damit hat sich die Gesamtzahl der Hinrichtungen in Südafrika in diesem Jahr auf 104 erhöht.

Ein jüdischer Neuzugang, ein wohlgenährter Mann, der aus guten Kreisen zu stammen schien, wurde von Höber dem Kapo Müller überantwortet. Diesem machte es Spaß, ein gutgenährtes Opfer aus einer höheren Gesellschaftsschicht in Händen zu haben. Nach fürchterlichen Quälerein zwang Müller den Mann, sich an seinen eigenen Hosenträgern aufzuhängen. Als der Hosenträger riß, brachte er den inzwischen besinnungslos Gewordenen wieder zum Bewußtsein, veranlaßte ihn, den Hosenträger gründlich zusammenzuknüpfen und sich erneut aufzuhängen. Was der Kapo dann inmitten der neugierig herandrängenden SS-Posten mit dem Toten trieb, könnte nur im Kreise von Gerichtspsychiatern beschrieben werden.

Englische und deutsche Gerichtsakten enthielten einige rührende Bitten junger Frauen, man möge sie doch recht niedrig hängen. Wenn man in christlichen Zeiten den Gehängten auch ein Hemd bewilligte und gelegentlich wohl überhaupt auf die Entkleidung verzichtete, so war die weibliche Unterkleidung in früheren Jahrhunderten doch noch so beschaffen, daß der erwähnte Wunsch, niedrig zu hängen, seine Berechtigung hatte.

Dreiunddreißig Minuten lang röchelte und strampelte ein Delinquent in Arkansas in der Schlinge.

Auf sie alle warteten die zehn Meter hohen Pfeiler, die am oberen Ende und auf halber Höhe durch Holzbalken verbunden waren. Hier, auf der Höhe von Montfaucon hingen Ketten und hielten die Leichname so lange, bis sie zerfielen. Die herabgefallenen Knochen und Kleiderreste sammelte man in Gruben rings um den Hügel, die den einzigen Friedhof für Gerichtete und Selbstmörder in der ganzen großen Stadt Paris bildeten.

Ein eigenes Detachement der Stadtwache hatte Tag und Nacht zu verhindern, daß Leichen aus den Ketten gestohlen und bestattet oder für abergläubische Zwecke zerlegt wurden. Zu den eifrigsten Leichendieben gehörten die Schüler der Pariser Universität, denen für anatomische Studien alljährlich nur zwei Leichname bewilligt wurden. Ein Nachbargalgen, le Gibet de Montigny, nahm auf, was das große Hochgericht an Hinrichtungen nicht mehr bewältigen konnte.

In der Zeit der englischen Herrschaft über Paris starben täglich etwa drei Dutzend Menschen den Galgentod. Das ganze Land ringsum war mit ihren Gebeinen durchsetzt und verrufen, und wenn der Wind von Nordwesten wehte, trug er den Gestank der zerfallenen Leichen über die Stadt Paris hin bis zum Königsschloß an der Seine.

Das Kleinhirn dient zur Erhaltung des Gleichgewichts. In seinem Inneren verteilt sich die graue und weiße Gehirnmasse so eigenartig, daß sie einer Pflanze gleicht. Man kann dies auf einem Querschnitt durch das Kleinhirn erkennen. Das verlängerte Mark ist eigentlich der lebenswichtigste Teil des Gehirns; von ihm aus werden Atmungs- und Herztätigkeit gesteuert. Es liegt unter dem Kleinhirn und geht in das Rückenmark über, daher der Name. Die Verletzung des verlängerten Marks durch Genickstich, Genickschuß oder Erhängen bedeutet den Tod.

Es kam – wie oft beim Genickbruch durch Unfall – nicht zu jener Durchtrennung der Nerven- und Blutbahnen, die allein den schnellen Tod in der Schlinge herbeiführt. Und nur von verhältnismäßig wenigen Scharfrichtern geht die Sage, daß sie ihr Handwerk so meisterhaft beherrschten, daß der Genickbruch tatsächlich sogleich eintrat. So kam es ein paar Dutzend Male vor, daß ein Gehängter ohnmächtig abgenommen wurde und wieder zum Leben erwachte, daß der Strick riß und der Henker sich weigerte, die Hinrichtung noch einmal zu vollziehen, daß die Falltür sich nicht öffnete und die Menge daraufhin Gnade für den Menschen forderte.

Eigentümlich sind die berichteten optischen Sensationen. In einem Falle sieht der Gehängte ein großes grünes Feld und ein intensives Licht, das plötzlich ausgeht, dann ein Feuer, eine lange Allee von Bäumen, schließlich Ströme und Felder von Blut, die langsam ins Grüne übergehen.

Der jüdische Dieb wurde nicht wie sein christlicher Kollege bloß gehängt, sondern starb den qualvolleren Tod des an den Füßen erhängten, also ohne Strangulierung oder Genickbruch.

Ein Mann namens Clydesdale war gehängt, vom Galgen abgenommen, in die Anatomie gebracht worden. Als die Leiche mit elektrischen Strömen behandelt wurde, stand sie plötzlich vom Seziertisch auf und ging auf Professor und Studenten zu. Rasch entschlossen nahm der Professor ein Messer und stieß es in die Halsvene, worauf Clydesdale zusammenbrach.

Ein anderer Jude, der auch an den Beinen aufgehängt worden, lebte sieben Tage. Der eine Hund starb vor ihm. Bei einer Exekution 1486 in Dortmund bissen die zwei großen Hunde den mitaufgehängten Juden zu Tode.

Ich urtheil und dünkt mich Recht, daß man diesen jüdischen Dieben einen besonderen Galgen aufrichte und ihn daran mit gebundenen Händen und Füßen, an die Füß zwischen zweier wütenden und beißenden Hunden, an ein Strick aufhenke zwischen Himmel und Erden so hoch, daß unter ihm mag Laub und Gras wachsen und allda den Hunden, auch den Vögeln der Luft befohlen und dem Erdreich entfrömbte werden und ihr, Herr Landvogt und Herr Landrichter Lüth und Wächter umb den Galgen verordnen, die ihm allda verhüten, so lang bis er am Galgen verdorben und gestorben, damit weder Leüt noch Guot von ihm geschädigt werde.

Wir standen auf dem Apellplatz und mußten zusehen. Die Häftlinge schrien irgend etwas. Boger und Kaduk waren außer sich vor Wut. Sie traten sie mit ihren Stiefeln und ohrfeigten sie, dann hängten sie sich an die Füße der Häftlinge und zogen sie ruckweise nach unten.

Lang hat wiederholt Leute unter seinen Händen gehabt, die den Anblick von Menschen boten, die in sexueller Ekstase der Wirklichkeit entrückt sind. Der Scharfrichter erinnert daran, daß bei jedem Justifizierten im Augenblick der Strangulierung reichlicher Samenerguß erfolgte.

In den meisten der für eine Hinrichtung ausgerüsteten englischen Strafanstalten schließt sich der Exekutionsraum an die Zelle des Verurteilten an. Der Exekutionsraum ist ein kleiner Raum, in dem die Falltür ein großes Stück des Fußbodens beansprucht. Sie besteht aus zwei in Scharnieren eingehängten Flügeln, die durch zwei Bolzen von unten gehalten werden. Die Bolzen werden zurückgezogen, wenn ein Hebel betätigt wird, so daß die Falltüren herunterklappen. Über der Falltür hängt ein Strick von einer bestimmten Länge an einer starken Kette, die an einem Deckenträger auf eine Weise befestigt ist, die es erlaubt, sie zu verlängern, zu verkürzen und in jeder gewünschten Höhe festzustellen. Das ermöglicht es, die Fallhöhe der Größe und dem Gewicht des Delinquenten anzupassen.

Der Scharfrichter und sein Gehilfe treffen am Nachmittag vor der Hinrichtung im Gefängnis ein. Man nennt ihm Größe und Gewicht des Verurteilten und gibt ihm Gelegenheit, ihn zu sehen, ohne von ihm gesehen zu werden. Während er nicht in seiner Zelle weilt, probieren sie das Gerät aus. Sie benutzen einen Sack, dessen Füllung annähernd das Gewicht des Delinquenten hat. Die seinem Gewicht angemessene Fallhöhe wird anhand einer Tabelle ermittelt. Korrekturen der Tabellenwerte können zur Berücksichtigung physischer Besonderheiten – Körperbau etwa oder Lebensalter – erforderlich werden.

Am Morgen vor der Hinrichtung wird eine abschließende Kontrolle der Vorrichtung durchgeführt. Der Strick wird spiralförmig aufgewickelt, an der Kette befestigt und mit einem Bindfaden gesichert, der vom Gewicht des hinabstürzenden Delinquenten zerrissen wird.

Der Scharfrichter betritt die Zelle und bindet die Arme des Verurteilten hinter seinem Rücken zusammen. Zwei Beamte führen ihn zum Schafott und stellen ihn auf den Mittelspalt der Falltür auf eine mit Kreide markierte Stelle. Der Gehilfe bindet ihm die Füße, während der Scharfrichter ihm eine weiße Kapuze über den Kopf zieht. Danach legt er ihm die Schlinge um den Hals, und zwar so, daß der angezogene Knoten vor der linken Seite des Unterkiefers liegt, wo er von einem gleitfähigen Ring gehalten wird. Dann betätigt der Scharfrichter den Hebel der Falltür.

Mr. Pierrepoint, der Chefhenker, erklärte, daß die Zeitspanne zwischen dem Betreten der Zelle und dem Auslösen des Hebels normalerweise neun bis zwölf Sekunden betrage, in einigen Strafanstalten, in denen die Zelle nicht unmittelbar neben dem Hinrichtungsraum liege, zwanzig bis fünfundzwanzig Sekunden.

Seine Denkschrift zeigt, daß die effektive Todesursache bei 58 in diesen beiden Gefängnissen vollzogenen Hinrichtungen Verschiebungsbrüche der Halswirbel mit Zerreißungen oder Zerquetschungen des Rückenmarks war. Jeder Wirbelbruch dieser Art bewirkt sofortige Bewußtlosigkeit und schließt – da die Atmung unmöglich wird – die Rückkehr des Bewußtseins aus. Das Herz kann bis zu 20 Minuten weiterschlagen.

Die Strangulation. Es ist die älteste, früher allein übliche Art des Hängens ohne Fall, das man Aufziehen nannte. In leicht technisierter Form wird es heute noch im Iran angewandt, wo der Delinquent in aller Öffentlichkeit mit Hilfe einer Rolle zur Spitze eines hohen Galgens aufgezogen wird.

Beim typischen Erhängen mittels eines nicht zu dicken oder breiten Stranges treten verschiedene Wirkungen ein, wenn sich die Schlinge durch das Körpergewicht zusammenzieht. Einmal wird die Luftzufuhr unterbrochen dadurch, daß durch den Zug der Schlinge der Zungengrund nach hinten und oben gegen die Rachenwand gepreßt wird. Damit wird der Nasenrachenraum gegen die Luftröhre abgedichtet. Dieser Vorgang ist nicht das Entscheidende beim Erhängen, wie es Tierversuche beweisen und die Tatsache, daß sich ein Tracheotomierter mit durchgängiger Kanüle bei Lage des Stranges über der Kanüle – also freie Atmung – erhängt hat. Außerdem kommt die Verlegung des Luftweges als tödliches Moment viel zu spät zur Geltung beim Erhängen, da die Blutleere des Gehirns viel schneller den Tod herbeiführt. Entscheidend ist die Kompression und Abschnürung der Halsgefäße, die das Hirn arteriell versorgen. Es sind dies die beiden Halsschlagadern und die Wirbelsäulenschlagadern. Um alle Gefäße abzuschnüren, bedarf es nicht des ganzen Körpergewichtes, schon ein Zug von 30 kg soll dafür genügen. Die alleinige Kompression der Halschlagadern wird durch einen Zug von nur fünf Kilo bewirkt. Da die Wirbelsäulenschlagadern allein für die Versorgung des Gehirnes nicht ausreichend sind, genügt die Abschnürung der Halsschlagadern, um den Tod herbeizuführen.

Halsband

Indessen sind am Montag zwei weitere junge Männer wegen eines politisch motivierten Mordes zum Tode verurteilt worden. Das oberste Gericht in Pretoria befand, daß Oupa Josias Mbonane (21) und Sibusiso Masuku (22) am 22. Februar 1986 in der Township Soshanguve bei Pretoria einen Polizisten durch die sogenannte »Halsband«-Methode ermordet hatten. Dabei wird dem Opfer ein mit Benzin gefüllter Autoreifen umgehängt und angezündet. Die »Halsband«-Methode entwickelte sich im Laufe der 1984 begonnenen landesweiten politischen Proteste als fast rituelle Form des Mordes an »Kollaborateuren« und Informanten. Dabei waren vor allem schwarze Polizisten und Stadträte Ziel solcher Angriffe. Meist finden solche Morde im Laufe schwerer Unruhen statt.

Hautabziehen

An einer Biegung der Allee kreuzten wir den Weg einer Bahre, die von zwei Männern getragen wurde. Was darauf lag und sich bewegte, war eine Art Paket blutigen Fleisches, eine Art von menschlichem Wesen, dessen Haut, in Riemen geschnitten, wie Lumpen auf der Erde nachschleifte. So unmöglich es auch war, in dieser häßlichen Wunde auch nur die geringste Spur von Menschlichem zu entdecken, die dennoch irgendwann einmal ein Mann gewesen war, so spürte man doch, wie durch ein Wunder, daß das, was da lag, noch immer atmete.

Die Enthäutung darf erst beginnen, wenn der Körper durch ausreichende Fesselung ruhiggestellt ist. Die Haut wird durch scharf und gerade geführte Schnitte und stumpfes Ausstoßen vom Körper gelöst. Es bedarf großer Sorgfalt und Geschicklichkeit, die Haut ohne Einschnitte abzutrennen. Ungenaues Arbeiten führt zu Rissen, Schnitten und Stichen in der Haut. Im Kern ist die Haut am dicksten, nach dem Bauch hin fällt sie ab. Wenn sie nur allmählich und wenig an Stärke abnimmt, ist die Haut gut gestellt. Fällt sie in der Dicke vom Rücken gegen die Bauchwand stark ab, ist sie schlecht gestellt oder flach. Die beim Töten anfallenden Häute weisen nicht selten Schädigungen auf. Solche Schädigungen können schon zu Lebzeiten des Häftlings entstehen durch unzweckmäßiges Behandeln oder Verletzungen durch Stacheldraht. Dazu kommen die beträchtlichen Hautschäden, die durch zu häufige und starke Prügel verursacht werden. Den weitaus größten Teil machen jedoch die Verletzungen aus, die durch Einschnitte beim Abziehen der Haut erfolgen. Die Schäden häufen sich, wenn die Messer nicht scharf genug sind.

Die abgezogene Haut wird zum Schutz gegen Verderb eingesalzen. Salz entzieht der Haut einen großen Teil des Wassergehaltes, der bei der frisch abgezogenen Haut 60 bis 65 % des Gewichtes ausmacht. Damit das Hautwasser gut abfließen kann, wird die Haut auf eine schräge Unterlage gelegt. Das Salzen muß sofort nach Abkühlen der Haut, also etwa innerhalb zwei bis drei Stunden nach dem Abziehen erfolgen. Erst wenn die Haut völlig abgetropft und mindestens vierzehn Tage gründlich durchgesalzen ist, darf sie verarbeitet werden. Ältere männliche Gefangene haben eine besonders dicke Haut.

Herzherausreißen

Im uneröffneten Brustkorb herrscht ein geringerer Druck als in der Außenwelt. Dieser Unterdruck ist nötig, damit sich die Lungen bei der Einatmung ausdehnen können, ohne größeren Widerstand zu finden. Beim Öffnen der Brusthöhle vollzieht sich ein Druckausgleich, die Außenluft dringt mit zischendem Geräusch in die Brusthöhle und drückt die Lunge zusammen.

Der Bericht über die Hinrichtung des Mannes, der den Prinzen von Oranien ermordet hatte im Auftrage des religionsirren Philipp Zwo. Er wurde erst gegeißelt, der Körper mit Salz eingerieben, die Finger mit Nadeln gestochen. Dann wurde eine Pause eingelegt. Am anderen Tag kam Zwicken mit glühenden Zangen. Der Leib wurde geöffnet, das Herz dem Täter in die Hand gelegt, in dieses Herz gestochen und dabei gerufen: Solch schrecklichen Lohn muß solch schrecklicher, verräterischer Mörder seines eigenen Herrn mit Recht ertragen. Es folgte die Zerstückelung und die Aufhängung an vier Orten.

Während wir noch hielten, tauchte aus den Büschen eine kleine Gruppe von vier Soldaten der südvietnamesischen Armee, ehemalige Häftlinge auf. Die Burschen grinsten von einem Ohr zum anderen. Keiner von ihnen war verwundet, doch zwei hatten Blutspuren an den getigerten Tarnanzügen. Swiggert warf ihnen böse Blicke zu, als sie ihren neiderfüllten Kameraden triefende rote Klumpen vor die Nase hielten. Diese Burschen riskieren es, in einem Vietcong-Hinterhalt erwischt zu werden, nur um Vietcongs die Herzen herauszuschneiden.

Hunger

Er erinnert an den Aufstand der Maji-Maji in Tanganjika, der 1903—1905 gegen die deutsche Herrschaft stattfand. Die Stämme kämpften verzweifelt gegen die Übergriffe der Weißen in ihrem Land. Die Deutschen unterdrückten den Aufstand mit einer kaum vorstellbaren Härte: statt Terroristen zu erschießen, verbrannten sie die Ernten, hungerten die Bevölkerung aus und machten das ganze Land dem Erdboden gleich. Auf diese Weise kamen hundertzwanzigtausend Schwarze um. Das Gebiet hat sich wirtschaftlich bis heute nicht davon erholt.

Und da die spanische Kirche reich war, stand sie selbst auf seiten der Reichen. Während zwei Drittel der Bevölkerung an endemischer Unterernährung litten, hatten sie ihr Vermögen in Banken, Straßenbahnen, Eisenbahnen, Schiffahrtsgesellschafen, Reedereien, Wasserkraftwerken, Bergwerken, Textilfabriken, Baugesellschaften u. a. investiert. Allein die Jesuiten kontrollierten um 1912 ein Drittel des gesamten spanischen Kapitals. Der hohe Klerus, verfilzt mit Adel und Großindustrie, ließ das Volk verkommen.

Ich gehörte dem Leichenkommando an, das die Hungerzellen zu räumen hatte. Oft waren Tote dabei, die am Gesäß und an den Schenkeln angebissen waren. Diejenigen, die es am längsten ausgehalten hatten, waren manchmal ohne Finger. Ich fragte den Bunkerjakob, der überall die Aufsicht führte: Wie kannst du das ertragen? Da sagte er: Gelobt sei, was hart macht. Mir geht es gut. Ich esse die Rationen von denen da drinnen.

In etwa 15-25 Kinderbettchen lagen ebensoviele Kinder von ungefähr 1-5 Jahren. Pfannmüller explizierte in dieser Station besonders eingehend seine Ansichten. Diese Geschöpfe stellen für mich als Nationalsozialisten nur eine Belastung unseres Volkskörpers dar. Wir töten nicht durch Gift-Injektionen. Da würden die Auslandspresse und gewisse Herren in der Schweiz nur neues Hetzmaterial haben. Unsere Methode ist einfacher und natürlicher, wie Sie sehen. Bei diesen Worten zog er unter Beihilfe einer Pflegerin dieser Station ein Kind aus dem Bettchen. Während er das Kind wie einen toten Hasen herumzeigte: Bei diesem zum Beispiel wird es noch zwei bis drei Tage dauern. In der fleischigen Hand das wimmernde Gerippe, umgeben von den anderen verhungerten Kindern. Weiterhin erklärte der Mörder, daß nicht plötzlicher Nahrungsentzug, sondern allmähliche Verringerung der Rationen zum Tode führe.

Ich kann nicht gut erklären, was ich fühlte, als ich zum erstenmal eine der Gruben sah, welche schon viele Leichen enthielten, und als ich die Leiche, die ich trug, auf jene, die schon dort waren, werfen mußte. Während ich Leichen schleppte, bemerkte ich häufig sonderbare Wunden auf der Rückseite der Schenkel von vielen dieser Toten. Anfangs dachte ich, daß diese Wunden von aus unmittelbarer Nähe abgegebenen Schüssen waren, als ich aber einige weitere sah, fragte ich einen Freund, und er sagte mir, daß viele Gefangene Stücke aus diesen Körpern schnitten, um sie zu essen. Als ich das nächste Mal in die Leichenhalle ging, sah ich tatsächlich einen Gefangenen ein Messer ziehen, ein Stück aus dem Bein eines toten Körpers schneiden und es schnell in den Mund stecken, zitternd, daß er dabei gesehen werden könnte. Ich überlasse es Ihrer Phantasie, sich vorzustellen, in welche Verfassung die Gefangenen gebracht werden mußten, damit Männer es wagten, diese Stückchen aus den schwarzen Leichen zu essen.

Die Leute von der Straßenreinigung hatten Fleisch auf den Abfallhaufen geworfen. Der hübsche kleine Schwarze suchte ein paar Stücke heraus und sagte zu mir: Nimm mit, Carolina. Das kann man essen. Er gab mir ein paar Stücke. Um ihm nicht wehzutun, nahm ich sie. Ich versuchte, ihn zu überreden, das Fleisch nicht zu essen. Er sollte die von den Mäusen angenagten alten Brötchen essen. Er lehnte ab. Seit zwei Tagen habe er nicht gegessen. Er zündete ein Feuer an und briet das Fleisch. Der Hunger war so groß, daß er nicht darauf warten konnte, bis das Fleisch gebraten war. Er wärmte es und aß. Um das Schauspiel nicht sehen zu müssen, ging ich fort und dachte: tu so, als ob du das nicht gesehen hast. Das kann nicht wahr sein in einem so fruchtbaren Land wie dem meinigen. Ich verkaufte bei Zinho das Alteisen und kehrte zu dem Hintergarten Sao Paolos, der Favela, zurück. Am nächsten Tag war der kleine Schwarze tot. Seine Zehen waren gespreizt, zwanzig Zentimeter weit. Er war geschwollen, als sei er aus Gummi. Die Zehen ähnelten einem Fächer. Er hatte keine Papiere bei sich. Er wurde als Unbekannter begraben. Niemand bemühte sich, seinen Namen zu erfahren. Ich denke an die Worte des Paters Luis, der uns sagte, wir müßten demütig sein.

Bezeichnend, schreibt Nehru, ist die auffallende Tatsache, daß diejenigen Teile Indiens, die am längsten unter britischer Herrschaft standen, heute die ärmsten sind. Man könnte sogar eine Tabelle aufstellen, um die enge Verbindung zwischen der Länge der britischen Herrschaft und der fortschreitenden Verarmung nachzuweisen. Das in vorenglischer Zeit verhältnismäßig wohlhabende Bengalen wird heute von verarmten hungernden Menschen bevölkert.

Die Engländer ließen Kanäle, Vorfluter und Schleusen verfallen, wodurch die heute sprichwörtliche Verelendung des indischen Dorfes überhaupt erst entstand.

Zum erstenmal seit Beginn des EWG-Gemüsemarktes wird jetzt Gemüse mit Hilfe von Steuergeldern aus dem Markt genommen und vernichtet. In Belgien wurden allein während der letzten vierzehn Tage eine halbe Million Köpfe Blumenkohl – zum Teil bester Qualität – auf den Müll geschüttet, in Südfrankreich bisher mehr als eine Million Kilo Tomaten.

Beide Aktionen werden überwiegend aus dem Agrarfonds des Gemeinsamen Marktes finanziert, den die Bundesrepublik fast zu einem Drittel trägt. Für die Vernichtung erhalten die Gemüsebauern bei Tomaten etwa 20 Pfennig pro Kilo und bei Blumenkohl 32 Pfennig pro Stück.

Der Leichenbefund ist ziemlich eindeutig. Man findet völligen Schwund des Körperfettes, an dessen Stelle eine bräunliche, glasig-sülzige Substanz tritt. Muskulatur und Organe nehmen an Masse ab, die Haut wird trocken und spröde durch Versiegen der Talg- und Schweißdrüsen. Das Darmrohr ist leer und stark kontrahiert, alle Gewebe sind wenig durchfeuchtet. Bei länger dauerndem chronischen Hungerzustand kommt es zu starken Ödemen an Gesicht und Beinen.

New York hat die Bowery, die Endstation der Hoffnungslosen, der vom Leben Betrogenen, der Armen, der Faulen, Geschlagenen. Kürzlich wurde Murphy von einem Polizisten zu einem Sterbenden gerufen, um ihm die letzte Ölung zu geben. Dem armen Kerl fehlten die Nase und die Zehen. Als ich in das Loch kam, wo er hauste, stand ich plötzlich einer Ratte gegenüber, die so groß war, wie eine junge Siamkatze.

Die Behörden geben zu, daß jede Woche fünf bis sechs Menschen in der Bowery an Hungerödemen sterben. Pfarrer Murphy meint allerdings, es seien zwischen zwanzig und dreißig.

K

Kannibalismus

Gründlich waren die Trujillos auch in der wirtschaftlichen und physischen Vernichtung ihnen unliebsamer Personen. Noch vor zwei Jahren, als der Transfer des dominikanischen Reichtums ins europäische Ausland schon in vollem Gange war, wandten sie zur Erpressung weiterer Summen so haarsträubende Mittel an, daß die von ihnen häufig betriebene Fütterung gefangener, halbverhungerter Väter mit dem Fleisch ihrer Kinder noch als vergleichsweise harmlos gelten darf.

Kastration

Die Vereinigten Staaten von Nordamerika haben zuerst auf dieser Welt bewußt durch Unfruchtbarmachung die Ausbreitung erbkranken Nachwuchses beeinflußt. Im Staate Michigan wurde ein nicht zum Gesetz erhobener Entwurf eingebracht; im Staate Indiana wurde zuerst ein Gesetz beschlossen, 9. 3. 1907. Viele nordamerikanische Staaten folgten.

Treffend widerlegt Thomalla die Einwände der katholischen Kirche: Dieser Auffassung gegenüber sei darauf verwiesen, daß bis ins 19. Jahrhundert die Chorknaben der Sixtinischen Kapelle nicht etwa nur sterilisiert, sondern kastriert wurden, um ihre helle Sopran-Kinderstimme zu erhalten.

Nach schweren Kämpfen eroberten die Reaktionäre Wien zurück. Männer, Frauen und Kinder werden getötet. Friedrich Hebbel versäumt nicht, als Augenzeuge dem Fürsten Schwarzenberg zu berichten: die männlichen Leichname hatten ihre Geschlechtsglieder als Cigarren im Mund; das ist doch immer schon etwas und wird, ich bürge dafür, der Geschichte nicht verlorengehen.

Der Bergarbeiter Silvio Zapico wurde am 15. September 1963 während der großen Streiks in Asturien in der Polizeiinspektion von Sama de Langreo durch Verbrennen der Hoden kastriert.

Während man noch leidlich damit argumentieren könnte, daß das Prügeln und Tottrampeln hilfloser Gefangener eine Angelegenheit gewesen sei, die durchaus gleichzeitig Tausenden von über ganz Europa verstreuten deutschen Regierungsbeamten eingefallen sein könnte, ist es von uns zuviel verlangt zu glauben, daß diese selben Beamten gleichzeitig auf einige der ausgeklügelteren Foltermethoden verfallen sein sollten, die mit monotoner Gleichmäßigkeit in Städten angewandt wurde, die so weit voneinander entfernt sind wie Lyon und Stavanger, Amsterdam und Odessa. So finden wir die Technik des Hodenzerquetschens beinahe überall angewandt, und zwar bediente man sich dabei immer eines Instrumentes, von dem kaum anzunehmen ist, daß selbst eine Nation von Erfindern es derartig oft hätte entwickeln können.

Diese sechs Männer hielten sich für durchschnittliche Amerikaner. Alle gehörten sie dem Bürgerrat und protestantischen Sekten an; alle behaupteten, an Gott zu glauben. Zwei hatten ein High-School-Diplom. Drei hatten in der Armee gedient. Der jüngste, Miller, war achtundzwanzig Jahre, der älteste, Mabry, fünfundvierzig Jahre alt. Keiner hatte je zuvor ein Verbrechen begangen. Sie waren nicht betrunken und hatten auch keinen Whisky bei sich. Zunächst hielten sie vor einem Drugstore, wo Floyd eine Packung Rasierklingen und eine Flasche Terpentin kaufte. Dann fuhren sie zum Haus eines Schwarzen, den einer von ihnen kannte, das ausersehene Opfer hatte Glück: es war nicht zu Hause. Sie fuhren zu einem Farbigenlokal, fanden aber kein geeignetes Opfer. Schließlich entdeckten sie weiter draußen ein Pärchen von schwarzer Hautfarbe, das zu Fuß auf der Landstraße unterwegs war. Der Mann war Edward Aaron, vierunddreißig Jahre, 1,75 Meter, 68 Kilo: ein ruhiger, schlanker, friedlicher Bürger. Seit Kriegsende lebte er mit seiner Mutter am Stadtrand von Birmingham, tat Hilfsarbeit bei einem Zimmermaler und wo sich sonst eine Gelegenheit bot und verdiente rund sechshundert Dollar jährlich. Die Wagen hielten, die Klan-Leute fielen über Aaron her und warfen ihn in den Fond von Floyds Auto. Was wollt ihr von mir? Ich habe nichts getan. Als Antwort gab ihm Floyd einen Hieb mit der Pistole und hielt ihn rittlings nieder. Sie sperrten das Blockhaus auf und zündeten die Lampen an. Dann schleppten sie den Schwarzen herein. Keiner kannte ihn oder hatte ihn je zuvor gesehen. Sie fragten nicht nach seinem Namen. Sie gestatteten ihm nicht aufrecht zu stehen. Aus dem Wagen und ins Haus mußte er kriechen.

Aaron kniete hilflos im Dreck. Es gab keine Häuser in der Nachbarschaft. Niemand würde ihn hören, selbst wenn er sich die Seele aus dem Leibe schrie. Pritchett beendete die Quälerei schließlich mit einem Urteil. Genug, Nigger, schau auf zu mir. Höre dein Urteil. Es geht dir jetzt ans Leben oder an die Eier. Kannst dir's aussuchen. Eins oder das andere – uns ist das scheißegal. Na – was ist dir lieber? Aaron versank noch tiefer im Dreck und begann zu weinen. Nichts, sagte er. Pritchett sagte, er wolle ihm die Entscheidung abnehmen: sie würden ihm die Eier abschneiden und sie als kleinen Gruß an Earl Warren und Martin Luther King und allen andern Negerfreunde schicken.

Floyd stürzte sich auf Aaron und schlug ihn mit der Pistole nieder. Er schlug ihn nicht bewußtlos, er betäubte ihn nur ein wenig. Die andern packten ihn, zwangen ihn, seine Hosen herunterzuziehen, und streckten ihn, die Beine gespreizt, in den Dreck. Floyd sprang ihm zwischen die Beine und schnitt mit einer Rasierklinge das gesamte Scrotum heraus. Er warf die Testikel in einen Papierbecher, den Pritchett ihm mit königlicher Geste hinhielt. Dann begoß er sein sich windendes, blutendes Opfer mit Terpentin. Die Polizei kam und bezeugte später, Aaron habe ausgesehen, wie vom Gürtel abwärts in Blut getaucht.

Vier Tage lang schwebte Aaron mit hohem Fieber in Lebensgefahr. Dann begann sich sein Zustand zu bessern und nach drei Wochen konnte er das Spital verlassen. Der Arzt gab zu Protokoll, Aaron sei dadurch nicht nur zeugungsunfähig geworden, sondern durch den Ausfall der inneren Sekretion auch allgemein gesundheitlich geschädigt; man müsse damit rechnen, daß er sich von der Gemeinschaft zurückziehe und sein physischer Zustand jede sexuelle Aktivität unmöglich mache. Schon nach einer Stunde Rasenmähen schwellen die Leisten so an, daß er für eine Woche arbeitsunfähig ist. Die Ärzte sind machtlos. Er bekommt regelmäßig Delatestryl-Injektionen – männliches Hormon –, was monatlich zwanzig Dollar kostet. Aaron wußte nicht, woher er das Geld für sein Essen und die Injektionen nehmen sollte.

Kindesmißhandlung

Ein Bauers-Mann von Betzdorff, Namens Thomas Churmezoli, gegen 70 Jahre alt, hatte mit seiner leiblichen Tochter Blutschande getrieben, und mit ihr ein Kind gezeugt, so 26 Wochen alt worden. Die That wurde offenbar, von ihm selbst gestanden, und also das Urtheil dahin gefället, daß sie alle 3 zur Gerichts-Stätte geführet und vom Leben zum Tod gebracht werden solten, so auch auf folgende Art geschehen:

Erstlich wurde in Gegenwart des Vaters und der Tochter dem Kind durch 2 Feldscherer öffentlich an der Gerichts-Statt beym Scheiter-Hauffen die Adern geöffnet, als aber das arme Kind nicht ersterben konte, vermuthlich weil die Adern wegen Zärtlichkeit nicht recht kunten getroffen werden, und sich in seinem Blut mit erbärmlichen Winseln und Weinen lange herum weltzete, hat endlich, auf Befehl dasigen Gerichts, der Nach-Richter mit seinem Schwerdt dem armen Kind durch das Hälßlein fahren und dasselbe also tödten müssen.

1840 beträgt die durchschnittliche Lebensdauer der Arbeiter in Liverpool 15 Jahre. In Manchester sterben 57 Prozent der Arbeiterkinder vor dem fünften Jahr. Neun- bis Zehnjährige arbeiten nicht selten 24 und 36 Stunden ununterbrochen. Sie werden nachts an die Arbeit getrieben und mit Peitschen wachgehalten. Noch 1860 ersucht man in öffentlichen Eingaben um eine Beschränkung der Arbeitszeit auf 18 Stunden. Kinder von drei und vier Jahren stehen bei der Spitzenfabrikation auf Stühlen. In den Strohflechtereien haben sie oft weniger Platz als ein Hund in seiner Hütte. In den Bergwerken kriechen Vier- und Fünfjährige mit Männern und Frauen halbnackt und nackt, an Ketten hängend, durch die zu engen, warmen Stollen. Wer sich beklagt, wird entlassen und findet als Gezeichneter nirgends eine Beschäftigung. Die Toten fliegen in die Straßengräben und werden in Löchern und Morästen verscharrt. An Bildung erhielten die Leute so gut wie nichts – ausgenommen Religionsunterricht.

Im Frühjahr 1943, da wurden einmal über hundert polnische Kinder getötet. Die Tötung wurde von den Sanitätsdienstgraden vorgenommen. Im Herbst 1943 sah ich ganz früh morgens im Hof von Block elf ein kleines Mädchen. Es hatte ein rotes Kleid an und trug einen Zopf. Es stand alleine und hielt die Hände an der Seite wie ein Soldat. Einmal bückte es sich und wischte den Staub von den Schuhen, dann stand es wieder still. Ich sah Boger in den Hof kommen. Er hielt das Gewehr hinter seinem Rücken versteckt. Er nahm das Kind an der Hand; es ging brav mit und ließ sich mit dem Gesicht gegen die schwarze Wand stellen. Das Kind sah sich noch einmal um. Boger drehte ihm den Kopf wieder gegen die Wand, hob das Gewehr und erschoß das Kind.

Mengele kam in seiner feschen Art, die Daumen im Bauchriemen steckend, freundlich nickte er den Kindern zu, die ihn Onkel nannten, ehe sie in seinem Laboratorium zerschnitten wurden.

Da war draußen ein Lastwagen vorgefahren mit einer Fracht von Kindern. Ich sah es durch das Fenster der Schreibstube. Ein kleiner Junge sprang herunter, er hielt einen Apfel in der Hand. Boger kam aus der Tür. Das Kind stand da mit dem Apfel. Boger ist zu dem Kind gegangen, hat es bei den Füßen gepackt, mit dem Kopf an die Baracke geschmettert. Dann hat er den Apfel aufgehoben, mich geholt und gesagt: Wischen Sie das da ab an der Wand. Als ich später bei einem Verhör dabei war, sah ich, wie er den Apfel aß.

Die körperliche Züchtigung des Kindes, oft mit unvorstellbarer Brutalität bis zum Exzeß betrieben, ist, so sagt die Statistik, traditionelles Gewohnheitsrecht in beinahe 85 Prozent aller Haushalte mit Kindern.

Immer trieb er zur Eile. Einmal kam ein Zug mit dreitausend Menschen an. Die meisten waren Kranke. Baretzki schrie: Ihr habt fünfzehn Minuten Zeit, sie aus den Waggons zu holen. Beim Abladen wurde ein Kind geboren. Ich wickelte es in ein Kleidungsstück und legte es neben die Mutter. Baretzki kam mit dem Stock auf mich zu und schlug mich und die Frau: Was tust du mit dem Dreck da, rief er, und gab dem Kind einen Fußtritt, daß es zehn Meter fortflog. Dann befahl er: Bring die Scheiße hierher. Da war das Kind tot. Die Obrigkeit macht es uns vor.

Sie verhafteten meinen Vater und mich, als wir aus dem Dorf nach Athen kamen, um etwas zu erledigen. Meinen Vater sah ich nicht wieder. Ich bat sie, wenigstens meine Mutter zu verschonen; sei sei nun ganz allein und müsse so viel arbeiten. Doch sie lachten nur, zogen mich an den Ohren und an der Nase, schlugen dann mit fünf Mann auf mich ein und warfen mich einander zu wie einen Ball. Am nächsten Morgen gossen sie schmutziges Wasser auf mich, damit ich aufwache. Ich fror und mein Kopf schmerzte. Wir waren etwa dreihundert Kinder im Alter von 15 bis 20 Jahren. Vielleicht waren wir auch mehr. Nach der Teeverteilung jagten uns die Männer der ESA im Lager herum. Wir mußten den Tee trinken und darauf achten, daß nichts auf den Boden verschüttet wurde. Sonst müßten wir die nasse Erde aufessen. Nach dem Tee tönte es aus dem Lautsprecher: Vorwärts, zum Gebet. Der Lautsprecher betete vor. Danch wieder der Lautsprecher: Vorwärts, legt euch in Dreierreihen nieder! Was tat der Kommunismus Griechenland an? Und während man nachdachte, fielen die ESA-Männer mit Rohrstöcken über uns her, und wir wurden windelweich geschlagen. Was tat Papandreo dem Vaterland an? Man wurde wieder geschlagen. Darauf folgte die Lektion über Papadopoulos. Er habe Griechenland vor Papandreou und der EDA gerettet, die es Bulgarien ausliefern wollten. Anschließend mußte jeder laut rufen: Mein Vater ist ein Verräter des Vaterlandes und ich distanziere mich von ihm! Diejenigen, die sich weigerten, das zu sagen, mußten die ganze Nacht, getrieben von den Rohrstöcken der Soldaten, laufen. Als sie uns spät in der Nacht mit den Rohrstöcken im Lager umhertrieben, gelang es mir, mich hinter einem Baum zu verstecken. Ich sagte mir: Dimitri, es ist besser, sie töten dich, als daß du noch länger hier bleibst. Ich biß die Zähne zusammen und kroch unter dem Stacheldrahtzaun hindurch, wobei ich mir Gesicht, Arme und Beine blutig riß. Das Lager liegt in Dionysos, 20 Kilometer entfernt von Athen.

In der Bundesrepublik werden jährlich 30 000 bis 80 000 Kinder von ihren Eltern mißhandelt, wobei nur fünf bis zehn Prozent der Fälle aufgedeckt werden. Rund 5000 Erwachsene müssen sich jährlich wegen Kindesmißhandlung vor Gericht verantworten. 85 Prozent aller Eltern halten das Prügeln für ein geeignetes Erziehungsmittel. Eine Million Kinder in der Bundesrepublik haben kein eigenes Bett, 250 000 Kinder gelten als obdachlos. Im Jahr 1972 gab es im Bundesgebiet 107 Kindesmißhandlungen mit Todesfolge. Der Deutsche Kinderschutzbund hat 15 000 Mitglieder. Im Tierschutzverein sind 750 000 Bundesdeutsche organisiert.

Knochenbrechen

Über zwölf Fälle von Folterungen an indischen Untersuchungshäftlingen berichtete die in Kalkutta erscheinende Wochenzeitung »Sunday«. Die Betroffenen erklärten, die Polizei der ostindischen Stadt Benares habe ihnen auf brutalste Weise die Beine gebrochen, um sie zu Geständnissen zu bewegen. Die »Ordnungshüter« sprangen auf die Beine der Verdächtigen, zertraten die Kniescheiben oder zerschmetterten die Knochen mit Ziegelsteinen. Die meisten der Opfer sind zwischen 20 und 30 Jahre alt.

Vor Angst und Schmerzen schreiend lagen die Gefolterten in einem Raum der Polizeistation, doch die sadistischen Handlungen nahmen kein Ende. Erst als das Bein gebrochen war, wurde der Gefangene in ein Spital gebracht. Der 29jährige Student der Musikwissenschaften, Murari Singh, berichtete: »Die Polizei verhaftete mich zu Hause und brachte mich in eine Polizeistation. Die Fenster waren vergittert. Ich bat um ein Glas Wasser. Sie sagten mir, ich werde bald mein eigenes Blut trinken und dann begann die Folter. Ich mußte mich auf den Boden legen. Zwei Polizisten standen auf meinen Oberschenkeln. Zwei weitere Personen begannen dann, mein linkes Bein hochzuheben, jemand trat mir heftig in die Kniebeuge, und die Folter dauerte so lange, bis meine Kniescheibe zerschmettert war.« Der Gefangene wurde gefragt, ob er das Brechen seiner Knochen hören könne.

Unser Urteil beruht auf einem fünftägigen Aufenthalt und Beobachtungen in Krankenhäusern und Kliniken der palästinensischen Dörfern und in Flüchtlingslagern, wo wir Patienten untersuchten und Röntgenbilder analysierten.

Wir schätzen, daß bisher mindestens 2500 bis 3500 Menschen durch Schläge auf die Rückenmuskeln, Arme und Beine ernsthaft verletzt wurden.

Wir haben uns die Röntgenbilder genau angeschaut. Zunächst einmal sahen wir immer wieder gebrochene Hände. Dabei waren die sogenannten Mittelhandknochen gebrochen worden. Normalerweise kann man diesen Knochen nur brechen, wenn man die Hand nach vorne zieht und dann mit einem Knüppel oder einem Gewehrkolben draufschlägt. Genauso ist es mit Brüchen der Speiche im Unterarm, die wir immer wieder gesehen haben. Auch diesen Knochen kann man mit Sicherheit brechen, wenn jemand den Arm lang zieht und ein anderer ihn mit einem harten Gegenstand, einem Gewehrkolben, etwa, zerschmettert. Hände und Arme werden auf diese Weise systematisch gebrochen, Linkshändern oft die linke Hand, Rechtshändern die rechte.

Diese ernsthaften Verletzungen in großer Zahl verraten Methode.

Wir sahen einen Patienten, dem beide Ellen- und Speichenknochen und beide Waden- und Schienbeine gebrochen worden waren. Die Gewalt wurde kontrolliert und vorsätzlich angewendet.

Kombinierte Maßnahmen

Mossadegh wurde der Prozeß gemacht. Sein Außenminister Fatemi wurde nach seiner Gefangennahme von berufsmäßigen Messerstechern überfallen, schwer verletzt vor Gericht gestellt, bald darauf hingerichtet. Dem Justizminister wurden die Augen herausgerissen, und weitere schwere Verletzungen zugefügt, so daß er im Gefängnis starb. Nach Aussagen des Gerichtsmediziners ist das rechte Auge von Herrn Lofti, Justizminister, unter Schlägen erblindet. Kein Richter, Beamter, Universitätslehrer oder sonst ein Organ, das nicht von den Inquisitoren des Schahs kontrolliert wurde.

In der Nacht zum 1. Juni 1961, nach dem Attentat auf Trujillo, klopften drei verwundete Männer an die Tür meines Hauses. Ich verband sie, ohne Fragen an sie zu stellen. Nachdem sie mein Haus verlassen hatten, wurde ich verhaftet und zum damaligen Chef des Geheimdienstes, Oberst Gilberto Rubirosa, gebracht. Ich erfuhr dort, daß ich dreien der Trujillo-Attentäter geholfen hatte. Man wollte von mir wissen, wohin die drei geflohen seien. Da ich es nicht wußte, wurde ich gefoltert. Mit Zangen riß man mir die Fußnägel aus. Man trieb mir Zahnstocher unter die Fingernägel und band mich nackt auf einen elektrischen Stuhl. Die Stromstöße lähmten meinen gesamten Organismus.

Bei diesen Folterungen war Ramfis Trujillo anwesend, der lächelnd die Folterknechte anfeuerte. Später traf auch sein Bruder Rhadamés mit einer Gesellschaft junger Burschen und Mädchen ein. Alle waren betrunken.

Rhadamés drehte Zeitungen zu Fackeln, zündete sie an, hielt sie an meinen Körper. Diese Prozedur wiederholte er mehrmals, auch an meinen Mithäftlingen. Später ließ Rhadamés uns wieder in die Zellen sperren. Sie waren mit nackten Häftlingen überfüllt. Er entleerte eigenhändig mehrere Kübel mit Ameisen. Durch das Guckloch sah er zu, wie wir von den Insekten gepeinigt wurden.

Folgende Methoden sind mir berichtet worden:

a) Während der Vernehmung sind die Gefangenen nackt an eine Wand gestellt und ausgepeitscht worden
b) Auf dem Rücken und auf den Armen wurden Zigaretten ausgedrückt
c) Nikkhah hat Elektroschocks erhalten
d) Kamrani wurde an den Füßen aufgehängt
e) Kamrani hat man Flaschen in das Rektum eingeführt. Durch Zerbrechen der Flaschen wurden weitere Verletzungen verursacht. Kamrani mußte wiederholt ins Krankenhaus eingeliefert werden
f) Kamrani hat man Stacheldraht um die bloßen Beine gezogen. Die Spuren sollen heute noch zu sehen sein. Auch werden Narben an Kamranis Beinen auf das Eindrücken heißer Eisen zurückgeführt.
g) Mansouri soll durch andauerndes starkes Massieren eines Nervenstranges an der Schulter bis zur Bewußtseinstrübung gequält worden sein, und zwar während der 24 Stunden vor seinem angeblichen Geständnis vor dem Schah
h) Gefangene sollen mit Erschießen bedroht worden sein. Dabei sollen Vernehmungsbeamte erklärt haben, Mitgefangene seien bereits erschossen.

Ein junges Mädchen aus dem Dorf Dien Hong, das den Fehler gemacht hatte, eine Bittschrift für freie Wahlen beim Büro der Internationalen Kontroll-Kommission einzureichen, einer internationalen Körperschaft, die eingerichtet wurde, um die Einhaltung des Genfer Abkommens zu kontrollieren. Sie wurde von Agenten der Regierung beobachtet und verhaftet. Der Name des Mädchens ist Tran Thi Nham. Als Burchett sie interviewte, war sie Anfang zwanzig. Tran Thi Nham war eine der schönsten jungen Frauen, die ich je gesehen habe. Das Mädchen entblößte ihre rechte Schulter. Ich hätte mich übergeben können. Die seidige Haut endete in kleinen, blumenkohlähnlichen Aufbrüchen, wo man das Fleisch mit rotglühenden Kneifzangen herausgerissen hatte. Man sah ein halbes Dutzend Brandnarben auf dem Oberarm. In einem Vierteljahrhundert der Berichterstattung, oft an Orten, die schlimm genug waren, war mir niemals ein einzelner Vorgang untergekommen, der so die Sinne erschütterte. Nach Burchetts Zeugnis, von dem ICC-Untersuchungsausschuß bestätigt, wurde das Mädchen monatelang nach ihrer Verhaftung gefoltert. Man führte ihr Seifenwasser und Urin durch Mund und Nasenlöcher ein; schickte Stromstöße durch Scheide und Brustwarzen; mit rotglühenden Kneifzangen riß man ihr Fleisch aus Brüsten, Schenkeln und Schultern. Ein Lineal wurde ihr in die Scheide gestoßen, abwechselnd mit Schlägen, Hunger und milderen Folterungsarten. Die Verhältnisse in dem Gefängnis, wo sie eingekerkert war, waren fast unvorstellbar.

Einmal kam ich wieder zu Bewußtsein und sah, daß ich splitternackt war und am ganzen Körper blutende Wunden hatte. Es waren noch andere in der Zelle. Ich hörte eine Frau stöhnen, im Halbdunkel, im Halbdunkel sah ich eine Frau in einer Blutlache, man hatte sie so lange geschlagen, bis sie eine Fehlgeburt hatte. Dann entdeckte ich einen alten Mann.

Ein Auge war ihm herausgeschnitten, er lag im Sterben. Neben ihm ein 13- oder 14jähriger Junge, tot. Etwas weiter weg ein anderer toter junger Mensch, dessen Kopf war gespalten.

Sie hatten mich da hineingeworfen in der Hoffnung, dieser Anblick würde mich fertigmachen. Am Ende dachten sie, sie hätten mich umgebracht. Ich war lange Zeit bewußtlos gewesen. Sie warfen mich hinaus. Die Gefängnis-Kulis trugen mich weg und wollten mich begraben, als sie entdeckten, daß mein Herz noch schlug. In solchen Fällen pflegten sie das Begräbnis zu melden, den Körper aber zu irgendwelchen Ortsansässigen zu schmuggeln. Das geschah auch mit mir.

Bauernfamilien sorgten für sie und pflegten sie, bis sie relativ gesund war. Als die Kulis sie fanden, blutete sie aus über 40 Wunden. Ihre Geschlechtsorgane waren für alle Zeiten zerstört. ICC-Vertreter besuchten sie in ihrem Versteck, photographierten sie und protestierten bei der Regierung, sie gab vor, nichts von ihr zu wissen. Am Schluß des Interviews: Sie blutete noch aus zwei Wunden, stand unter ständiger medizinischer Betreuung. Tran Thi Nham fragte mich nach meiner Familie, besonders nach Kindern. Ihre Peiniger hatten es geschafft, daß sie niemals ein Kind haben konnte, das größte Unglück für jedes vietnamesische Mädchen.

Martin Luther betreffs der aufständischen Bauern: Man soll sie zerschmeißen, würgen und stechen, heimlich und öffentlich, wer da kann, wie tolle Hunde.

Die Orte der schwersten Folterungen sind im Athener Gebiet die Sicherheitspolizei in der Bouboulinas-Straße, das Militärhospital 401 und das Dionysos-Lager. Bei jeder Verhaftung pflegen die Häscher des Regimes das gleiche Szenario zu benutzen. Sie täuschen dem bis auf die Haut entblößten

Gefangenen eine Hinrichtung vor. Um dies möglichst naturgetreu zu gestalten, schießen sie mit Platzpatronen. Im Stockwerk über der Zelle von Mikis Theodorakis zwangen sie gefangene Mädchen, den Folterungen nackter Männer beizuwohnen. Sie schlagen dabei die Gefangenen auf die empfindlichsten Körperteile, sie verrenken ihnen die Gelenke, bis die Gemarterten vor Schmerz bewußtlos werden. Um die Schmerzen zu vergrößern, werden Fuß- und Kniegelenke gleichzeitig mißhandelt und verrenkt, während ein Beamter der Junta, auf den Hüften des Gefangenen sitzend, ihn bewegungsunfähig macht. Häufig werden die Kniegelenke für immer steif, da die Kniescheiben gebrochen sind.

Nach der Behandlung lag der Gefangene drei Tage bewußtlos in seiner Zelle, mit geschwollener Leber, blutendem Rücken. Während der nächsten zwölf Tage erbrach er sich täglich, wobei er vor Schwäche das Bewußtsein verlor. Als er nach zwölf Tagen aus der Einzelhaft entlassen wurde, sagte ein Beamter: Ich dachte, du würdest das nicht überleben.

Viele von der Theodorakis-Affäre wurden in einen Steinbruch geführt, wo man ihnen die Hinrichtung vortäuschte. Ein junges Mädchen wurde im Steinbruch ausgezogen, geschlagen und in die Büsche geworfen. Die Mädchen müssen Mißhandlungen überstehen, die man kaum beschreiben kann. Seife wird in Augen, Mund und Nase getan, der Kopf wird auf eine Bank oder auf den Fußboden geschlagen.

Bei Frauen führen die Nato-Griechen so viele Finger wie unmöglich oder einen Gegenstand in die Vagina ein und drehen oder reißen in brutaler Weise.

Das gleiche wird auch am After ausgeführt. Ein Schlauch wird in den After geführt und Wasser unter sehr hohem Druck in den Gefangenen gepreßt. Im Fall von Männern ist häufig von Schlägen mit langen dünnen Sandsäcken auf die Genitalien berichtet worden. Besondere Techniken der Knebelung werden angewandt. Die Kehle wird so gefaßt, daß die Luftröhre abgeschnitten ist oder ein schmutziges Tuch, oft naß von Urin, wird in die Kehle gepreßt. Erstickung wird im letzten Augenblick verhindert.

Am 28. August 1967 rückten wir in ein Dorf ein, um nach FNL-Kämpfern zu suchen. Tränengasgranaten wurden in die Hütten geworfen, um die Menschen herauszutreiben. Dann wurden die Hütten untersucht. Wir fanden vier Feldfunkgeräte; zwei waren kaputt. Die Dorfbewohner sagten nichts, da war es Zeit für die Folterung. Ein Fähnrich wählte einen alten Mann aus und stach ihm mit einem Messer in die Arme und in die Brust. Der Fähnrich trieb mit dem Bajonett Bambussplitter unter die Nägel des Mannes. Auch wenn der hätte sprechen wollen, er hätte es vor Schmerzen nicht gekonnt.

Er schrie die ganze Zeit, und der Fähnrich beendete dies, indem er ihm die Zunge abschnitt. Ich bat, ihn erschießen zu dürfen; da war er schon tot. Aber der Fähnrich sagte: Wir schießen nicht, wir töten langsam.

Der Fähnrich schlitzte dann den Bauch eines einjährigen Kindes auf. Wir schlossen unsere Suchaktion damit ab, alle Dorfbewohner zu töten und die Hütten mit Flammenwerfern niederzubrennen. Im Bericht wird dann gesagt, daß die amerikanische Gruppe angefallen worden sei. Das niedergebrannte Dorf wurde ein Beispiel des »Vietcong-Terrors«. Alle 32 in der Gruppe wurden gezwungen, die Wahrheit des Berichtes zu bestätigen.

Dutzende ehemaliger Häftlinge der kürzlich aufgelösten portugiesischen Geheimpolizei DGS (Generaldirektorat für Sicherheit) haben jetzt von kaum vorstellbaren Grausamkeiten in DGS-Lagern berichtet. Die Berichte werden von mehreren Rechtsanwälten in Lourenço Marques gesammelt, um wenigstens einige Verantwortliche übelster Quälereien nachträglich belangen zu können. Einer dieser Anwälte berichtete, in dem bekannten Gefängnis Machava seien Gefangenen die Genitalien mit Nadeln durchstochen worden und andere seien mit brennenden Zigaretten gefoltert worden. »Wir haben keine Beweise dafür, daß in Machava Leute erschossen wurden, aber man hat die Gefangenen in kleine Zellen gesperrt und ließ sie dort einfach verhungern.«

Schlimmer als in Machava soll es auf der Gefangeneninsel Ibo in Nordmosambik zugegangen sein. Freigelassene berichten von einem Mitgefangenen, dessen Kopf mit einer Axt abgeschlagen worden sei, und von einem anderen Fall, bei dem ein Verletzter seine Wunden mit Meerwasser auswaschen mußte. Mehrfach erzählten Überlebende, daß Gefangenen die Augen ausgedrückt wurden.

Danach hat der inzwischen zum Inspektor beförderte Offizier der Sicherheitspolizei in Ankara, Ümit Erdal, der 24jährigen Ayse Semra, wie das Mädchen angab, einen Stock in die Geschlechtsteile getrieben und ihr mehrere Zähne ausgeschlagen. Durch Elektroschocks wurde ihr rechter Arm dauernd gelähmt.

Die 23jährige Studentin Necla Ülkü erlitt infolge der Folterungen Entzündungen an Eierstöcken und Leber. Ihr linkes Auge wurde beschädigt und das Kinn gebrochen. Die 21jährige Studentin Meryem Esen erlitt ähnliche Folterungen und wurde Zeugin, wie der Führer der Studentenunion der Universität von Ankara, Ugur Cilasun, während der Folterungen kastriert wurde.

Einem anderen männlichen Gefangenen, Rechtsanwalt Sener Sadi, sind nach seinen Angaben vom früheren Kommandanten der Militärregion Ankara, Generalmajor Türüng, vier Zehennägel ausgerissen und Eisenstücke in den After getrieben worden. General Türüng wird auch von anderen Häftlingen beschuldigt, sie persönlich gefoltert zu haben.

Krankheiten

Natorski, Stefan, geboren 21. 1. 1909, Sch P 30 300. Revieraufnahme: 10. 11. 1942. Krankenvorgeschichte: Kinderkrankheiten nicht erinnerlich. 1941 Flecktyphus. Befund: 33jähriger Patient in reduziertem Ernährungs- und Allgemeinzustand, Kopf und Hals ohne Befund. Brustkorb: Kein Anhalt für einen aktiven spezifischen Lungenprozeß, Herz ohne Befund. Bauch: weich, nicht druckempfindlich. Gliedmaßen ohne Befund. Temperatur: 35,8. Puls 60, Gewicht 51 kg. Größe 1,63 m. Verlauf: 11. 11. 42: Unter der Bezeichnung Purolin erhält der Patient um 18 Uhr 1 ccm Eiter, in dem mikroskopisch zahlreiche Streptokokkenketten nachgewiesen wurden, an der Innenseite des linken Oberschenkels in nächster Nähe des Abduktorenkanals eingespritzt.

19. 11. 42: Äußerlich am linken Oberschenkel keine bedeutende Veränderung. In Richtung Knie nimmt die Schwellung etwas zu. Der Patient klagt dort über starke klopfende Schmerzen. Das linke Bein wird heute in Volkmannschiene ruhiggestellt. Eine Punktion an der Innenseite des linken Oberschenkels ergibt 14 ccm rahmigen Eiter, wovon der Patient sofort drei Kubikzentimeter am rechten Arm in die Vene gespritzt bekommt.

20. 11. 42: Die Schwellung und leichte Rötung rund um die Einstichstelle am linken Oberschenkel bleiben bestehen. Der Patient emfindet starke klopfende Schmerzen.

21. 11. 42: Fotoaufnahme: Vorne seitlich ist in der Mitte des linken Oberschenkels eine buckelförmige Verwölbung mit Erweichung der Oberhaut und dreimarkstückgroßer Rötung. Aus dem alten Stichkanal entleert sich rahmiger Eiter. Der linke Oberschenkel ist in seinem ganzen Umfang geschwollen. Im Ätherrausch wird in der Mitte an der Innenseite ein Einschnitt durchgeführt und mit der Kornzange stumpf vorgegangen. Es entleeren sich ungefähr 250 Kubikzentimeter, ein Bierglas gelber, rahmiger Eiter. An der Hinterseite des linken Oberschenkels wird ein Gegeneinschnitt gemacht; beide Schnitte werden durch Gummidrains miteinander verbunden und so dem Eiter Abflußmöglichkeit verschafft.

29. 11. 42: Am linken Oberschenkel bleibt weiter mäßige Schwellung bestehen. Den Schnittwunden entfließt wenig bräunlicher Eiter. Die Schwel-

lung am rechten Oberarm ist etwas zurückgegangen. Der Schnittwunde entfließt reichlich dicker, rotbrauner Eiter. Die Oberhaut ist rund um die Wunde auf Handtellergröße unterminiert.

Therapie: Am linken Oberschenkel Wundspülung mit Rivanol, Drainage, Trockenverband, Volkmannschiene. Am rechten Oberarm Tamponstreifen, Trockenverband, Schiene. Innerlich wie am Vortag.

18. 1. 43: Das Befinden des Patienten hat sich in den letzten Tagen weiterhin bedeutend gebessert. Irgendwelche Beschwerden liegen nicht mehr vor. Er wird heute mit Schonung aus dem Revier entlassen.

Da in diesem Versuch zwar ein klinisch eindeutiger Gasbrand erzeugt werden konnte, jedoch sein Bild mit dem in der Kriegs-Chirurgie in keiner Weise entsprach, wurde nach nochmaliger Beratung mit den Mitarbeitern des hygienischen Instituts der Waffen-SS die Impfkultur durch Zusatz von Holzspänen verändert. Aus der bakteriologischen Literatur ist bekannt, daß hierdurch die Ansteckungsfähigkeit der Bakterien beim Versuchstier um ein Vielfaches gesteigert werden kann.

Er sagte, daß die Operationen einfache Flohbisse wären, und da der Zweck der Versuche die Wirksamkeit von Sulfonamiden in Schußwunden festzustellen war, würde es notwendig sein, den Patienten richtige Schußwunden beizubringen. Er befahl, daß die nächste Experimentsgruppe, die unternommen werden würde, im Einklang mit diesen Richtlinien zu sein hätten.

Am 14. des gleichen Jahres wurde ich ins Krankenhaus gerufen. Im Krankenhaus wurden wir zu Bett gebracht und das Krankenzimmer wurde abgeschlossen. Darauf kam eine deutsche Krankenschwester und verabreichte mir eine Einspritzung in mein Bein. Nach dieser Einspritzung erbrach ich mich und war schwach. Dann wurde ich in einen Krankenwagen gelegt, und man schaffte mich in den Operationsraum. Dort gaben mir Dr. Schiedlausky und Dr. Rosenthal eine zweite intravenöse Armeinspritzung.

Dann wurde ich bewußtlos, und als ich wieder erwachte, bemerkte ich, daß ich mich in einem gewöhnlichen Krankenzimmer befand. Ich fühlte ernste Schmerzen in meinem Bein. Ich bemerkte, daß sich mein Bein vom Fußknöchel bis zum Knie in Gips befand. Die Schmerzen im Fuße waren sehr stark und ich hatte hohes Fieber. Ich bemerkte ebenfalls, daß mein Bein von den Zehen bis zur Hüfte geschwollen war. Der Schmerz nahm immer mehr zu und die Temperatur stieg, am nächsten Tag bemerkte ich, daß von meinem Bein eine Flüssigkeit floß. Am dritten Tag wurde ich ins Verbandszimmer gebracht. Eine Decke wurde über meine Augen gestülpt. Ich fühlte große Schmerzen und ich hatte den Eindruck, daß aus meinem Bein etwas herausgeschnitten wurde.

Zwei Wochen später wurden wir alle wieder in den Operationssaal gebracht und auf einen Operationstisch gelegt.

Der Verband wurde abgenommen, und da sah ich zum ersten Mal mein Bein wieder. Der Einschnitt war so tief, daß ich den Knochen selbst sehen konnte. Am 8. September wurde ich in den Block zurückgeschickt. Ich konnte nicht gehen. Der Eiter floß von meinem Bein. Nachdem ich eine Einspritzung erhalten hatte, wurde ich zum Einschlafen gebracht. Diesmal sah ich wieder Dr. Fischer. Ich fühlte noch stärkere Schmerzen und hatte erhöhte Temperatur. Die Symptome waren die gleichen. Das Bein war geschwollen und eiterte.

Nach dieser Operation fühlte ich mich noch schlimmer; ich konnte mich nicht bewegen. Während ich im Krankenhaus lag, behandelte mich Dr. Oberheuser auf grausamste Weise.

Sämtliche Blutvergiftungsfälle starben. Die Malariafälle blieben völlig unbeeinflußt.

Das erste Beweismittel, das Gegenstand eines solchen Meinungsaustausches vor Gericht war, behandelt Malariaversuche an 800 Häftlingen eines Gefängnisses im Staate Illinois, die sich freiwillig zur Verfügung gestellt hatten. Es war in der Zeitschrift Life veröffentlicht worden.

Auf Hawaii wurde der zum Tode verurteilte Verbrecher Keanu mit Lepra infiziert. Einverständnis des Delinquenten lag vor, Erlaß der Todesstrafe. Keanu erkrankte und starb an Lepra.

Zu den letzteren gehörte eine 30jährige Frau, die einen nicht sehr ausgedehnten tuberkulösen Lymphdrüsen-Prozeß an der linken Halsseite hatte. Sie trank in einem Becher Suppe 100 Kubikzentimeter Harn vom Patienten B. und etwas später nochmals 25 Kubikzentimeter vom Kranken Sch. Bereits nach der ersten Einnahme kam es zu einem Aufflackern des tuberkulösen Lymphdrüsen-Prozesses.

Ein Experiment, das über 40 Jahre lang im US-Südstaat Alabama an farbigen Syphilis-Kranken vorgenommen wurde, hat den Tod von mindestens 28 Versuchspersonen bewirkt. Das geht aus am Montag in Washington bekanntgewordenen Berichten hervor. Insgesamt waren von dem Experiment, bei dem den Versuchspersonen keine ärztliche Behandlung ihres Leidens zuteil wurde, 431 Menschen betroffen. Die Patienten waren nicht behandelt worden, weil man den Krankheitsverlauf gründlich studieren wollte.

Kreuzigen

Unter Patibulum wird das für sich bestehende Querholz des Kreuzes verstanden, das dem Delinquenten über den Nacken gelegt wird. Beide Arme werden an den Enden dieses Gerätes festgebunden. An der Richtstätte wird das Patibulum mit Hilfe von Stricken über einen in die Erde gerammten, am oberen Ende gekerbten Pfahl, palus, gehängt. Die Beine des Opfers, das bislang nur am Patibulum hing, werden nunmehr an den Pfahl gebunden oder genagelt. Das Kreuz wurde nicht von vornherein zusammengefügt, seine Form entstand durch Patibulum und Palus.

Das Charakteristikum der Kreuzesstrafe als der härtesten Todesstrafe in römischer Zeit war die bewußt langsame Herbeiführung des Todes. Zwischen Kreuzigung und Tod lag ein größerer Zeitraum, angefüllt mit unsäglichen Qualen für das Opfer. Mit dem Patibulum belastet, wurde der Übeltäter unter Geißelhieben durch die Straßen bis zur Richtstätte geführt und, wenn nötig, mit spitzen Stöcken angetrieben. Der Tod kann bei diesen Exekutionen durch Zerschlagen der Schenkel beschleunigt werden.

Darüber hinaus war die Kreuzigung, die offenbar orientalischen Ursprungs ist, der schmähliche Tod par excellence bei den Römern, die ihn von den Karthagern übernahmen, wie ihn die Griechen von den Persern übernommen hatten: Ursprünglich war er für Sklaven bestimmt und wurde später auf Diebe, Verbrecher in den Provinzen, politische Verbrecher und dergleichen ausgedehnt.

Er wurde als König der Juden hingerichtet, als einer, der nach Macht strebte. Das ist keineswegs eine religiöse Angelegenheit, sondern betraf unmittelbar den römischen Staat. Die römischen Behörden konnten den jenseitigen Putz des jüdischen Messias außer acht lassen und den Titel als eine bloße Umschreibung oder einen Euphemismus für König auslegen.

Seine Hinrichtung entsprach in allen Einzelheiten dem römischen Ritual. Nur daß seine Leiche zur Bestattung freigegeben wurde, wich vom römischen Rechtsbrauch ab: Die Römer ließen den Leichnam am Kreuz hängen, die Juden pflegten ihn bei Sonnenuntergang abzunehmen. Die Geißelung, das Hinaufziehen mit Stricken, die Nägel durch Handflächen und Füße, das alles war römischer Rechtsbrauch. Auch, daß Jesus mit den beiden Männern sprach, die das gleiche Schicksal neben ihm erlitten, daß er vom Kreuz herab noch Worte an die Trauernden richtete, ist eine bekannte, wiederholt berichtete Begleiterscheinung dieser Strafe, bei der es viele Stunden währen konnte, ehe der Tod eintrat.

Später wurde es im ganzen römischen Machtbereich Gesetz, daß kein römischer Bürger am Kreuz sterben durfte, und Kaiser Konstantin hob die Strafe, mit der sich zu seiner Zeit schon die weihevolle Erinnerung an den Opfertod Christi verband, schließlich ganz auf.

Bei der Kreuzigung schafften die Nägel, an denen der arme Sünder hing, eine zusätzliche Qual und eine Lage, in der sich der ausgespannte Leib immer wieder gegen Erstickungsanfälle zu wehren hat, in Atemnot gerät und sich, so schmerzhaft es auch ist, bewegen muß, um sein Leben noch ein paar Stunden zu fristen.

Ein Mordinstrument wurde das Symbol unserer Kultur.

L

Lebendigbegraben

Das Lebendigbegraben wurde bei deutschen Stämmen üblich, die in ihrem Lebensbereich keine großen Moore mehr aufzuweisen hatten. Die Verurteilte stieg im Hemd in eine Grube, wurde oft mit einer Lage Dornen bedeckt, mitunter auf Dornen gebettet. Die Dornendecke sollte sie an der Wiederkehr hindern, ihren rachedurstigen Geist von der Dorfgemeinschaft fernhalten, wogegen die Dornenbettung als Strafverschärfung aufzufassen ist. Danach wurden Erde und Steine auf sie geschüttet, bis sie erstickte.

Rechtsbücher sprechen von einem Rohr, das man der Delinquentin in den Mund stecken sollte; eine Strafverschärfung, weil es das Leiden verlängerte. Auch Trank wurde der Ärmsten bisweilen eingeflößt: Man wollte verfolgen, wie lange sie es schafft in ihrem steinernen Bett und mit der Last von einigen Kubikmetern Erde auf dem Leib. Regelmäßiger als diese örtlichen Ausschmückungen einer alten Strafe trat die Pfählung der Begrabenen auf. Die Pfählung ist in Mitteleuropa kaum anders bezeugt als im Zusammenhang mit dem Lebendigbegraben.

Zwo Wellen Dörn, die ein under und die ander uff sie –, doch daß er ihr zuvor ein Schüssel uff das Angesicht legen, in welcher er ein Loch machen und ihr durch dasselb, damit sie desto länger leben und bemeldte böse Mißhandlung abbüßen möge, ein Rohr in Mund geben, volgens uff sie drey Sprünge tun und sie darnach mit Erde bedecken solle.

Daß man Schwerverwundete lebendig begraben hat, die sich dann aus den Gräbern wieder herausgearbeitet haben, ist eine so bodenlose Schweinerei, daß der Vorfall als solcher dem Führer und dem Reichsmarschall gemeldet werden müßte.

Bei einer Seuche in Breslau fand man einen begrabenen Schäfer, der seine Kleider gefressen hatte und wie eine Sau schmatzte. Man hat ihm mit dem Grabscheit den Hals abgestochen und ihn vor den Kirchhof gelegt.

Wie die Strafe vollzogen wurde, ob der oder die zu Tötende auf den Rücken gelegt, entkleidet, und weiter, ob der Henker zuerst mit den Füßen zu beginnen und bis zum Kopf zu schreiten hatte, darüber geben die Quellen keine Hinweise. Mit wenigen Ausnahmen fand der Vollzug der Strafe unter dem Galgen statt, wo sonst auch die Überreste der Hingerichteten eingescharrt wurden.

Er wurde vorher entkleidet. Beim Bedecken mit Erde hatte der Henker mit den Füßen zu beginnen und bis zum Kopf fortzuschreiten. Zuzeiten wurde die rechte Hand, mit der die Untat begangen war, vorher abgehauen. Ehebrecher wurden aufeinander gelegt, diesmal bekleidet, und so begraben. Ein Pfahl, der durch beide Verurteilte getrieben wird, verbindet sie. Erst nachdem die Pfählung erfolgt war, wurde über den gefesselten Missetätern die Grube zugeworfen.

In Vestergötland beschloß man gegen den Digerdöd, die Pest, ein Menschenopfer, und zwei Bettelkinder, die gerade dahergegangen kamen, sollten lebendig in die Erde gegraben werden. Man warf schnell eine Grube auf, gab den Kindern, die hungrig waren, Schmalz auf Kuchen und ließ sie sich niedersetzen. Während sie aßen, schaufelte das Volk die Erde in die Höhle. Ach, rief das kleinste Kind, als die erste Schaufel über sie geworfen wurde, da fiel mir Erde auf mein Schmalzbrot.

Der Bauführer erspäht zwei Juden, deren Kräfte schwinden. Er geht hin und erteilt einem Polen den Befehl, die beiden, die sich kaum mehr auf den Beinen halten können, einzugraben. Der Pole erstarrt – und weigert sich. Daraufhin nimmt der Scharführer einen Schaufelstiel, prügelt den Polen und veranlaßt ihn, an Stelle der zwei Juden sich in eine Grube zu legen. Dann zwingt er die Juden, den anderen mit Erde zu überschütten, was sie in Todesangst und in der Hoffnung, selbst dem grausigen Schicksal entgehen zu können, tun. Als von dem Polen nur noch der Kopf sichtbar ist, befiehlt der SSler: Halt. Er läßt den Mann wieder ausbuddeln. Nun müssen sich die beiden Juden in die Grube legen, und Strzaska erhält erneut den Befehl, sie mit Erde zuzuschütten. Langsam füllt sich die Grube. Als sie endlich voll ist, trampelt der Bauführer lachend selber die Erde über den beiden Opfern fest. Alle anderen Häftlinge arbeiten währenddessen ununterbrochen wie toll weiter, um der Bestie nur um Gottes Willen in keiner Weise aufzufallen und nicht etwa ihren Blick auf sich zu lenken. Fünf Minuten später werden zwei von ihnen gerufen; sie müssen die Eingegrabenen wieder freilegen. Die Schaufeln fliegen, vielleicht sind die Kameraden zu retten. Einer der beiden Juden wird in der Hast das Gesicht aufgerissen, aber er ist schon tot. Der andere gibt schwache Lebenszeichen von sich. Der Befehl des SS-Mannes: beide zum Krematorium.

Ein Opfer der Militäraktion berichtete im israelischen Armeerundfunk, am 5. Februar hätten 20 Soldaten nach einer gewalttätigen Demonstration im Dorf Kfar Salem im Westjordanland die vier Araber aufgegriffen, mit Gewehrkolben und Schlagstöcken geschlagen und gezwungen, die Straße zu kehren. Nachdem sich die Araber geweigert hätten, hätten sie sich auf den Boden legen müssen. Ein Traktorfahrer habe den Befehl erhalten, sie zu überfahren, dies aber verweigert. Daraufhin sei er von den Soldaten gezwungen worden, mit einer Planierraupe Sand über sie zu schütten. Ein israelischer Siedler habe die Soldaten zu ihren Taten angestiftet, sagte der Araber. Nach israelischen Zeitungsberichten wurden die vier Araber anschließend von Verwandten bewußtlos befreit. Einer von ihnen habe acht Tage in einem Krankenhaus behandelt werden müssen.

M

Menschenjagd

Weiße Siedler torpedieren die Reformen der französischen Regierung auf Neukaledonien durch Terrorakte. Als neues Wochenendvergnügen für Weiße hat sich in Nouméa die Kanakenjagd eingebürgert. Bis zu hundert Europäer fahren mit Gewehren bewaffnet in Autokolonnen durch das Stadtzentrum und suchen nach Kanaken, mit denen man einen Streit vom Zaun brechen kann. Sind geeignete Opfer gefunden, so wird wahllos auf alle Nichtweißen in der Umgebung das Feuer eröffnet. Bezahlte Schlägertrupps polynesischer Einwanderer aus der Kolonie Wallis und Futuna schneiden

den Kanaken den Fluchtweg in ihre Stadtviertel ab. Die Polizei ist dabei selten am richtigen Ort anzutreffen, da fast alle Autos der Europäer mit Sprechfunk ausgerüstet und bestens über die Bewegungen der »Ordnungshüter« informiert sind. Die konservativen Parteien und die lokalen Medien stellen solche »Treibjagden« als plötzlichen Ausbruch der Entrüstung der Europäer über die andauernde Gewaltanwendung der Kanaken dar. Die Polizei sah sich außerstande, auch nur einen Verdächtigen zu ermitteln.

Menschenversuche

Im Sommer 1966, Henry Knowles Beecher, Professor für Anästhesie an der amerikanischen Harvard-Universität: Bericht über Menschenversuche: eine Auswahl von 22 mit ärztlicher Ethik nicht zu vereinbarender Experimente.

Im Januar schockierte der New Yorker Senator Seymor R. Thaler die Öffentlichkeit: mehrere Tausend Patienten sind während der letzten Jahre an New Yorker Kliniken als unfreiwillige Versuchspersonen benutzt worden.

In einem Londoner Krankenhaus wurden acht magenkranke Patienten einem gefährlichen Diagnose-Verfahren, Lumbal-Aortographie, unterzogen, damit sich ein Arzt in dieser Technik üben konnte. Lumbal-Aortographie: Um eine Röntgenaufnahme der Blutgefäße herzustellen, wird dem Patienten ein Kontrastmittel in die Hauptschlagader nahe den Lendenwirbeln eingespritzt. Das Experiment, das mit der Magenkrankheit der Patienten nichts zu tun hatte, endete in drei der acht Fälle tödlich.

Kanadische und amerikanische Ärzte öffneten, um den Blutdruck in einer Lungen-Arterie zu prüfen, bei 15 geistig zurückgebliebenen, aber körperlich gesunden Kindern, Alter: zwischen zwei Tagen und neun Monaten, eine Vene im Oberschenkel und schoben eine Sonde durch die Hauptvenen von Bauch und Brust – und durch das Herz – bis in die Lungenschlagader.

In einem zweiten Experiment: die Ärzte führten dreizehn schwachsinnigen Kleinkindern auf dieselbe Weise eine Sonde ins Herz und setzten den Kindern zusätzlich eine Atemmaske auf. Mit ihr wurde die Sauerstoffzufuhr allmählich gedrosselt. Als die Sauerstoffkonzentration unter 40 Prozent sank, begannen die Kinder sich zu bewegen und wurden unruhig; sie schrien schließlich unaufhörlich, manchmal keuchend. Bei einem Kind setzte zeitweilig die Atmung aus.

Ein Ärzteteam aus Oxford, 1963, Titel der Arbeit: Sauerstoffverbrauch von Gelähmten bei Kälte. Versuchspersonen waren ein 34jähriger Patient, der nach einer Kinderlähmungs-Erkrankung gelähmt war und in einer eisernen Lunge liegen mußte; sowie zwei bewußtlose Patienten, die nach einer Hirnschädigung teilweise gelähmt waren, der eine 17, der andere 68 Jahre alt.

Für einen Zeitraum zwischen 80 Minuten und dreieinhalb Stunden wurden die nackten Patienten mit Kaltluft angeblasen. Gleichzeitig wurde ihnen ein Medikament verabfolgt, das die Muskeln, auch die zur Atmung benötigten, erschlaffen läßt.

Am Londoner Hammersmith Hospital wurde schwerkranken Diabetikern zwei Tage lang das lebenswichtige Insulin vorenthalten – zu Forschungszwecken. Zwangsläufig führte der Insulinentzug bei den Patienten – bei einem Versuch waren es 43, in einem anderen 35 Personen – zu schwerer Benommenheit, in einigen Fällen zu tiefer Bewußtlosigkeit, dem sogenannten diabetischen Koma.

Zu Versuchszwecken wurde 21 Geisteskranken und Schwachsinnigen Tuberkulin – ein giftiges Abbauprodukt der Tuberkel-Bazillen – ins Rückenmark gespritzt. Folgen: Fieberanfälle mit Brechreiz, bei einem Teil der Patienten Nackensteife. Ein Versuchsbericht erschien 1953 im Fachblatt Journal of Pathology.

Ärzte der North Western University in Illinois, befaßt mit immunbiologischen Forschungen, überpflanzten Krebsgewebe einer 53jährigen Patientin auf deren 80jährige gesunde Mutter. Die Tochter starb am Tag nach der Transplantation. Der überpflanzte Tumor wurde erst 23 Tage später aus der Bauchmuskulatur der Mutter wieder herausoperiert. Es hatten sich keine Antistoffe, aber Tochtergeschwülste, überall an ihrem Körper ausgebildet. Die Greisin starb nach 15 Monaten an dem überpflanzten Krebs.

Zwei Krankenhausärzte in Brooklyn ließen 22 alten und bettlägerigen Patienten lebende Krebszellen injizieren. Die Mediziner vermieden es, vor den Versuchspersonen von Krebs zu sprechen.

US-Mediziner experimentieren gelegentlich auch mit Unmündigen. Eine Anzahl schwachsinniger Kinder mußte Viren schlucken, um den vollständigen Verlauf einer Leberkrankheit zu studieren. Neugeborenen wurde über Katheder die Harnblase mit Flüssigkeit gefüllt und wieder entleert, und der Vorgang auf Röntgenbildern festgehalten. Alter der Versuchspersonen: weniger als zwei Tage. Die Folgen der Belastung mit Röntgenstrahlen waren nicht abzusehen.

Bei Gelegenheit von Herzoperationen wurde elf jugendlichen Patienten studienhalber die Thymusdrüse entfernt – ein Organ, dessen Funktionen teilweise ungeklärt ist.

Die Mediziner benutzten Lungenuntersuchungen, um einen neuen Weg der Herz-Katheterisierung zu erproben: Sie stießen eine Spezialnadel durch die Bronchial-Äste in den linken Herz-Vorhof. Die gefährliche – unter Umständen für den Patienten tödliche – Diagnose-Technik wurde in fünfzehn Fällen an Personen geübt, deren Herz gesund war.

Mit einer Spritze, auf die zur Verlängerung eine Kanüle aufgesetzt worden war, wurde eine Flüssigkeit in die Gebärmutter gedrückt. Es war eine zementartige Masse, die einen brennenden, wehenartigen Schmerz erzeugte. Die Frauen konnten sich nur zusammengekrümmt, mit einer Empfindung als müsse der Bauch platzen, zum Röntgentisch begeben, wo eine Aufnahme gemacht wurde. Der Eileiter sollte durch Verklebung empfängnisunfähig gemacht werden. Nach der Einspritzung wurde eine Kontrastflüssigkeit zur Röntgenbeobachtung eingeführt. Danach wurde die Masse noch einmal eingepumpt. Im Abstand von drei bis vier Wochen wurde der Vorgang mehrmals wiederholt. Die meisten Todesfälle entstanden durch Entzündung der Gebärmutter oder des Bauchfells. Ich habe nie gesehen, daß die ärztlichen Instrumente zwischen den Behandlungen desinfiziert wurden. Während der sechs Monate gab es vierhundert Versuche dieser Art.

Einmal hatten wir siebzig Frauenleichen abzuholen. Die Brüste waren ihnen entfernt worden, und am Unterleib und an den Schenkeln hatten sie tiefe Schnitte. Sanitäter verluden Gefäße mit Menschenfleisch auf ein Motorrad mit Beiwagen. Wir lesen weiter: Bei wunderschönem Wetter eine Radtour gemacht. Dann: bei elf Exekutionen zugegen. Lebendfrisches Material von Leber, Milz und Pankreas nach Pilvearpininjektionen entnommen.

Warum benutzen Sie Menschenfleisch für Ihre Untersuchungen? Weil die Wachmannschaften das Rind- und Pferdefleisch, das wir für bakteriologische Versuche geliefert bekamen, aufaßen.

US-Behörden haben zwischen 1940 und 1970 an 695 Menschen medizinische Experimente mit radioaktivem Material vornehmen lassen, wie aus dem Bericht eines Unterausschusses im Washingtoner Repräsentantenhaus hervorgeht.

– von 1945 bis 1947 wurde im Rahmen des Projekts »Manhattan«, das der Entwicklung der ersten Atombombe diente, 18 Patienten, von denen die Ärzte annahmen, daß sie nicht mehr lange leben würden, Plutonium eingespritzt. Ein Millionstel Gramm davon reicht, um beim Menschen Krebs auszulösen.

– von 1953 bis 1957 wurde am Allgemeinen Krankenhaus von Massachusetts in Boston zwölf unheilbar an Gehirntumoren erkrankten Patienten Uran gespritzt, um festzustellen, von welcher Dosis an Nierenschäden eintreten würden.

– von 1961 bis 1965 erhielten am Massachusetts Institute of Technology 20 ältere Personen Spritzen oder Mahlzeiten, die Radium oder Thorium enthielten.

– von 1963 bis 1971 wurden die Hoden von 676 Gefängnisinsassen im Staat Oregon und von 64 Häftlingen im Staat Washington Röntgenbestrahlungen ausgesetzt, weil die Wissenschaftler herausfinden wollten, welchen Einfluß dies auf die Zeugungsfähigkeit haben würde.

–von 1963 bis 1965 erhielten im Bundesstaat Iowa sieben Personen Milch von Kühen, die auf mit radioaktivem Jod verseuchtem Boden gegrast hatten.

Die Staatsanwaltschaft ermittelt gegen den ehemaligen Chefarzt und einen Stationsarzt des Bezirkskrankenhauses wegen Körperverletzung in siebzehn Fällen im Zusammenhang mit Medikamentenversuchen. Die von dem Krankenpfleger Klaus Lister zur Anzeige gebrachten Vorwürfe beziehen sich auf eine Anfang 1983 durchgeführte Testreihe mit den Antidepressivum »Vivalan«. Im Verlauf der Versuchsreihe, die den beteiligten Ärzten jeweils 4500 D-Mark einbrachte, sind vier Patienten der Ansbacher Psychiatrie gestorben. Mit der Testreihe sollte überprüft werden, ob Vivalan auch bei einer durch ein Prostataleiden hervorgerufenen Depression wirksam sei. Vivalan war vom Bundesgesundheitsamt für ein breites Anwendungsgebiet (krankhafte, nicht verständliche Depression und Verstimmungszustände) zugelassen worden.

Mundbinde

Die diabolische Erfindung der Mundbinde kam in westdeutschen Frauengefängnissen zur Anwendung. Die Öffentlichkeit erfuhr von diesem Korrektionsmittel durch einen Artikel, den der spätere Reichstagsabgeordnete Adolf Hofrichter in der sozialdemokratischen Rheinischen Zeitung veröffentlichte. Er hatte den Tod eines jungen Mädchens namens Wodke in der Korrektionszelle zum Gegenstand, brachte aber nur Hofrichter selbst eine Gefängnisstrafe ein – die an dem Todesfall Schuldigen, der Direktor der Anstalt Brauweiler bei Köln und der Anstaltsarzt, wurden freigesprochen.

Die Wodke war ein hübsches, munteres Ding, das die Aufseherinnen gelegentlich durch schnippische Antworten reizte. Eines Tages sagte die Aufseherin Medder zu ihrer Kollegin Scherf: Legen Sie doch der Wodke einmal ordentlich die Mundbinde an. Das war eine engsitzende Gesichtsbinde, die nur erfahrenen Häftlingen, die sich ganz ruhig verhielten und wenig Sauerstoff brauchten, eben genug Atemluft gönnte, um die Stunde der Korrektur zu überstehen. Auch sie erlitten jedoch immer wieder Erstickungsanfälle und mußten nachher gelabt werden. Die Wodke nun wehrte sich, war erregt, war schon außer Atem, als man ihr das Marterinstrument umband, und fühlte, daß es ihr Tod sein würde. Sie soll noch flehend die gebundenen Hände gehoben haben, aber die Aufseherinnen blieben ungerührt, schlossen das Mädchen ein, um ihr Wimmern nicht hören zu müssen, und als sie nach einer Stunde kamen, um die Binde wieder abzunehmen, war die Ärmste tot.

P

Pfählen

Abidaga ging zur Hütte, wo ihm gemeldet wurde, es sei alles bereit: dort liege der Eichenpfahl, etwa vier Arschin lang, zugespitzt, wie es sich gehöre, oben mit Eisen beschlagen und ganz dünn und spitz, von oben bis unten mit Talg gut eingefettet; dort auf dem Gerüst seien die Balken befestigt, zwischen die der Pfahl eingepaßt und befestigt werden solle, der Holzhammer zum Einschlagen, die Stricke und alles übrige.

Zehn Sejmen stellten sich in zwei Reihen, je fünf zu beiden Seiten, auf: Zwischen ihnen ging Radisaw, barfüßig und barhäuptig, schnell und gebeugt wie immer, mit kurzen, eigenartigen Schritten, er hüpfte fast auf den verstümmelten Füßen, die blutige Löcher statt der Fußnägel zeigten, auf der Schulter trug er einen langen, zugespitzten Pfahl. Hinter ihm ging Merdschan mit noch zwei Zigeunern, die ihm bei der Vollstreckung des Urteils helfen sollten. Radisaw senkte den Kopf noch tiefer, während die Zigeuner an ihn herantraten und sich anschickten, ihm Joppe und Hemd abzustreifen. Auf der Brust zeigten sich, gerötet und voller Blasen, die Brandwunden der glühenden Ketten. Ohne noch ein Wort zu sprechen, legte sich der Bauer, wie ihm befohlen, nieder, das Gesicht zum Boden gekehrt. Die Zigeuner traten hinzu, banden ihm zunächst die Hände auf den Rücken und befestigten dann an jedem Fuß, am Knöchel, einen Strick. Sie zogen, jeder von einer Seite, und spreizten seine Beine weit auseinander. Inzwischen legte Merdschan den Pfahl auf zwei kurze Rundhölzer, so daß die Spitze dem Bauern zwischen die Beine zeigte. Dann zog er ein kurzes, breites Messer aus dem Gürtel, kniete vor dem ausgestreckten Verurteilten nieder und beugte sich über ihn, um ihm den Stoff der Hose zwischen den Beinen zu zerschneiden und die Öffnung zu erweitern, durch die der Pfahl in den Körper eindringen sollte. Man sah nur, wie der gefesselte Körper unter dem kurzen, unbemerkten Messerstich erschauerte, sich bis zur Hüfte aufbäumte, als wolle er aufstehen, aber sofort wieder zurückfiel und dumpf auf die Bretter aufschlug. Sobald er dies beendet hatte, sprang der Zigeuner auf, nahm den hölzernen Hammer vom Boden und begann mit ihm auf das untere stumpfe Ende des Pfahls langsam und gleichmäßig zu schlagen. Nach jedem zweiten Schlag machte er einen Augenblick halt und betrachtete zunächst den Körper, in den er den Pfahl trieb, und dann die beiden Zigeuner, die er ermahnte, langsam und gleichmäßig zu ziehen. Der Körper des ausgespreizten Bauern krampfte sich von selbst zusammen; bei jedem Hammerschlag krümmte und buckelte sich das Rückgrat, aber die Stricke zogen ihn auseinander und streckten ihn. Die Stille war so groß, daß man jeden Hammerschlag und sein Echo unterscheiden konnte. Die am nächsten Stehenden konnten hören, wie der Mann mit der Stirn auf die Bretter schlug. Und daneben ein anderes, ungewöhnliches Geräusch; aber das war weder ein Schmerzensschrei noch ein Wehruf noch ein Todesröcheln noch irgendein menschlicher Laut, sondern dieser ganze auseinandergezerrte, gefolterte Körper gab ein Knarren und Knirschen von sich wie ein Zaun, den man umtritt, oder wie Holz, das bricht. Nach jedem zweiten Schlag trat der Zigeuner zu dem ausgestreckten Körper, beugte sich über ihn, prüfte, ob der Pfahl den richtigen Weg einhalte, und, wenn er sich überzeugt hatte, daß kein einziges der wichtigen Eingeweide verletzt war, dann kehrte er um und setzte seine Arbeit fort. Plötzlich hörte das Klopfen auf. Merdschan sah, wie sich oben am rechten Schulterblatt die Muskeln spannten und die Haut hob. Schnell schritt er hinzu und machte an der emporgehenden Stelle einen Kreuzschnitt. Blasses Blut floß heraus, zunächst spärlich, dann immer stärker. Noch zwei, drei Schläge, leicht und vorsichtig; und an der aufgeschnittenen Stelle begann die mit Eisen beschlagene Spitze des Pfahles herauszutreten. Er schlug noch ein paar Male zu, bis die Spitze in gleicher Höhe mit dem rechten Ohr war. Der Mann war auf den Pfahl getrieben wie ein Lamm auf den Bratenspieß, nur daß ihm die Spitze nicht aus dem Munde, sondern aus dem Rücken herauskam und weder die Eingeweide noch Herz oder Lunge stärker verletzt waren. Nun warf Merdschan den Hammer fort und trat hinzu. Er betrachtete den reglosen Körper, das Blut umgehend, das aus den Stellen, an denen der Pfahl ein- und austrat, herausgelaufen war und sich in kleinen Tümpeln auf den Brettern gefangen hatte. Die zwei Zigeuner drehten den steifen Körper auf den Rücken und schickten sich an, die Füße unten am Pfahl festzubinden. Inzwischen sah Merdschan nach, ob der Mann noch lebe, und betrachtete sorgfältig dieses Gesicht, das mit einemmal aufgedunsen, breiter und größer geworden war. Die Augen waren weit geöffnet und unruhig, die Augenlider aber unbeweglich, der Mund aufgerissen und beide Lippen im Krampf erstarrt, hinter ihnen schimmerten weiß die zusammengepreßten Zähne hervor. Einzelne seiner Gesichtsmuskeln beherrschte der Mann nicht mehr, daher wirkte das Gesicht wie eine Maske. Aber das Herz schlug dumpf und die Lunge ging unter einem kurzen und beschleunigten Atem. Die beiden Zigeuner schickten sich an, ihn wie ein Stück Vieh am Spieß zu erheben. Merdschan schrie sie an, vorsichtig zu sein, den Körper nicht zu rütteln, und half selbst mit. Sie steckten das untere, dickere Ende des Pfahles zwischen die beiden Balken und schlugen alles mit großen Nägeln fest. Dann stützten sie ihn von hinten mit einer kurzen Latte ab, die sie ebenfalls am Pfahle und an den Balken des Gerüstes festnagelten.

Nun traten Plewljak, Merdschan und noch zwei Sejmen erneut an den Verurteilten heran und schickten sich an, ihn aus der Nähe zu betrachten. Unten floß am Pfahl nur ein dünnes Blutgerinsel herab. Der Mann lebte und war bei Bewußtsein. Seine Flanken hoben und senkten sich, die Halsadern klopften, die Augen rollten langsam, aber unaufhörlich.

Noch ehe es völllig dunkel wurde, kletterte Merdschan und ein Bursche erneut zu Radisaw und stellten mit Sicherheit fest, daß der Verurteilte auch jetzt, vier Stunden nach Vollzug der Strafe, noch lebte und bei Bewußtsein war.

Durch das Zwerchfell ist die Leibeshöhle in eine Brust- und eine Bauchhöhle geschieden. Diese Höhlen sind von einer serumabsondernden Haut ausgekleidet, so daß ihre Wandungen im Innern feucht und schlüpfrig sind. Auch die Organe selbst, so z. B. die Leber, die Lungen, der Magen und Darm, sind von einer solchen serösen Haut umgeben, damit sie sich bei Lageveränderungen weder untereinander noch an den Wänden der Leibeshöhle aufreiben können. Soweit es sich um die serösen Häute des Bauchraumes handelt, spricht man vom Bauchfell, an dem das die Innenseite der Rippenwand überziehende Rippenfell und das die Lunge überziehende Lungenfell unterschieden werden können.

Die Avaren durchstreiften das ganze Gebiet von Friaul, verwüsteten alles sengend und plündernd und schlossen dann Friaul ein, das sie sich mit allen Kräften zu erobern anschickten. Während ihr König, den sie Kakan nannten, mit einer großen Reiterschar die Mauern der Stadt umritt, um zu sehen, wo man am leichtesten eindringen könne, erblickte ihn Romhild, die eben von der Stadtmauer herabschaute. Da sie ihn voller Jugendkraft blühen sah, entbrannte die Nichtswürdige in geiler Lust zu ihm und ließ ihm durch einen Boten sagen, wenn er sie heiraten wolle, werde sie ihm die Stadt mit allen, die sich in ihr befänden, überliefern. Als dies der Barbarenkönig vernahm, versprach er voll Tücke, sie zu ehelichen. Ohne Zögern öffnete sie nun die Tore der Burg und ließ zum Verderben aller und auch zu ihrem eigenen den Feind ein. Die Avaren brachten alle volljährigen Langobarden mit dem Schwerte um das Leben, während sie die Weiber und Kinder zu Sklaven machten. Die Romhild aber, die Urheberin des ganzen Unglücks, nahm der Avarenkönig seinem Eide gemäß eine Nacht zur Ehe. Danach übergab er sie für eine weitere Nacht zwölf Avaren, die sie, einander ablösend, mit der Befriedigung ihrer Lüste quälten. Am dritten Tage endlich ließ der Kakan auf freiem Felde einen Pfahl einrammen und sie daran aufspießen. Dabei sprach er höhnisch: Das ist der Mann, dessen du wert bist.

Die Worte des Avarenherrschers lassen wenig Zweifel daran, daß es sich nicht um eine Pfählung durch den Mastdarm gehandelt hat, wie sonst in den meisten Fällen, sondern PER VAGINAM – eine Strafe an jenem Körperteil, mit dem die ausschweifende Fürstin zum Schaden ihrer Stadt gesündigt hatte. Der Pfählung von Ehebrecherinnen und der rektalen Pfählung Homosexueller liegt zweifellos der gleiche Gedanke zugrunde. Er ist auch in jener Abart der Pfählung erkennbar, bei der eine meist unschädliche, wenn auch schmerzhafte Einführung einer dicken Rübe in den After die Pfählung ersetzt.

Der Delinquent kniet mit in den Staub hinabgedrücktem Haupte, die angezogenen Oberschenkel gekreuzt; auf den Rücken wird ihm ein Packsattel geschnallt, und ein Gehilfe des Scharfrichters nimmt auf diesem Platz, um zu verhindern, daß der Verurteilte sich bewege. Nachdem die Bahn hinreichend eingefettet ist, wird der Pfahl durch den Mastdarm fünfzig bis sechzig Zentimeter tief eingeführt. Das weitere Vordringen geschieht durch die Körperschwere. Da man wußte, daß ein spitzer Pfahl lebenswichtige Organe verletzen könnte, wählte man etwas abgestumpfte Pfähle, die Magen, Leber, Milz und so weiter beiseite schoben. Damit sie sich nicht auf den Pfahl stützen oder an ihn halten konnten, waren ihnen die Hände auf den Rücken gebunden, und durch ihr eigenes Körpergewicht bohrten sie sich das Holz immer tiefer in den Leib. Ein Detail war das häufig beobachtete Hinscheiden der Verurteilten, kurz nachdem sie Wasser zu trinken bekommen hatten. Wollte man ihr Leiden abkürzen, so brauchte man ihnen nur einen Trank zu reichen.

Am Hofe Ludwig XIV. wurde die bei den türkischen Verbündeten so häufige Strafe viel besprochen, und Monsieur, der homoerotisch veranlagte Bruder des Königs, prägte das skandalöse Bonmot, die Pfählung sei jene Todesstrafe, die am angenehmsten beginne, aber am scheußlichsten ende.

Pferd

Auf solch ein Holzpferd wurden die leichten Mädchen in Malines gesetzt, es war ein dreieckiger Holzrumpf, der mit einem Kopf, einem Schwanz und mit Beinen versehen war. Sie saßen rittlings.

Das hölzerne Pferd war eine Soldatenstrafe. Sie wurde in Amerika dadurch verschärft, daß man ein Gewicht von 50 Pfund an jedes Bein hängte. Wert wurde darauf gelegt, daß die Rückenkante scharf war, wie sich noch aus erhaltenen Strafeseln erkennen läßt. Es ist die gleiche schmerzhafte Behandlung, die der Mob dem Opfer des Teerens und Federns angedeihen läßt, und kann zu schwerer körperlicher Beschädigung führen.

Prügel

Im Staate Delaware erfolgte die Prügelstrafe durch Zuschauer. Die Delinquenten standen im Schnee. Vierzig Zuschauer umringten eine Gruppe von Gefangenen. 35 Hiebe wurden verabreicht. Striemen schwollen auf dem Rücken an, blutige Blasen wurden sichtbar, manchmal reichten die Zungen der Peitsche bis in die weichen Teile des Unterleibs, obschon das Gesetz sagt, daß die Hiebe auf den nackten Rücken gelegt werden sollen. Manche Zuschauer waren enttäuscht, weil sie mehr zerfetztes Fleisch und mehr Blut erwartet hatten. Der Bericht ist vom 26. Januar 1935. Im Staate Delaware waren 1947 vierundzwanzig Delikte mit Prügelstrafe bedroht. Ein Gesetz von 1935 verbot bei Gefängnisstrafe oder Geldstrafe die Aufnahme von Lichtbildern der Prozedur.

Jedoch ist diese Peinigungsart für den Referenten ebenfalls eine kleine Marter, maßen demselben und anderen bei dem Tisch Sitzenden, so jedes Mal der zuführenden Direktion halber den Inquisiten in der Distanz von ungefähr 7, 8, 10 oder 12 Schritt in dem Gesicht haben müssen, die von den

Ruten abspringenden Spitzen, des sonstigen Ungemachs nicht zu gedenken, zum öfteren nach dem Gesicht fliegen, und mit Gegenhaltung des Hutes oder in anderer Wege abgewendet werden müssen.

Auch die späteren Zaren hatten gegen die Einsprüche der Militärs, vor allem aber der Richter anzukämpfen, die das ganze Gebäude des Reiches und der Herrschaft wanken sahen, weil man seit 1817 den Verbrecher nicht mehr durch das Ausreißen der Nasenflügel kenntlich machen durfte und weil seit 1830 die Höchstzahl der Knutenschläge fünfzig betrug. Für zwanzig Schläge mit diesem Instrument brauchte der Vollzugsbeamte eine Stunde. 1845 befahl Nikolaus der Erste, alle Knuten zu vergraben. Fortan wurde die Peitsche zum Instrument der schwersten Strafen. Damit war nicht viel gewonnen. Jewreinow berichtet von Henkern, die den Delinquenten so arg an den Bock, Stute genannt, anbanden, daß schon der dritte Peitschenschlag einen Bluterguß im Gehirn und den Tod zur Folge hatte.

1662 wurde auf diese Weise eine Gruppe von Frauen aus Massachusetts hinausgeprügelt. Es war ein Todesurteil, das Wetter war bitterkalt, die Entfernung betrug achtzig Meilen, die schuldigen Frauen waren vom Gürtel aufwärts nackt. Ging es um Strafen, schwieg das puritanische Schamgefühl, das die Indianerinnen verdammte, wenn sie ihre Brüste nicht bedeckten.

Er erzählte, daß in der Anstalt Atmore, Alabama, er und andere Sträflinge umhergingen, deren Hosen an der Sitzfläche offen waren. Weil das Hinterteil so zerschlagen und wund war, wollten sie vermeiden, daß die Reibung der Kleider ihnen Schmerz verursachte.

Ich bin Hausfrau. Als der Schah in der Oper war und bei uns alles ruhig, wollten wir gehen. Da die Polizei hinter uns und vor uns abgesperrt hatte, war das unmöglich. Plötzlich sprang die Polizistenkette vor mir auf die Zuschauerreihe zu und fing an zu knüppeln. Ich rief, bitte, nicht schlagen. Ich erhielt drei bis vier Knüppelschläge, mit voller Wucht geschlagen, über den Kopf, einige auf den Oberarm. Ich fiel hin. Polizisten hoben mich auf und wollten mich wegtragen. Ich wollte allein gehen. Da stellte mir ein Polizist das Bein, und ich schlug hin. Ein anderer Polizist: Laßt doch den Blödsinn.

Der eine Trupp schleppte den Jungen bis an die linke Hauswand der Oper. Ein paar Uniformierte gesellten sich hinzu und schlugen mit. Plötzlich befand sich der Kopf des Verprügelten zwischen den Füßen der Polizisten. Sie trampelten auf dem Festgenommenen herum. Ein Uniformierter, direkt vor mir, trat unentwegt und kräftig mit der Schuhspitze gegen dessen Schädeldecke.

Polizei und Protokoll postierten eine Persergruppe vor den Absperrungen. Die Iraner stürzten sich auf die dicht gedrängten Neugierigen und Demonstranten, schlugen mit Stahlruten, Totschlägern und Holzlatten auf sie. Die Polizei bildete für diese Aktion Spalier. Sie nahm nicht einen der Schläger fest, weigerte sich, Personalien festzustellen. Das geschah vor den Augen des Innensenators. Dieser Schlägertrupp, zum Teil mit Pistolen und Ausweisen des persischen Geheimdienstes, wurde am Abend des zweiten Juni von zwei städtischen Bussen in der Kolonne der Ehrengäste zur Oper gefahren. Der Bundespräsident war in vertrauter Umgebung. Dort durften die Perser sich vor der Absperrung formieren, konnten ungehindert Steine in die Reihen der Demonstranten werfen, später an der Jagd der Polizei teilnehmen.

Bei der Niederschlagung solcher Aufklärungsversuche arbeiten westliche Regierungen mit den Schlägern und Denunzianten des persischen Geheimdienstes, SAVAK, Hand in Hand, denen es gestattet ist, innerpersische Methoden in der übrigen Freien Welt zu exerzieren: Deportationen oder Zusammenschlagen von Studenten durch ausländische Geheimdienstler konnten weder durch die deutsche Presse zu nennenswerten Protesten noch den Innenminister zum Eingreifen bewegen.

Als die Polizisten über die Barrieren prügeln, schreit ein Demonstrant: hinsetzen, die Polizisten schlagen auf die Sitzenden ein. Die Polizisten schlagen mit äußerster Kraft, schlagen auf Ohnmächtige, auf Liegende, auf Studenten, die ihren zusammengebrochenen Kommilitonen helfen.

Boger sagte: Wir sind die Politische Abteilung, wir fragen nicht, wir hören nur zu. Was du zu sagen hast, mußt du selbst wissen. Ich bat die Herren, mich zu fragen. Ich wurde bewußtlos geschlagen.

Hans Rüdiger Minow wird von sechs Polizisten angegriffen und über die Straße geschleift. Sie treten und schlagen ihn mit Fäusten und Knüppeln. Er versucht, sich zu befreien, wird niedergeknüppelt, an den Haaren hochgezogen und auf den Hinterkopf geschlagen. Man schleift ihn zu einem Einsatzwagen am Mittelstreifen. Minow gibt an, die Ausdrücke Judenschwein und Kommunistenschwein gehört zu haben. Man stellt ihn auf die zweite Stufe auf der Wagentreppe, hält ihn fest, prügelt ihn von neuem. Er bekommt einen Tritt und stürzt in den Mittelgang. Er und andere Zeugen im Wagen hören über Funk, daß der Plan Füchsejagen beginnen solle. Pattakos: Wir machen keinen Unterschied zwischen Menschen und Menschen, nur zwischen Menschen und Bestien.

Mit Hunden, Peitschen, elektrisch geladenen Rinderstöcken, Tränengas und Wasserwerfen trieb Bull Conor die friedlichen Demonstranten Martin Luther Kings auseinander. Hunderte wurden verletzt, Hunderte verhaftet.

Jim Clark spielte die ihm von King zugedachte Rolle gut: Von Mitte Januar bis Anfang März sperrte der Sheriff über 3000 Schwarze hinter Gitter, schlug schwarze Frauen nieder, trieb mit Streifenwagen schwarze Kinder auf einem fünf Kilometer langen Zwangsmarsch aus Selma hinaus.

Dann kam der Blutsonntag, der 7. März: 600 Demonstranten, darunter Schulkinder und Greisinnen, versammeln sich vor den Toren Selmas zu einem Protestmarsch nach Montgomery. Nach 300 Metern stehen die Marschierenden einer Mauer von 50 mit Gasmasken, Gummiknüppeln, Stahlhelmen und Revolvern bewehrten Polizisten unter dem Befehl von Alabama-Gouverneur George Wallace und 100 Mann unter dem Kommando Jim Clarks gegenüber.

Zwei Minuten später gingen Polizisten und Hilfssheriffs wild um sich schlagend auf die Demonstranten los. Tränengasbomben explodieren, 15 berittene Clark-Beamte galoppieren in die schreiende Menge. 87 Schwarze werden verletzt, 17 davon lebensgefährlich.

Nicht einer von ihnen ist je bewaffnet gewesen; selbst die Steine, mit denen sie sich in höchster Not in den Kesseln der Krummen Straße zu verteidigen suchten, mußten sie erst mit den Fingern aus dem Straßenpflaster klauben.

Der Unruhestifter wird durch Erschütterung oder Verletzung des Großhirns betäubt und so des Abwehrwillens beraubt. Auch ohne Blutentziehung würde nach einiger Zeit der Tod eintreten, weil im Großhirn Blutansammlungen entstehen, die durch den Druck auf die Gehirnmasse tödlich wirken.

Das Latrinenkommando paßte auf, daß niemand zu lange saß. Die Leute des Kommandos schlugen mit Stöcken zwischen die Häftlinge, um sie wegzujagen. Bei manchen ging es aber nicht so schnell, vor Anstrengung trat ihnen der Mastdarm ein Stück hervor.

Anschließend trug sich das Kaiserpaar in das Goldene Buch der Stadt Berlin ein. Die Majestäten durchreisten einen eigens für sie eingerichteten Polizeistaat.

Wer Anstand und Sitte provoziert, muß sich damit abfinden, von den Anständigen zur Ordnung gerufen zu werden. Die Anständigen in dieser Stadt aber sind jene Massen der Berliner, die Berlin gebaut haben. Ihnen gehört die Stadt.

Ihnen ganz allein.

(Sozialisierung)

Von euch werden die meisten wissen, was es heißt, wenn 100 Leichen beisammenliegen, wenn 500 daliegen oder wenn 1000 daliegen. Dies durchgehalten zu haben und dabei anständig geblieben zu sein, das hat uns hart gemacht.

Die ursprüngliche Schutzstaffel, SS, war bekanntlich Saalschutz, dem die Aufgabe zukam, die Ordnung aufrechtzuerhalten, das heißt, sie hatte bei Versammlungen die politischen Gegner niederzuhalten.

Zu diesem Zweck brauchte man fanatisierte Schläger und Raufbolde.

Deutsche Polizei.

Die schlagartigen Aktionen gegen die Linkspresse, die Besetzung der Gewerkschaftshäuser, die Ausräucherung der Kommune, später die Transporte – drei Reichsmark Zulage pro Tag – nach Dachau und ins Moor. Die lustige Zeit nach dem Einmarsch in Wien, als man jeden Abend die Keller voll Juden und Sozis hatte. Dann die harten Jahre hinter der Front in Polen und Rußland, wo man von früh bis spät Erschießungen durchzuführen hatte.

Im vielzitierten Zeitalter des Kindes ist das Kind in der Bundesrepublik mehr denn je der Willkür ausgesetzt. Eltern prügeln mit verfassungsgeschützer Sanktion. Das ihnen gegebene Recht schließt das Züchtigungsrecht ein. Bedeutsam die Charakterveränderungen, die schwere Mißhandlung zur Folge hat. Wir entdecken eine Erfahrung wieder, die wir aus dem Leben verprügelter Kinder kennen.

Aus ihnen wurden später prügelnde Väter.

Ich sah, wie zwei Beamte ein etwa dreizehn- bis vierzehnjähriges Mädchen festhielten, ein dritter prügelte auf das Mädchen ein. Ferner beobachtete ich, wie ein alter, gehbehinderter Mann von hinten durch Tritte zu Fall gebracht wurde. Verletzte Demonstranten, die in den Hauseingängen Schutz suchten, werden von den Bewohnern zurückgetrieben.

Zwei Ärzte wollen den Verletzten helfen, die Polizei weist sie ab.

Die Plattenknochen des Schädels sind von marklosen, luftgefüllten Höhlen durchsetzt, so von Stirn- und Kieferhöhle. Diese Höhlen tragen dazu bei, daß die Plattenknochen eine größere Bruchsicherheit erhalten, ohne daß sie dabei wesentlich schwerer werden.

Assurbanipal war noch nicht zwei Jahre tot, als medische Soldaten mit dem Urhaß des Kriegers gegen Bildung Tafel um Tafel in kleine Stücke zerschlugen.

Kurz, das ganze war eine Mordsgaudi, zumindest für die Münchner Polizeibeamten, die dabeisein durften. Gab es keine Unterbringungsmöglichkeit mehr für die vielen Arrestanten, weil man junge Unruhestifter nicht laufenlassen kann, ließ man die übriggebliebenen mit erhobenen Händen, das Gesicht zur Wand, an eine Mauer treten, und wer von den Polizeibeamten noch nicht zu müde war, nahm sich der staatsbürgerlichen Erziehung der jungen Leute an. Andere brauchten bei der Erziehung nicht zu stehen; sie wurden auf Tische geschnallt, nach alter Gestapo-Weise staatsbürgerlich aufbereitet. Kein Beamter brauchte zurückzustehen, wer sich müde geprügelt hatte, ging nach Hause, ein Kollege sprang ein.

Lebenszeit-Polizei-Schlagstock für alle Gesetzesdurchsetzungs-Männer. Billie-Schlagstöcke. Konus-Griff ist der traditionelle Billie-Schlagstock-Griff, ein sicherer und bequemer Griff. Der Handflächengriff bietet natürlichen Halt, maximale Sicherheit und vollkommene Balance. Konus-Griff, Länge zehn Zoll: Stückpreis: drei Dollar. Zwölf Zoll: drei Dollar fünfundzwanzig. 14 Zoll: drei Dollar fünfzig. 16 Zoll: drei Dollar fünfundsiebzig. Handflächen-Griff, Stückpreis: 10 Zoll: drei Dollar fünfundzwanzig. 12 Zoll: drei Dollar fünfzig. 14 Zoll: drei Dollar fünfundsiebzig. 16 Zoll: vier Dollar.

Nachtschlagstöcke. Ring-Griff –bietet besonderen Schutz gegen Versuche, den Stock aus der Hand zu ziehen. Flöten-Griff – gewährleistet einen festen Halt, um dem Herausdrehen des Stockes durch einen Gegner zu widerstehen. Stückpreise: Ring Griff: 20 Zoll: vier Dollar zehn. 22 Zoll: vier Dollar fünfunddreißig. 24 Zoll: vier Dollar sechzig. 26 Zoll: 4 Dollar fünfundachtzig. Flöten-Griff: 20 Zoll: vier Dollar. 22 Zoll: vier Dollar fünfundzwanzig. 24 Zoll: vier Dollar fünfzig. 26 Zoll: vier Dollar fünfundsiebzig. Granatengriff – eine Kombination von Flöten- und Ring-Griff, bietet sicheren Halt, besonders wenn die Hand schweißfeucht ist, verhindert, daß der Schlagstock entzogen oder herausgedreht wird.

Polizei-Schlagstöcke sind unsere Spezialität. Wir sind stolz, jahrelang führende Gesetzesdurchsetzungskörperschaften zu deren vollständiger Zufriedenheit ausgestattet zu haben. Sie werden mit Stolz der Besitzer irgendeines unserer Produkte sein, ebenso wie wir uns mit Stolz ihrer Herstellung widmen. Ihr Hochglanz ist das Zeichen guten Handwerks. Garantie: Unsere Hochqualitäts-Polizei-Schlagstöcke sind aus Monpact, eine dauerhafte Komposition, die von uns entwickelt wurde, um besonders hartem Gebrauch standzuhalten. Wir garantieren, daß unser Produkt bei wesensgemäßer Verwendung auf Lebensdauer gebrauchsfähig bleibt. Sollte ein Schlagstock bei normalem Gebrauch (wie im Übungshandbuch beschrieben) Schaden erleiden, bitten wir um Rücksendung mit der Beschreibung der Umstände zwecks sofortiger Ersatzlieferung.

Die Berliner Polizisten haben nicht so sehr auf die Jungen, sondern mehr auf die Mädchen eingeprügelt; sie schlugen sie mit ihren Knüppeln quer über die Brust.

Er war ein Veteran zahlloser Straßenschlachten. Sein Körper war mit Narben übersät. Damals lief eine radikale Welle durch New York; die Depression ging durch das Land. Es herrschte Furcht vor Umsturz und Revolte. Der Gangsterführer machte einen Vorschlag: Wenn nur die Polizei uns Jungens die Erlaubnis geben wollte, die Bolschewisten aus der Stadt zu jagen, wird diese schöne Stadt im Handumdrehen geräumt und sicher sein.

Ein Trillerpfiff ertönt. Gleichzeitig ziehen Polizisten die Gummiknüppel und verdrängen, um sich schlagend, die Umherstehenden. Der Berichterstatter, der – seinen Ausweis zeigend – sich bei einem Uniformierten nach dem Standort eines Kommissars erkundigt, erhält zunächst den Bescheid: »Das gaht dich nüt ah«, wird geschubst, dann geschlagen und schließlich – schon im Laufschritt fliehend – unter Rufen in der Art von »Verreis, du Soihund!« von dem hinter ihm rennenden in Rage geratenen »Freund und Helfer« mit dem Knüppel in den Rücken geprügelt. Ein Teil der Polizeimänner lebt sich aus: Davoneilende werden geschlagen ... zu Boden Geschlagene werden weiter geprügelt.

Die Pressestelle des Polizeiführungsstabes in Schwandorf sprach von »wenigen Gewalttätern« und bescheinigte den WAA-Gegnern, der Gewalt eine Absage erteilt zu haben. Der Trägerkreis der Herbstaktionen gegen die WAA, die mit der Großkundgebung am Samstag zu Ende gingen, beklagte dagegen Übergriffe einzelner Polizeieinheiten am Bauzaun, besonders von Berliner Einsatzkräften, die brutal mit ihren Schlagstöcken auf Demonstranten eingeprügelt hätten. Dabei wurden nach Angaben des Trägerkreises 37 Personen so schwer verletzt, daß sie im Krankenhaus behandelt werden mußten. Zwei der Verletzten konnten noch nicht aus der Klinik entlassen werden.

Der Bundestagsabgeordnete Michael Weiss von den Grünen, der selbst eine Kopfverletzung davontrug, sprach in diesem Zusammenhang von einem »versuchten Totschlag« seitens der Polizei. In zumindest zwei Fällen hätten Polizeibeamte ihre Hartholzknüppel ungeschützten Besucherinnen des WAA-Geländes »derart auf den Kopf gedroschen«, daß die Eichenknüppel zerbrochen seien.

Eine Berliner Einheit hatte am Freitagabend, ausgerüstet mit Helm, Lederschutz und Schlagstöcken, auf dem Marktplatz in Schwandorf Stellung bezogen und Teile der dort versammelten rund tausend WAA-Gegner über den Platz getrieben, obwohl es zuvor zu keinen Ausschreitungen gekommen war. Außerdem berichtete ein Vertreter einer Regensburger Zeitung, eine Redakteurin seiner Zeitung sei dreimal von Berliner Beamten überrannt, niedergerissen und geschlagen worden, außerdem sei auf ihrer Fotoausrüstung herumgetrampelt worden, obwohl sie deutlich als Pressevertreterin zu erkennen gewesen sei.

Bei ihnen gilt noch das allgemeine deutsche Polizistendilemma, mangelhafte Schulbildung. Während in den meisten Berufen das Abitur verlangt wird, gehören bei der Polizei die 35 Prozent Mittelschüler zur Elite. Bei der Einstellung gibt es keinerlei Leistungs- oder Charaktertests. Fascis heißt Rutenbündel. Faschismus heißt Prügelherrschaft.

Psycho

»Das Schlimmste vom Schlimmen«, hatte Blüm am Wochenende in Chile Journalisten zu Protokoll gegeben, etwa sei, daß auch Kinder gefoltert würden, um die Eltern zur Willfährigkeit zu zwingen. »Ich habe mit einer Mutter gesprochen, der ihr Kind auf den Leib gelegt und mit heißer Asche überschüttet wurde«, unterrichtete Blüm die Öffentlichkeit von seinen Gesprächen mit chilenischen Folteropfern. Ein Mann habe ihm geschildert, wie ihm die Schreie seines gequälten Babys vom Tonband vorgespielt worden seien, um ihn gefügig zu machen.

Aussage von Pablo Díaz am 9. 5. 1984 im Prozeß gegen die Junta-Mitglieder der Militärdiktatur in Argentinien von 1976 bis 1983.

Richter D'Alessio: Wie alt waren sie?

Pablo Díaz: 16 Jahre... Einmal steckten sie mich mit anderen zusammen, und es kam ein Priester, der von Erschießungen sprach und mich fragte, ob ich beichten wolle. Dann haben sie mich zusammen mit anderen an eine Wand gestellt. Ich hörte, wie Mädchen weinten, einige ohnmächtig wurden, und ein Mann sagte: »Es leben die Montoneros!« Dann krachten Schüsse. Ich erwartete, daß irgendwo aus mir Blut fließen würde, daß ich tot sei. Ich war es nicht. Es dauerte nur eine Sekunde, aber die war ewig! Dann sagten sie: »Diesmal habt ihr noch Glück gehabt!« und zu dem, der »Es leben die Montoneros!« gerufen hatte, sagten sie: »Aus dir machen wir Hackfleisch.«

Die Entscheidungen über sein tägliches Leben trafen andere. Martín Gras, Häftling 308, war der Fall eines einzelnen Offiziers. Den mußte er fragen, ob er auf die Toilette gehen durfte, ob man die Fesseln an den Handgelenken entfernen könnte, ob er essen oder trinken durfte, ob er rauchen durfte, ob er die Kapuze tragen mußte. Jede Entscheidung, so unbedeutend sie auch war, lag bei diesem einen Offizier. Der Häftling mußte bitten, und der Offizier entschied. Er sieht sich heute als Versuchskaninchen der Militärs, die herausfinden wollten, was alles nötig ist, um aus einem politischen Aktivisten einen »Senor« zu machen, der sich in nichts mehr einmischt. Die ganze »Behandlung« (Entführung, Verhör, Folter, Kapuze, Fesselung), die totale Herauslösung eines Menschen aus seinem Lebenskreis, die totale Abhängigkeit von einer ganz neuen Kraft – dies alles hatte den Zweck, beim Opfer zunächst einen Schock auszulösen und diesem Menschen schließlich die Persönlichkeit zu nehmen, ihn zu brechen. Die Tatsache, daß in dem Haftzentrum der »Escuela Mecánica« Psychologen auftauchten, bestärkt ihn in dieser Meinung.

R

Rädern

Als er auf dem St. Andreaskreuz lag und ein schauderndes Stöhnen dem Schlag der eisernen Barre, die Fleisch und Knochen zerschmetterte, als Echo gefolgt war, rief mit hallender Stimme Cartouche wie ein Spieler, der seine Stiche zählt: Eins. Das war alles. Seine erzwungene Fassung brach, er hörte nicht mehr auf, das göttliche Erbarmen anzuflehen. Entgegen der Aussage des schuldigen Sekretärs kann ich versichern, daß er noch länger als zwanzig Minuten gelebt hat, nachdem er auf das Rad geflochten war.

Der Verurteilte wurde, völlig entkleidet, auf dem Boden ausgestreckt und angepflockt, mitunter auf Balken gebunden. Der Scharfrichter ließ ein schweres Wagenrad auf Unter- und Oberschenkel, Brustkorb, Arme usw. herabfallen, daß die Knochen brachen. Für das Wagenrad wurde in den ältesten Rechtsbüchern die Speichenzahl von neun vorgeschrieben, andere Quellen verlangten zehn oder zwölf Speichen. Die Zahl der Radstöße gab meistens das Urteil an, doch blieb sie auch gelegentlich dem Scharfrichter überlassen. Oft wurde ihm verboten, mit dem tödlichen Stoß auf den Hals oder den Brustkorb zu beginnen. Sollten Wirbelsäule oder Nieren getroffen werden, so lag der Delinquent auf dem Bauch.

Waren alle seine Knochen gebrochen, so wurde er tatsächlich, wie es die alten Rechtsbücher wollten, aufs Rad geflochten.

Ob man sie mit dem Rad gerichtet hatte oder, nach französischem Brauch, ihnen mit der Eisenstange die Knochen zerschlagen hatte, so waren sie zwar schwer verletzt, aber so mancher lebte dennoch Stunden, ja Tage in dieser Verfassung.

Die Nacktheit des Delinquenten war ein notwendiger Bestandteil der Todesart. Dem, der trotz gebrochener Knochen nach drei Tagen noch lebte, durfte man zu Hilfe kommen.

Das Rad selbst mußte neu sein. Die verschiedenen Stadtrechnungen weisen die entsprechenden Beträge aus.

Man wirft ihm einen Gefangenen vor, einen Gotteslästerer oder einen Mann, der seinen Vater erschlagen hat; er ergreift ihn, stößt ihn zurecht, bindet ihn an ein liegendes Kreuz; und dann erhebt er den Arm; eine schreckliche Stille tritt ein, in der man nur das Geräusch der vom Rad zermalmten Knochen hört – und das gellende Schreien des Opfers. Er macht die Stricke los, stellt den Mann an das Rad; die zerschmetterten Glieder sind mit den Speichen verflochten; der Kopf hängt schlaff herab, das Haar ist wirr, und um den Mund, der wie das Loch eines Kamins aussieht, entquellen nur blutige Wortfetzen, die um die Gnade des Todes flehen. Der Henker ist fertig; sein Herz schlägt, aber es schlägt vor Freude; er applaudiert sich selbst, und er versichert sich: niemand handhabt das Rad besser als ich.

Ratten

Vom Käfig her hörte man jetzt ein lautes Quieken. Es schien aus weiter Ferne an Winstons Ohr zu dringen. Die Ratten rauften miteinander; sie versuchten, einander durch das Trennungsgitter anzufallen. Er hörte auch ein tiefes Verzweiflungsstöhnen. Auch das schien nicht von ihm selbst zu kommen. O'Brien ergriff den Käfig und drückte dabei auf etwas darin. Ein scharfes Klicken erfolgte. Winston machte eine furchtbare Anstrengung, sich von dem Stuhl zu befreien. Es war hoffnungslos, jeder Teil von ihm, sogar sein Kopf, war unbeweglich festgehalten. O'Brien rückte den Käfig näher heran. Er war kaum einen Meter von Winstons Gesicht entfernt.

Ich habe auf den ersten Hebel gedrückt. Sie verstehen die Konstruktion dieses Käfigs. Die Maske paßt über Ihren Kopf, so daß kein Durchschlupf bleibt. Wenn ich auf diesen anderen Hebel drücke, schiebt sich die Käfigtür auf. Diese vor Hunger fast wahnsinnigen Scheusale werden wie Geschosse daraus hervorschießen. Haben Sie je eine Ratte durch die Luft springen sehen? Sie werden Ihnen ins Gesicht springen. Manchmal greifen sie als erstes die Augen an. Manchmal wühlen sie sich durch die Wangen und zerfressen die Zunge.

Der Käfig kam näher; schloß sich um ihn. Winston vernahm eine Folge schriller Schreie, die in der Luft über seinem Kopf zu erschallen schienen. Er kämpfte wütend gegen seine panische Angst an. Plötzlich stieg ihm der widerliche, muffige Geruch der Scheusale in die Nase. Ein furchtbarer Ekel würgte ihn, er verlor fast das Bewußtsein. Eine von ihnen sprang auf und ab, die andere, ein alter, schuppiger Großvater aus der Kloake, richtete sich mit ihren rosa Pfoten an den Gitterstäben auf und schnupperte wild in die Luft. Winston konnte die Schnurrhaare und die gelben Zähne sehen.

Man nehme einen Verurteilten, oder eine andere Persönlichkeit, denn für den Erfolg meiner Folter ist es unwichtig, ob das Opfer zu irgend etwas verurteilt ist oder nicht.

Einen Mann, wenn möglich jung, stark und mit widerstandsfähigen Muskeln; nach dem Grundsatz: je mehr Kraft, desto mehr Schmerz. Sie entkleiden ihn. Nackt lassen Sie ihn auf die Erde niederknien, den Rücken gekrümmt. In dieser Stellung fesseln Sie ihn mit Ketten, die mit Eisenringen verbunden sind, die hinwiederum das Genick, die Handgelenke, Kniekehlen, Knöchel zusammenschließen. Dann geben Sie in einen großen Topf, der im Boden ein kleines Loch hat, einen großen Blumentopf, eine sehr große Ratte, der man am besten zwei Tage lang die Nahrung vorenthalten hat, so daß sich ihre Wildheit besser anstacheln läßt.

Diesen Topf mit der Ratte befestigen Sie nun hermetisch, wie einen enormen Saugnapf, auf den Hinterbacken des Verurteilten.

Sie führen nun durch das Löchelchen im Topf einen Stahlstab ein, den Sie im Feuer einer Esse rotglühend gemacht haben. Die Ratte will vor der Hitze des Stabes und vor seinem blendenden Licht fliehen. Sie gerät in Panik, schlägt aus, rast und springt im Kreis über die Innenwand des Topfes, kriecht und galoppiert über die Hinterbacken des Mannes, die sie zuerst nur kitzelt, dann aber mit ihren Krallen reißt und mit ihren spitzen Zähnen zerfleischt. Sie sucht in dem zerwühlten, blutigen Fleisch nach einem Ausweg. Der Eisenstab nähert sich der Ratte immer mehr, man versengt ihr das Fell.

Die große Geschicklichkeit liegt darin, die Anfangsoperationen so lange wie möglich hinauszuschieben, denn die Gesetze der Physiologie lehren uns, daß nichts schmerzhafter ist als die Paarung von Streicheln und Beißen auf menschlichem Fleisch. Es kann sogar passieren, daß der Patient verrückt wird. Er brüllt und schäumt. Sein Körper zuckt wie im Krampf, reißt sich, verrenkt sich, von schmerzvollem Beben gerüttelt. Die Bewegungen des Verurteilten steigern nur noch die Wut der Ratte.

Schließlich findet die Ratte einen natürlichen Ausweg. Die Ratte dringt ein in den Körper des Mannes. Sie gräbt mit Klauen und Zähnen. Vergrößert die Grube. Gräbt wie wild in der Grube, als ob es Erde wäre. Und sie verreckt, durch Ersticken, im gleichen Augenblick wie der Patient. Der verendet nach einer halben Stunde unbeschreiblicher, unvergleichlicher Qualen, indem er einem Blutsturz erliegt.

Die Schwarzen hatten auf der Galerie den Sprechchor rats cause riots, Ratten verursachen Aufruhr, angestimmt, um gegen die Ablehnung einer Gesetzesvorlage zur Bekämpfung der Rattenplage in den Slums durch den Kongreß zu protestieren. Offiziellen Angaben zufolge wurden im vergangenen Jahr in den vor allem von Schwarzen bewohnten Slums amerikanischer Städte rund 14 000 Säuglinge und Kleinkinder von Ratten gebissen.

Riemenschneiden

Riemen- und Fleisch-Ausschneiden – letzteres vorzüglich bei bösen Schuldnern und Habichtdieben gebräuchlich. Die Riemen wurden aus den muskulösen Teilen des Körpers, aus dem Rücken oder den Schenkeln, das Fleisch aber, gewöhnlich sechs Unzen an Gewicht, aus den Brustmuskeln geschnitten.

Bei der Fremdenlegion soll es vorgekommen sein, daß man dem Sträfling von der Sonne den Rücken verbrennen ließ, und ihm dann die Haut in Streifen peitschte, die man als Riemen abzog.

Speziell das Riemenschneiden war noch im 17. Jahrhundert bevorzugter Brauch. Kaiser Josef I. bestand darauf, daß die Riemen bis zu den Fersen heruntergeschnitten wurden. Waren die Riemen aus dem Leib geschnitten, wurde heißes Öl in die Streifen gegossen, wurden die Fußsohlen angezündet.

S

Schießen

Die übrigen 30 000 hatte man in ein Tal geführt und mit Maschinengewehren zusammengeschossen. Nach der Niedermetzelung waren die Hügel an beiden Seiten gesprengt worden, so daß die Geröllmassen die Leichen verschütteten. Von dort wurde der Zug auf einem Sondergleis in den Wald gefahren; die Entfernung dürfte zwischen drei und fünf Kilometern betragen haben. An dieser Endstelle bot sich ein schauerliches Bild: Hunderte von Leichen lagen umher. Gepäckstücke, Kleider, Koffer dazwischen, alles wirr durcheinander. Wir wurden aus den Waggons getrieben, deutsche und ukrainische SS-Leute stiegen auf die Dächer und schossen wahllos in die Menge. Männer, Frauen und Kinder wälzten sich in ihrem Blut, wildes Weinen und Schreien erfüllte die Luft.

Das MG 42 ist eine automatische Maschinenwaffe, bei der die Kraft der Pulvergase Lade- und Bewegungsvorgänge bewirkt. Die Munition wird durch den Patronengurt aus der Gurttrommel oder frei zugeführt. Das MG 42 kann vielseitig als leichtes MG mit einem Zweibein in Vorder- oder Mittelunterstützung, oder als schweres MG mit einer Lafette verwendet werden. Größte Schußweite 4000 m. Erfolgsichere Schußweite als le. MG 800 m. Erfolgsichere Schußweite als s. MG 1200 m. Das MG ist ein Rückstoßlader mit beweglichem Lauf und Stützrollenverschluß. Im Lauf erhält das Geschoß Richtung, Drehung und Geschwindigkeit. Die Drehung erhält das Geschoß durch 4 eingearbeitete Züge und Felder. Dies winden sich nach rechts (Rechtsdrall) und verhindern ein Überschlagen des Geschosses während des Fluges.

Moll stellte nackte Frauen an die Glühgrube, um sie nach Unterleibsschüssen in das Feuer stürzen zu sehen. Bei einem Häftling aus dem Sonderkommando fand er einen Ring; er ließ den Gefangenen mit Benzin übergießen und anzünden. Einen Mann hängte er an den Händen auf und schoß so lange auf ihn, bis die Arme durchrissen; dann wiederholte er dasselbe an den Füßen. Eine italienische Tänzerin ließ der Rapportführer Schillinger nackt vor dem Krematorium tanzen. In einem günstigen Augenblick näherte sie sich ihm, entriß ihm die Pistole und schoß ihn nieder. Bei dem anschließenden Handgemenge wurde die Frau erschossen.

Die zum Baden bestimmten Opfer gingen in einen kleinen Raum, der schalldichte Wände und Türen hatte; er war als Baderaum ausgestattet, mit Fliesen am Boden und an den Wänden, und acht Duschen. In der Tür befand sich ein 30 cm breiter und drei Zentimeter hoher Schlitz. Ein SS-Mann schloß die Tür fest zu und schoß die auf das Bad Wartenden mit einer automatischen Pistole zusammen. Lagen alle am Boden, oftmals nicht tödlich getroffen, so wurden sie auf ein Lastauto geworfen, das mit Zinkblech ausgeschlagen war. Die Duschen wurden aufgedreht, das Blut weggespült – die Nächsten antreten. An manchen Tagen wurden von neun Uhr abends bis fünf Uhr morgens 500 Mann »gebadet«. Das fünfte Krematorium hatte keine Öfen, sondern nur eine riesige Glühgrube. Die Opfer wurden nackt davor aufgestellt und von der SS abgeknallt, so daß die Kadaver – oder die Verwundeten – gleich in die Glut fielen. Der Lagerkommandant Kramer stand meist mit strahlendem Gesicht dabei und schlug sich bei besonders aufregenden Szenen auf die Schenkel.

Luther empfahl scharfe Barmherzigkeit und übernahm mit verführerischer Beredsamkeit fast alle überkommenen katholischen Lügen und Greuelmärchen, die Brunnenvergiftung ebenso wie den Ritualmord. Er identifizierte die Juden mit Schweinen, nannte sie schlimmer als eine Sau, forderte für die Ausübung ihrer Gottesdienste die Todesstrafe, verlangte ein Verbot ihrer Schriften, Zerstörung ihrer Häuser, Niederbrennung ihrer Schulen und Synagogen, daß kein Mensch einen Stein oder Schlacke davon sehe ewiglich. Und solches sollte man tun unserem Herrn und der Christenheit zu Ehren, damit Gott sehe, daß wir Christen seien.

Noch Hitlers Rußlandüberfall gab der ganze deutsche katholische Episkopat als den heiligen Willen Gottes aus.

Russische Kriegsgefangene wurden zu diesem Zweck vom obersten Hygieniker der SS, Dozent Dr. Mrugowsky, der sich in Begleitung anderer SS-Offiziere befand, mit vergifteten Kugeln angeschossen.

Lili Tofler war ein ausgesprochen hübsches Mädchen. Sie war verhaftet worden, weil sie einem Häftling einen Brief geschrieben hatte. Beim Versuch, dem Häftling den Brief zuzuschmuggeln, war dieser gefunden worden. Lili Tofler wurde vernommen. Sie sollte den Namen des Häftlings nennen. Boger leitete die Verhöre. Auf seinen Befehl wurde sie in den Bunkerblock gebracht. Dort mußte sie sich viele Male nackt zur Wand stellen, und es wurde getan, als sollte sie erschossen werden. Man gab die Kommandos zum Schein. Zum Schluß flehte sie auf den Knien, man möge sie erschießen. Durch den Türspalt sah ich, wie Lili Tofler von Boger in den Waschraum geführt wurde. Ich hörte zwei Schüsse, und sah nach dem Fortgang Bogers das Mädchen tot auf dem Boden liegen.

Als die amerikanischen Verluste stiegen, ließ man selbst das Vorschützen von Verhören fallen. Gefangene und verwundete Vietcong werden jetzt summarisch exekutiert. Captain James Morris, ein Angehöriger der Special Forces der amerikanischen Armee: Ich bewegte mich von einem dunklen Schatten zum andern, um sicher zu sein, daß sie tot waren. Als ich an den letzten herankam, erhob er sich mit ausgebreiteten Armen und aufgerissenen Augen. Er hatte keine Waffe. Cowboy schoß mit seiner AR-15 eine Naht durch ihn. Er zuckte nicht einmal. An einer Stelle in der Nähe fanden Amerikaner drei verwundete Nordvietnamesen. Einer lag zusammengekrümmt unter einem Baum, ein Lächeln auf dem Gesicht. Dir wird das Lächeln vergehen, sagte einer der amerikanischen Soldaten und pumpte Kugeln in seinen Körper. Die anderen beiden traf dasselbe Schicksal. Es war fast unmöglich, zwanzig Schritte zu gehen, ohne über eine Leiche zu stolpern. Einige Yards entfernt hob ein verwundeter feindlicher Soldat plötzlich schwach einen Arm, und der amerikanische Sergeant feuerte eine lange Salve von M-16-Gewehrkugeln auf ihn. Versuchte er aufzugeben, Sarge? Ich würde gerne mehr von diesen Bastarden finden, die versuchen aufzugeben.

Auf der ersten Seite der Zeitung prangte ein Foto, welches GIs zeigte, die – Gewehre in der Hand – stolz dastanden, über einem Wall, den die Bildunterschrift als tote Vietcong bezeichnete. Der Photograph war unachtsam gewesen. Den Leichen, die mit dem Gesicht nach unten auf dem Boden aufgeschichtet waren, waren die Hände auf dem Rücken gefesselt.

Der unbewaffnete Vietnamese ging an einem Reisfeld-Damm entlang, als die vier Marinesoldaten – Gewehre im Anschlag – auf ihn zukamen. Der erschreckte Vietnamese sah die Gewehre und warf sich auf den Boden. Als die Marinesoldaten auf ihn zurannten, sprang er auf und versuchte zu entkommen. Ich ließ ihn 250 Yards weit kommen und streckte ihn dann mit zwei Schüssen aus meiner M-1 nieder. Der Mann war direkt in den Rücken getroffen. Man fand keine Waffen bei ihm. Seine Kameraden gratulierten dem Marinesoldaten. Denkt nicht, wir sind Mörder. Wir sind Marinesoldaten.

Wie kaum eine andere Waffe entspricht das Gewehr M-16 – von der Waffenfirma Colt, vom Pentagon nach einem zweijährigen Acht-Millionen-Dollar-Test ausgewählt – den Anforderungen für den Kampf im heißen, morastigen Dschungel Vietnams: Seine Automatik ist so konstruiert, daß theoretisch über 800 Schuß pro Minute abgefeuert werden können.

Die Colt-Männer verwendeten Aluminium und Plastik, vor allem aber ein kleineres Kaliber: M-16-Schützen feuern mit 5,56-Millimeter-Patronen, die mit 11,25 Gramm halb so schwer sind, wie die 7,62-Millimeter-Geschosse der US- und Nato-Soldaten.

Der Nachteil des kleineren Kalibers – geringere Durchschlagskraft – wird durch eine teuflische Eigenart aufgehoben: Die M-16-Geschosse, Mündungsgeschwindigkeit 1000 Meter pro Sekunde, zerplatzen und verursachen verheerende Gewebeschäden.

Auf dem Prüfstand war bereits deutlich geworden, daß die M-16-Geschosse gefährlicher sind als die im Ersten Weltkrieg verwendeten – und später geächteten – Dum-Dum-Geschosse, deren abgeplatte Spitzen riesige Wunden rissen: Als Waffenexperten des Pentagon mit verschiedenen Gewehren auf einen Stahlhelm feuerten, unter dem ein Kohlkopf lag, wurde der Kohl von den zersplitterten M-16-Kugeln völlig zerfetzt, die anderen Geschosse hinterließen lediglich einen glatten Durchschußkanal.

Als Vietcong mit einem erbeuteten M-16 einen GI trafen, hatte die Einschußwunde den Durchmesser eines Bleistiftes, die Ausschußwunde war 125mal so groß.

Obwohl die Stadt von bewaffneten Nationalgardisten und Polizisten mit Stacheldrahtverhauen abgeriegelt war, brachen auch in umliegenden Orten Straßenkämpfe aus. Mit Ausnahme eines weißen Polizeibeamten und eines Feuerwehrmannes sind die Toten durchweg Schwarze.

Gegen zwei Detroiter Polizisten mußte Anklage wegen Mordes an drei schwarzen Jugendlichen erhoben werden, nachdem eine Lokalzeitung den Fall enthüllt hatte. Die Bewaffneten waren in ein Motel eingedrungen, um angeblich nach Waffen zu suchen. Ohne irgendeine Spur von Waffen gefunden zu haben, erschossen sie zwei Schwarze im Alter von 17 und 19 Jahren.

Die Feuerkraft der Berliner Polizei ist größer als die einer deutschen Infanterie-Division im Zweiten Weltkrieg.

Erschießung von vier Leuten zum Zwecke der Ausprobierung des Blutstillstandsmittels Polygal 10. Meiner Erinnerung nach handelte es sich um einen russischen Kommissar und einen Kretin, an die beiden anderen erinnere ich mich nicht mehr genau. Dem Russen wurde durch einen auf einem Stuhl stehenden SS-Mann von rechts oben in die rechte Schulter geschossen. Der Schuß kam in der Nähe der Milz heraus. Es war beschrieben, daß der Russe zusammenzuckte, sich auf einen Stuhl setzte und nach etwa 20 Minuten starb. Im Sektionsprotokoll wurde beschrieben, daß die Zerreißungen durch harte Blutgerinnsel tamponiert waren. Nur so sei die verhältnismäßig lange Lebensdauer nach dem Schuß zu erklären.

Viele dieser Schnappschüsse haben den Krieg überdauert. Sie zeigen alle Stadien einer Massenexekution: die tiefen Gruben mit Menschen, die ihre Kleidungsstücke abwerfen, den Zug der nackten Frauen mit Säuglingen in ihren Armen, der sich der Stelle zubewegte, wo sie abgeschossen wurden, die einzelnen Lagen der menschlichen Körper in der Grube, unter denen die Männer vom Sonderkommando herumwühlten, um den noch Lebenden mit ihrer Maschinenpistole den Gnadenschuß zu geben.

Eine alte Frau mit schweeweißen Haaren hielt das einjährige Kind auf den Armen und sang ihm etwas vor und kitzelte es. Das Kind quietschte vor Vergnügen. Das Ehepaar schaute mit Tränen in den Augen zu. Der Vater hielt an der Hand einen Jungen von etwa zehn Jahren, sprach leise auf ihn ein. Der Junge kämpfte mit den Tränen. Der Vater zeigte mit dem Finger zum Himmel, streichelte ihn über den Kopf und schien etwas zu erklären. Da rief der SS-Mann an der Grube seinem Kameraden etwas zu. Dieser teilte ungefähr 20 Personen ab und wies sie an, hinter den Erdhügel zu gehen. Die Familie, von der ich hier sprach, war dabei. Ich entsinne mich noch genau, wie ein Mädchen, schwarzhaarig und schlank, als sie nahe an mir vorbeiging, mit der Hand an sich herunterzeigte und sagte: 23 Jahre. Ich ging um den Erdhügel herum und stand vor dem riesigen Grabe. Dicht aneinandergepreßt lagen die Menschen aufeinander. Von fast allen Köpfen rann Blut über die Schultern. Ein Teil der Erschossenen bewegte sich noch. Einige hoben ihre Arme und hoben den Kopf, um zu zeigen, daß sie noch lebten. Die Grube war dreiviertel voll. Nach meiner Schätzung lagen darin bereits ungefähr tausend Menschen. Ich schaute mich nach dem Schützen um. Dieser, ein SS-Mann, saß am Rand der Schmalseite der Grube auf dem Erdboden, ließ die Beine in die Grube hinabhängen, hatte auf seinen Knien eine Maschinenpistole liegen und rauchte eine Zigarette. Die nackten Menschen gingen auf einer Treppe, die in die Lehmwand der Grube gegraben war, hinab, rutschten über die Köpfe der Liegenden hinweg bis zu der Stelle, die der SS-Mann anwies. Sie legten sich vor die Toten oder angeschossenen Menschen, einige streichelten die noch Lebenden und sprachen leise auf sie ein. Dann hörte ich eine Reihe Schüsse. Ich schaute in die Grube und sah, wie die Körper zuckten oder die Köpfe schon still auf den vor ihnen liegenden Körpern lagen. Von den Nacken rann Blut.

Es kam vor, daß es Ladehemmungen gab, da warteten wir, während der Mann an seinem Gewehr bastelte.

Hemmungen müssen so schnell wie möglich beseitigt werden. Dadurch ist es erforderlich, daß sie richtig erkannt und die Maßnahmen beherrscht werden. Die Ursachen von Hemmungen können sein: ungenügendes Fertigmachen des MG zum Schießen, Verschmutzung der Waffe, Abnutzung, Beschädigung oder Bruch von Teilen, Lahmwerden oder Brechen von Federn oder Munitionsfehler.

Achtung! Ist der Lauf heißgeschossen, kann sich die Patrone selbst entzünden. Daher 2 Minuten warten. Erfolgt Selbstentzündung, wird weitergeschossen. Wenn nicht, werden Lauf und Schloß gewechselt.

Sachgemäße Behandlung und gründliche Reinigung sind Voraussetzungen für sichere Funktion und gute Schußleistungen des MG. Vermeide gewaltsames Aufsetzen oder Anstoßen des MG. Halte den Staubschutzdeckel stets geschlossen. Entöle den Lauf vor jedem Schießen mit Platzpatronen oder scharfer Munition. Öle nach jedem Schießen die Läufe sofort wieder ein. Nach jedem Gebrauch, auch wenn nicht geschossen wurde, erfolgt die gewöhnliche Reinigung. Nach jedem Schießen oder wenn das MG naß geworden ist, erfolgt eine Hauptreinigung.

Sowie sie in den Sand gefallen waren, der vor der Wand gestreut war, packten wir sie an den Händen und Beinen und legten den ersten rücklings auf die Bahre und den andern umgekehrt darüber, so daß er mit dem Gesicht zwischen den Beinen des unteren lag. Dann rannten wir nach vorn zur Abflußrinne und kippten die Toten aus. Wir legten die Toten in mehreren Schichten übereinander, und zwar so, daß die Köpfe über der Rinne lagen, zum Abfluß des Bluts. Der Arrestaufseher Schlage sah die Abgeladenen immer noch einmal an, und wenn einer sich noch regte, ließ er ihn aus dem Haufen ziehn und gab ihm den Fangschuß. Einmal sagte Schlage zu einem, der noch lebte, Steh auf. Ich sah, wie der Angeschossene aufstehen wollte. Da sagte Schlage, Bleib liegen, und er schoß ihm ins Herz und in beide Schläfen. Aber der Mann lebte immer noch. Ich weiß nicht, wie viele er noch bekam, zuerst einen Schuß in den Hals, da kam schwarzes Blut heraus. Schlage sagte: Der hat ein Leben wie eine Katze.

Heeresdienstvorschrift Nr. 54 der amerikanischen Armee. Vollstreckung kriegsgerichtlich verhängter Todesurteile. Vorbereitende Maßnahmen: Die Hinrichtungsstätte ist so zu bestimmen, daß der Delinquent vor einer Mauer zu stehen kommt, die als Kugelfang dienen kann. Vor der Mauer ist ein Pfosten aufzurichten, an dem der Delinquent festgebunden wird, so daß er nicht vornüber fallen kann. Eine Kapuze aus schwarzem, schweren Tuch, von genügender Weite, um Kopf und Hals des Delinquenten zu bedecken, ist bereitzustellen. Der Stoff muß lichtundurchlässig sein. Wenn der Delinquent zur Hinrichtung bereitsteht und mit der Kapuze versehen ist, marschiert der Peloton, angeführt von einem Unteroffizier, an einem vorher bestimmten Punkte auf. Der befehlshabende Offizier übernimmt das Kommando über das Peloton und befiehlt: 1. Peloton Achtung. 2. Gewehr ab. 3. Legt an. 4. Feuer. Auf das Kommando Feuer haben alle Angehörigen des Pelotons ihre Waffen abzufeuern. Dabei ist auf das Herz des Delinquenten zu halten. Wenn nach dem Urteil der anwesenden Stabsärzte der Delinquent keine tödliche Verwundung davongetragen hat, sind die Gewehre von neuem zu laden. Das in dieser Vorschrift vorgesehene Verfahren ist so lange zu wiederholen, bis es zu einer Verwundung kommt, die dafür Gewähr gibt, daß der Tod unmittelbar eintritt.

Der Luftwiderstand verzögert ständig die Geschoßbewegung. Dadurch wird die Flugbahn stärker gekrümmt als dies im luftleeren Raum der Fall wäre. Die Schußweite wird kürzer, die Endgeschwindigkeit kleiner als die Anfangsgeschwindigkeit, der Fallwinkel größer als der Abgangswinkel. Der höchste Punkt der Flugbahn liegt dem Ende der Flugbahn näher als der Mündung. Im allgemeinen hat man bei warmer Witterung mit Weitschuß, bei kalter mit Kurzschuß zu rechnen.

Die Geistesverfassung der Opfer, die, ihrer Habe und Kleider beraubt, eine Sandschicht über die noch zuckenden Körper ihrer Freunde und Verwandten zu werfen und dann, nackt in einer Temperatur unterhalb des Gefrierpunktes in der Grube liegend, auf den Genickschuß zu warten hatten, war die normale Resigniertheit Verurteilter.

Von dem Bach-Zelewski: Himmler hat Nebe im August 1941 befohlen, in seiner Gegenwart hundert Insassen des Gefängnisses in Minsk hinzurichten. Bach-Zelewski beobachtete Himmler während der Aktion; er bemerkte, wie er bei der ersten Salve zu wanken begann und fast wie in einem Ohnmachtsanfall zu Boden fiel. Wie Himmler, als diese ungeschulten Scharfrichter zwei jüdische Frauen nicht sofort zu töten vermochten, den Kopf verlor und zu schreien begann.

Bei der Babi-Jar-Schlucht sah Hartl kleine Explosionen, die Erdsäulen aufwarfen. Es war das Tauwetter, das die Gase der Tausende von Leichen freiließ.

Wie ich sagte, hatte die Polizei den Ausgang abgeriegelt und trieb die Demonstranten zurück in den Hof, wo sie dann zusammengeschlagen wurden. Es gelang einigen, über eine kleine Mauer zu springen und zu entkommen, es wurden aber zahlreiche Demonstranten in diesem Hof schwer mißhandelt, wovon einige sich auch in ärztliche Behandlung begeben haben und zum Teil heute noch im Krankenhaus liegen. In dieser Situation, wo die Polizei in dem von mir charakterisierten Sinne Ordnung schaffte, wo die Demonstranten nur noch das eine Bestreben hatten, davonzukommen und den Hieben zu entgehen, erst in dieser Situation fielen zwei Schüsse. Wir haben unsere Zeugenaussagen, die in dem Punkt übereinstimmen, daß der dann durch einen Pistolenschuß getötete Benno Ohnesorg von mehreren Polizeibeamten mißhandelt wurde. Unklar ist jetzt, weil da einige Abweichungen in den Aussagen bestehen, ob der Schuß fiel, als Ohnesorg noch in dieser

Polizistengruppe war. Dafür spricht unter anderem eine Zeugenaussage. Dieser Zeuge hat gehört, daß dann die Beamten ihrem Kollegen, der geschossen hat, Vorwürfe machten. Wörtlich sollen sie gesagt haben: Mensch, bist du denn verrückt geworden, du hättest ja auch uns treffen können. Das würde ganz genau mit der Schilderung eines Zeugen, der das Tatgeschehen genau beobachtet hat aus zehn Meter Entfernung, übereinstimmen.

Ich habe gesehen, wie Polizisten auf diesen Bengel im roten Hemd, Benno Ohnesorg, zustürmten und ihn beknüppelten. Er wurde von den Polizisten gehalten und dabei verprügelt. Er konnte wahrscheinlich noch nicht mal fallen, weil alle auf ihn zustürzten. Dann habe ich plötzlich einen Knall gehört. Im nächsten Augenblick lag der Bengel auf der Erde. Ich kann aussagen, daß der Schuß nicht in Notwehr abgegeben wurde, da die Polizisten alle auf ihm drauf waren und er sich nicht wehren konnte. Das Mündungsfeuer war ganz nah am Kopf – es können zehn, es können dreißig Zentimeter gewesen sein –, es war jedenfalls ganz nah, ganz nah.

Es ist auch möglich, daß es Ohnesorg gelungen war, sich aus dieser Gruppe etwas zu lösen, ein, zwei Schritte zu tun, um dann weiteren Mißhandlungen zu entgehen, und daß ihn erst da der Schuß traf. Ein Zeuge sagte, als er den Schuß hörte, das Mündungsfeuer sah und zu Boden stürzte, war er von dieser Gruppe schon getrennt. Er fiel alleine zu Boden. Wobei ich noch hervorheben möchte, daß Benno Ohnesorg von hinten in den Kopf geschossen wurde. Die Kugel drang hinter dem rechten Ohr ein und legte dann innerhalb des Schädels eine Bahn nach oben zurück und hat oben das Schädeldach durchschlagen. Die Kugel ist in der Kopfschale bzw. in den Knochensplittern hängengeblieben und wurde bei der Obduktion gefunden. Das Einschußloch – das ist wichtig, wegen der Querschlägertheorie, die der Senat hier wohl aufgestellt hat –, das Einschußloch ist etwa in dieser Größe, kreisrund, ganz scharf begrenzt, und hat einen kirschengroßen blutunterlaufenen Hof, was nach Aussage der Mediziner typisch ist für eine direkte Schußwunde. Das Projektil selbst ist sehr gut erhalten. Ein Journalist ist dann zu den Polizisten hingegangen, nachdem Benno Ohnesorg zusammengebrochen war und sich Demonstranten um ihn bemühten, und er fragte, ob es denn nicht an der Zeit sei, einen Krankenwagen zu besorgen. Aus dem Kopf war natürlich ein entsprechender Blutstrom zu verzeichnen, er war offensichtlich bewußtlos. Und da sagten die Polizeibeamten: Nö, wieso, das hat Zeit.

Menschen aus der Bevölkerung riefen, in der Krummen Straße läge ein Verwundeter. Ich sagte, ich sei Arzt, da ich auch meine Arzttasche mit Inhalt, wie Verbandszeug, Spritzenbesteck und Ampullen mit Antiseptika sowie 500 ml Blutersatzlösung MB 10 im sterilen Plastikbeutel zur intravenösen Infusion und mein ärztliches Stethoskop u. a. bei mir hatte. Ich ging bis zu einer Garage in der Krummen Straße, wo ein mir unbekannter Mann von ca. 25 Jahren in der Toreinfahrt lag, der aus dem Kopf blutete. Die oben erwähnten Polizeibeamten verweigerten mir jegliche erste Hilfe, trotzdem ich mich als Mediziner auswies.

Dann hieß es schließlich, ein Aufrührer sei bei einem Fall von Notwehr ums Leben gekommen. Da mußte ich wieder an eine Bemerkung meines Freiwilligen-Polizei-Reserven-Instrukteurs denken, die ich nicht ernst genommen hatte: Notwehr ist immer das beste. Soll erst mal einer beweisen, daß das nicht Notwehr war.

Schußwunden (Vulnero scopetaria): Wunden, welche durch Geschosse oder Geschoßstücke hervorgebracht werden, zeigen im Anfang unbedeutenden Schmerz und bluten wenig, wenn nicht gerade eine größere Schlagader durch ein Geschoß verletzt wurde. Der Weg, welchen das Geschoß nimmt, entspricht nicht immer seiner ursprünglichen Richtung; besonders nicht mehr mit Vollkraft fliegende Geschosse werden, wenn sie nicht genau im rechten Winkel auf Hindernisse auftreffen, oft abgelenkt; Geschosse, welche auf die Brust auftreffen, laufen nach Durchbohrung der Haut oft auf einer Rippe um den Brustkasten und noch weiter herum (Konturschüsse). Oft trifft auch ein tangential auftreffendes Geschoß unter die Haut, läuft, ohne in die Tiefe zu dringen, unter dieser eine Strecke fort und tritt wieder aus (Haarseilschuß). Das Geschoß, welches den Körper trifft und in ihn hineinfährt, kann entweder in ihm steckenbleiben oder es verläßt durch eine der (kleineren) Einschußöffnung gegenüber gelegene, in der Regel weit größere, mit fetzigen, zackigen Rändern versehene Ausschußöffnung den Körper. Jedes Untersuchen einer Schußwunde mit dem Finger ist auf das strengste zu vermeiden. Überdies gestatten die antiseptischen Mittel eine ganz andere Beherrschung des Wundverlaufs als früher.

Mit einer unbeschreiblichen Brutalität sowohl von seiten der deutschen Polizeibeamten wie insbesondere von den litauischen Partisanen wurde das jüdische Volk, darunter auch Weißruthenen, aus den Wohnungen herausgeholt und zusammengetrieben. Überall in der Stadt knallte es, und in den einzelnen Straßen häuften sich die Leichen erschossener Juden. Nach Angaben von Wehrmachtsangehörigen wurden den Juden öffentlich auf der Straße die Uhren von den Armen gerissen, die Ringe in brutalster Weise von den Fingern gezogen.

Ähnliches erlebte ich beim Wachunterricht in der Bundeswehr. Ein Feldwebel, der wußte, daß der Begriff Unfall sehr dehnbar ist, belehrte uns bei der Grundausbildung: Ist der Flüchtende ein zu Recht Verfolgter, dann ist es ja gut, wenn er getroffen wird; ist es ein Unschuldiger, dann ist es besser, wenn er gegen den Schützen nicht mehr aussagen kann.

Der Gewalttätige ist wehleidig.

Mit Massenerschießungen und Folterungen an Festgenommenen versucht die chilenische Militärjunta nach ihrem Putsch gegen Präsident Salvador Allende vor drei Woche„ ihre innenpolitischen Gegner auszuschalten. In einem Interview mit ausländischen Journalisten erklärte ein Mitglied des Exekutivkomitees der von den Militärs verbotenen Sozialistischen Partei, er habe drei Tage nach dem Putsch gesehen, wie 50 politische Gefangene erschossen worden seien. Drei Tage nach dem Putsch sei er von Soldaten festgenommen und ins Stadion gebracht worden. Er sollte unter Androhungen gegen seine Familie linksgerichtete Politiker unter den Verhafteten identifizieren. Die Soldaten hätten auf dem Trainingsplatz hinter dem Stadion 30 Personen aufgereiht. Der Kommandeur habe ihn aufgefordert, die Sozialisten herauszufinden. »Alle Genossen schüttelten mit dem Kopf, um mir anzudeuten, daß ich schweigen sollte. Da sagte ich, daß keine führenden Sozialisten unter den 30 Leuten sind.« Sie hätten um das Feld laufen müssen und seien mit automatischen Waffen niedergestreckt worden. Danach seien noch 15 und nochmals fünf Festgenommene gebracht worden, die ebenfalls niedergeschossen worden seien, erklärte der chilenische Sozialist. »Die Soldaten nahmen die Leichen und warfen sie auf Lastwagen.« In einem Baderaum seien Gefangene »eine Minute lang« unter Wasser gedrückt worden, nachdem man ihre Hände auf den Rücken gefesselt hatte. »Ich sah, wie sie mit Zangen die Hoden einiger Gefangenen quetschten. Gott, wie haben die geschrien!«

Einhellige Empörung selbst bei der Springer-Presse hat das Vorgehen mehrerer Berliner Polizeibeamter ausgelöst, die am Sonntagmorgen auf einem abgelegenen Industriegelände den 33jährigen Drucker Klaus-Detlev W. erschossen haben. Klaus W. war zum Zeitpunkt, als zwei Zivilpolizisten das Feuer auf ihn eröffneten, »so betrunken, daß ihn ein Sechsjähriger hätte schubsen können. Der konnte kaum noch stehen.« Ohne Brille war der sehbehinderte und nach einer Betriebsfeier volltrunkene Klaus W. am Sonntag früh durch die Gegend geirrt und war dabei auf das Gelände einer Baustoff-Firma geraten. Ein Nachbar, der ihn auf dem Firmengelände sah, benachrichtigte wegen des vermeintlichen Einbrechers die Polizei, die daraufhin das Gelände mit mehreren Fahrzeugen umstellte. Warum die zahlenmäßig stark überlegenen Polizisten dann gezielt auf den Mann schossen, darüber tröpfeln von offizieller Seite die Informationen nur spärlich. Wie viele

Schüsse auf den betrunkenen Mann abgegeben wurden, wollte die Justiz nicht mitteilen. Insgesamt sollen vier Schüsse gefallen sein, von denen einer den vermeintlichen Einbrecher ins Herz traf.

Schwedentrunk

Der Bundeswehrsoldat Andreas Prohl zeigte Mut und schluckte ein Getränk, das es in sich hatte. Je ein Teelöffel Salz, Zucker, Pfeffer, Senf und andere scharfe Gewürze; dazu gehackte Gurken, Zwiebeln mit Olivenöl, garniert mit Margarine, Marmelade und Kakao; ferner fünfzehn verschiedene Schnäpse und auffüllender Schuß Bier.

Prohl folgte der bei der Bundeswehr gepflegten Tradition, die Beförderung zum Unteroffizier mit einem sogenannten Schwedentrunk zu begießen. Der Tauftrunk, den schon die alten Kameraden von der Reichswehr und von Hitlers Wehrmacht aus gleichem Anlaß zur Brust nahmen, hatte für den Täufling üble Folgen: der frischbeförderte Prohl vom 1. Panzerartillerie-Bataillon mußte sich zum Abtritt begeben. Dort würgte er den Schwedentrunk wieder heraus. Trotzdem plagten Prohl noch zwei Tage lang Schmerzen in Magen und Darm. Auch seine Augen waren blutunterlaufen.

Theoretisch hätte der Soldat auf die scharfe Mixtur, die ihm so schnell zum Halse heraushing, verzichten können. Doch in der Praxis wäre solcherlei Bescheidenheit von Nachteil für seine Bundeswehrkarriere gewesen.

Man muß mitmachen, oder man gerät bei den Kameraden schnell in Verschiß.

Um im exklusiven Offizierszirkel des Fallschirmjägerzentrums Fort Bragg, North-Carolina, gesellschaftsfähig zu werden, hatte sich Reeves an einem Aufnahmezeremoniell mit Sekt und Wodka erprobt. Anschließend legte er sich ins Bett und starb.

Schwemmen

Die Bonner Bäcker, die zu kleine Brötchen gebacken hatten, wurden in einem Weidenkorb in den Fluß getaucht. Dieses Bad war nicht nur als Erfrischung für heiße Sommertage gedacht, weshalb die Bonner Brötchen im Winter vermutlich größer waren als zur Sommerszeit.

Das Kielholen war eine Möglichkeit, die langweiligen ausgedehnten Seereisen unter dem Vorwand der Insubordination abwechslungsreicher zu gestalten. War es dem Kapitän durch Schikanen endlich gelungen, ein Besatzungsmitglied zu einer menschlichen Reaktion zu verführen, dann war der Tag gerettet. Man versenkte ihn auf der einen Schiffsseite, zog ihn unter dem Schiff durch, auf der anderen Seite wieder an Bord. Wenn er auftauchte, war er manchmal tot, weil er sich am Kiel den Schädel eingeschlagen hatte: Der Kapitän konnte den Befehl zum Hochziehen zu früh geben. Obwohl diese Unterwasserfahrt für die menschlichen Lungen zu lange dauerte, wurde sie meist noch zwei- bis viermal wiederholt, je nachdem, wie stark die Autorität des Kapitäns gerettet werden mußte.

Selbstmord

Zuerst brachten sich mich zur Gendarmerie, von dort wurde ich zum Polizeirevier geschickt. Dort erfuhr ich, daß mein Sohn tot war. Sie sagten, er habe sich mit Ketten aufgehängt. Aber ich habe nicht verstanden, wo mein Sohn unter Aufsicht die Ketten herbekommen hat, ob der Wächter weg war oder was. Halil Celik war 15 Jahre alt. Am 6. März 1985 wurde er von der Sicherheitspolizei in Mut (Südtürkei) in Polizeigewahrsam genommen. Am nächsten Tag wurde erklärt, er habe sich mit Ketten erhängt. Necati Eskai, der am gleichen Tag wie Halil festgenommen worden war, wurde ein paar Tage nach dem »Selbstmord« 50 Meter neben der Polizeiwache aufgefunden, den Kopf in einem kleinen Fluß, den Körper draußen, ertrunken. Die Polizei erklärte nach Abschluß der Ermittlungen, er sei betrunken gewesen und ins Wasser gefallen. Dies ist nur einer von mehreren bekannten »mysteriösen» Todesfällen in türkischen Polizeirevieren. »Selbstmord« heißt meist die Diagnose der Polizei oder »Herzversagen«, auch wenn der Tote jung und vor der Einlieferung völlig gesund war. Die sozialdemokratische Opposition verlangt Untersuchungskommissionen im Falle der »Selbstmorde« auf Polizeirevieren.

Spanischer Stiefel

An einigen Orten fertigte man von Pergament eine Art Stiefel oder Schuhe, die man anfeuchtete und dann dem Beine des Inquisiten anlegte. Alsdann ward das Bein ans Feuer gebracht, und das an der Wärme trocknende Pergament schrumpfte allmählich dermaßen zusammen, daß der Schmerz nicht zu ertragen war.

Dies war die sanftere Art und minder in Gebrauch. Andern Ortes nahm man vier Eichenbretter, die mit starken Stricken umwickelt wurden. Zwei dieser Bretter wurden an die innere Seite der Beine des Verbrechers gelegt, die anderen beiden an die äußere. Diese Bretter mit den Beinen dazwischen schnürte man fest zusammen, dergestalt, daß die inneren Bretter sich berührten, doch nicht so hermetisch geschlossen, daß man nicht von oben die Spitze eines Keils hätte dazwischen klemmen können. Auf diesen Keil ward gehämmert, bis entweder die Beine in eine unerträgliche Presse kamen, oder die Bretter zersprangen und mit ihnen die Knochen des Beins. Eine gewöhnliche Folter bestand aus vier, eine außerordentliche aus acht Keilen.

Auch diese Verzögerung war nicht ohne wissenschaftliche Berechnung. Das Fleisch der Beine sollte inzwischen durch die Pressung schwellen und sich inflammieren, damit es desto empfindlicher werde für den nachfolgenden Schmerz.

Bevor man das Urteil gegen Damiens aussprach, fand eine sehr gelehrte Sitzung und Beratung darüber statt, welche Folter man in Anwendung zu bringen habe. Das Gutachten der Ärzte ging nun dahin, daß unter allen Torturarten, deren der menschliche Geist in den vergangenen Jahrhunderten eine so reiche und mannigfaltige Auswahl ins Leben gerufen, eine unbedingt den Vorzug verdiene, sowohl weil sie das Leben des Gefolterten am wenigsten gefährde und zugleich die allerschmerzlichste sei. Zu deutsch: die spanischen Stiefel.

Die Henker umringten ihn. Der Torturmeister des Parlamentes legte ihm die spanischen Stiefel an. Er zog die Schnüre mit mehr Kraft, als gewöhnlich gebraucht wird, zusammen. Damiens stieß ein furchtbares Geschrei aus. Das Gesicht wurde bleich, der Kopf sank hinten über.

Die Ärzte traten heran, fühlten den Puls und erklärten, daß diese Anwandlung von Schwäche nicht ernster Natur sei. Einer von ihnen riet, mit dem Eintreiben der Keile noch zu warten. Die Erstarrung der Glieder, durch die Einschnürung hervorgerufen, würde vorübergehen. Damiens öffnete die Augen und verlangte zu trinken. Man brachte ihm ein Glas Wasser, aber er wollte Wein haben. Mit keuchender und zitternder Stimme sagte er, die Kraft gehe ihm aus.

Nach einer halben Stunde wurde die Tortur fortgesetzt. Der Torturmeister schlug den ersten Keil ein. Das Geschrei Damiens wurde so furchtbar und anhaltend, daß der Präsident nicht dazu kam, die gebräuchlichen Fragen an ihn zu richten.

Es folgte der fünfte Keil, der erste der außerordentlichen Fragen. Als man ihm den sechsten Keil gibt: Er sei sehr unglücklich, daß er sich nicht selbst getötet habe. Er bedauert seine Frau und seine Tochter. Beim siebenten Keil empfindet er Abscheu vor seinem Verbrechen. Er bittet die Richter, beim König zu befürworten, daß er sogleich sterben dürfe. Nach dem achten Keil, dem letzten der außerordentlichen Fragen, erklärten die Ärzte, er könne nichts mehr aushalten. Die Tortur hatte zweieinviertel Stunden gedauert. Die Richter erhoben sich mit einer Eile, die anzeigte, daß auch ihre Kräfte am Ende waren. Sie gaben Gabriel Sanson einen Wink, und der Torturmeister nahm die spanischen Stiefel ab. Damiens versuchte, seine zerbrochenen und zuckenden Beine aufzuheben. Als er es nicht vermochte, beugte er sich vornüber und betrachtete sie eine Weile mit einer Art schmerzlicher Rührung.

Seine Henker ließen nicht eher nach, die acht Keile tiefer und tiefer einzutreiben, als bis beide Beine völlig zerschmettert waren und das Mark aus den Röhren floß.

Spießrutenlaufen

Nach alten Quellen wurde ein Kreuzritter in Caesarea in einem Bordell angetroffen. Er wurde vor die Wahl gestellt, im Hemd durch die Reihen des Heeres geführt zu werden, von einer Dirne an einem um die Genitalien gewundenen Strick geleitet oder Pferd und Harnisch zu verlieren und aus dem Heer ausgestoßen zu werden.

Gassenlaufen, militärische Leibesstrafe bei deren Ausführung ein oder mehrere hundert Mann eine etwa 200 Meter lange Gasse bildeten, welche der bis zum Gürtel entblößte Verurteilte mit auf der Brust zusammengebundenen Händen mehrmals langsam bei Trommelschlag durchschreiten mußte. Hierbei erhielt er von jedem Soldaten mit einer Hasel- oder Weidenrute einen Schlag auf den Rücken. Ein sechsmaliges Spießrutenlaufen durch 200 Mann mit Überschlagen je eines Tages hatte gewöhnlich den Tod zur Folge. Konnte der Verurteilte nicht mehr gehen, so wurde er auf Stroh gelegt und erhielt die festgesetzte Anzahl von Streichen.

Er stellte sie in zwei Reihen auf. Zwei Meter breit war der Abstand zwischen den beiden Reihen, sie reichten von der Tür des Ayuntamiento quer über die Plaza bis zum Rand der Klippe, so daß einer, der aus der Tür des Ayuntamiento kam und über die Plaza blickte, zwei Menschenreihen sah, die dastanden und warteten.

Sie waren mit Dreschflegeln bewaffnet.

Die, die keine Dreschflegel hatten, hatten schwere Hirtenknüppel und

Ochsenziemer, einige hatten hölzerne Gabeln, manche Sicheln und Rübenmesser. Aber die mit den Sicheln und Messern hatte Pablo an das andere Ende gestellt, wo die Reihen den Rand der Klippe erreichten. An allen Fenstern und auf allen Balkonen drängten sich die Menschen. Man hörte viele Stimmen durcheinanderreden, dann hörte ich einen lauten Ruf, einer sagte: Hier kommt der erste, es war Don Benito Garcia, der Bürgermeister, er kam barhäuptig aus der Tür, ging langsam die Stufen hinunter, nichts geschah; er ging zwischen den Reihen der Männer mit den Dreschflegeln hindurch, nichts geschah, er ging zwischen den Reihen hindurch, den Kopf erhoben, das fette Gesicht grau, den Blick starr nach vorne gerichtet, er blickte geradeaus, und dann flackerte sein Blick nach links und nach rechts, er ging mit festen Schritten weiter. Nichts geschah.

Jemand schrie von einem der Balkone: Was ist los, Feiglinge? Immer noch ging Don Benito durch die Reihen der Männer, und nichts geschah. Dann sah ich einen Mann, drei Männer von mir entfernt, sein Gesicht zuckte, er biß sich auf die Lippen, seine Hände, die den Dreschflegel hielten, waren ganz weiß. Ich sah, wie er zu Don Benito hinschaute und ihn herankommen sah. Immer noch geschah nichts. Kurz bevor Don Benito bei diesem Mann angelangt war, riß der Mann seinen Dreschflegel in die Höhe, so daß er den Nebenmann traf, und versetzte Don Benito einen Schlag, der ihn an der Schläfe traf, und Don Benito sah ihn an, und der Mann schlug wieder zu und schrie: Das ist für dich, Cabron, und der Schlag traf Don Benito ins Gesicht, und er hielt die Hände vors Gesicht, und sie schlugen auf ihn los, bis er hinfiel, und der Mann, der als erster zugeschlagen hatte, rief den anderen zu, sie sollten helfen, und er packte Don Benitos Hemdkragen, und die anderen packten seine Arme, und sein Gesicht schleifte durch den Staub der Plaza, so zerrten sie ihn über den Weg bis an den Rand der Klippe, und warfen ihn in den Fluß hinunter.

Im Dionysos-Lager, wo Griechenlands Elitesoldaten untergebracht sind, müssen die Gefangenen Spießruten laufen. Ein verläßlicher Bericht aus zweiter Hand aus diesem Lager besagt, daß einem Mann buchstäblich ein Auge aus dem Kopf geschlagen wurde. Die Delegation von Amnesty International sprach mit anderen, die gebrochene Rippen, Nasen und zerrissenes Trommelfell hatten.

Stehzelle

Man mußte durch eine etwa fünfzig Zentimeter hohe Luke am Boden hineinkriechen. Die Luke war aus schwerem Holz. Dahinter war noch ein Eisengitter, das verriegelt wurde. Anfangs war ich allein. Während der letzten Wochen standen wir dort zu viert. Einige erhielten dort nur alle zwei oder drei Tage etwas zu essen, andere erhielten keine Verpflegung. Diese waren zum Hungertod verurteilt. Mein Freund Kurt Pachala starb in der Zelle nebenan nach fünfzehn Tagen. Er aß zuletzt seine Schuhe auf. Er starb am 14. Januar 1943.

Dann führte er uns in den Keller, wo er uns in Zelle Zwanzig einschloß. Um zehn Uhr war die Luft schon stickig geworden. Wir standen eng aneinandergedrängt. Wir konnten weder sitzen noch liegen. Bald erreichte die Temperatur eine solche Höhe, daß wir anfingen, unsere Jacken und Hosen auszuziehen. Gegen Mitternacht konnte man nicht mehr stehen. Einige sackten zusammen, die anderen hingen aneinander. Die meisten wurden unruhig, stießen einander an und verfluchten sich gegenseitig. Die Gerüche, die die erstickenden Menschen von sich gaben, vermischten sich mit dem Gestank aus dem Kübel. Die Schwächeren wurden zertreten. Die Stärkeren führten einen Kampf um einen Platz an der Tür, wo ein bißchen Luft durchkam. Wir schrien und schlugen an die Tür, wir stemmten uns dagegen, doch sie gab nicht nach. Ab und zu wurde draußen das Guckloch geöffnet und der wachhabende Schließer sah zu uns hinein. Um zwei Uhr nachts hatten die meisten das Bewußtsein verloren. Am Morgen nach der Öffnung um fünf Uhr zog man uns heraus und legte uns auf den Korridor. Alle waren wir nackt. Von den neununddreißig waren noch neunzehn am Leben.

Steinigung

Es konnte nicht ausbleiben, daß dieser besondere Charakter der Steinigung als eine Gemeindestrafe gegen schwarze Lämmer die streng nach dem Alten Testament lebenden Puritaner-Gemeinden der Neuen Welt in höherem Maße anzog als alle anderen Todesstrafen. Das ganze Gemeindeleben der Pilgerväter an der Massachusetts-Bay und in anderen Pflanzstätten ihres sektiererischen Eifers war auf dem Wahn aufgebaut, daß sie im siebzehnten, und auch noch im achtzehnten Jahrhundert in einer Kolonie auf amerikanischem Boden so leben könnten wie ihre religiösen Vorbilder zweitausend Jahre vor ihnen im alten Orient. Zu vielen Absurditäten des puritanischen Strafvollzugs gesellte sich daher die in manchen kleinen Gemeinden erstaunlich lang bewahrte Sitte, zur Reinigung der Gemeinde von den geheimen Sünden alle vier Jahre ein Mitglied der Gemeinde zu steinigen. Aus welcher Sippe es genommen wurde, bestimmte das Los; innerhalb der Sippe stand den Angehörigen die Wahl frei, und es soll vorgekommen sein, daß selbst Kinder auf diese Weise gesteinigt wurden. Allerdings durfte jedes Gemeindeglied nur einen Stein werfen, so daß der Sündenbock — denn um nichts anders handelte es sich —, wenn auch verletzt, meist mit dem Leben davonkam.

Wichtig an der Steinigung war nicht die Tötung des Gesteinigten, sondern nur die Nichtwiederkehr, die Ausstoßung für immer. Paulus wurde gesteinigt, und auch Christus wurde mit Steinen beworfen und vertrieben: Die betreffenden Gemeinden hatten in ihrem Sinne damit genug getan. Nur wenn ein Stein tödlich traf, dann mußte das Opfer mit Steinen vollständig bedeckt sein, daß es nicht mehr sichtbar war, daß es verschwand auf Nimmerwiedersehen.

An den erwähnten 1. Mai 1943 gingen in Buchenwald die SSler untereinander um sechs Zigaretten oder zwei Gläser Bier Wetten ein, wer aus einer Gruppe von Strafarbeitern einen Häftling durch von oben geworfene Steine töten könne; warfen sie allzu sehr daneben, so verloren sie die Geduld und schossen einfach. 17 Tote und Verwundete waren das Ergebnis dieser Belustigung.

T

Teeren und Federn

Geteert und gefedert wurde häufig im Osten und Südosten, seltener im Mittelwesten. In Iowa fielen im vorigen Jahrhundert 7 Prozent aller Lynchakte auf Teeren und Federn, 39 Prozent verliefen tödlich, in der Nachkriegszeit gehörte Teeren und Federn in zahlreichen Applikationen zum Terrorismus des Ku-Klux-Klan. In New Orleans wurde eine Lehrerin auf dem Lafayette Square nackt ausgezogen und geteert und gefedert; sie hatte vor Schülern die Befreiung der Sklaven befürwortet.

Um einen Kern, dem Beschmieren mit Teer und dem Wälzen in Federn, gruppierten sich freilich die verschiedenartigsten Modalitäten. Nackt-Ausziehen geht regelmäßig voraus. Voraus geht häufig auch Widerstand des

Opfers und die gewaltsame Brechung dieses Widerstandes. Dann wird der arme Sünder zum Strafort geschleift. Smith wurde dabei so gewürgt, daß er die Besinnung verlor. Der Mormonenführer Smith berichtet, daß, als er nackt am Boden lag, jemand über ihn herfiel und ihn wie eine wildgewordene Katze mit Nägeln zerkratzte. Der Teer über Mund und Nase geschmiert behindert die Atmung. Die Entfernung des Teers ist äußerst schmerzhaft. Der seelische Schock kann geistige Störungen verursachen.

Bisweilen wurde der Kopf geschoren oder die eine Hälfte glatt rasiert. Ein öffentlicher Umzug, bisweilen mit Trommeln und Pfeifen kommt vor.

Die Nacktheit wird in kalten Winternächten lebensgefährlich. Viel spricht für die geistreiche Hypothese von His, im Federn die künstliche Veränderung in ein Opfertier zu erblicken.

In der Verordnung von Richard Löwenherz ist von Hühnerfedern die Rede; an Bord der Kreuzfahrerschiffe gab es schwerlich andere Vögel. In der amerikanischen Praxis aber begegnen wir ausschließlich der Gans.

Telefon

»el teléfono« ist eine erstmals in Chile bekannt gewordene Methode, bei der mit den flachen Händen gleichzeitig auf beide Ohren geschlagen wird.

Territion

Ein Schreckeinjagen, eine seelische Folter, die der körperlichen Marterung voranging.

Der Henker legte dem Angeklagten die Folterwerkzeuge vor und gab zu jedem eine ausführliche Erklärung ihrer Anwendung und Martern, die der Gepeinigte dadurch auszustehen hätte. Ich will dich so martern, daß die Sonne durch dich scheinen soll können, sagte er.

U

Unterdruck

Hochverehrter Reichsführer!

Für Ihre herzlichen Glückwünsche und Blumen zur Geburt meines zweiten Sohnes danke ich Ihnen ergebenst! Da ich sehr bald noch ein drittes Kind möchte, bin ich Ihnen sehr dankbar, daß die Heirat durch Ihre Hilfe, hochverehrter Reichsführer, ermöglicht ist. Zur Zeit bin ich nach München zum Luftkommando VII kommandiert für einen ärztlichen Auswahlkurs, bei dem die Höhenflugforschung eine sehr große Rolle spielt. Mit großem Bedauern wurde erwähnt, daß leider noch keinerlei Versuche mit Menschenmaterial bei uns möglich sind, da die Versuche sehr gefährlich sind und sich freiwillig keiner dazu hergibt. Daher stelle ich die ernste Frage: ob zwei oder drei Berufsverbrecher für diese Experimente zur Verfügung gestellt werden können? Die Versuche werden angestellt in der Bodenständigen Prüfstelle für die Höhenforschung der Luftwaffe in München. Die Versuche, bei denen selbstverständlich die Versuchspersonen sterben können, würden unter meiner Mitarbeit vor sich gehen. Es können als Versuchsmaterial auch Schwachsinnige Verwendung finden.

Ich kann Ihnen mitteilen, daß Häftlinge für die Höhenflugforschung selbstverständlich gern zur Verfügung gestellt werden.

Es besteht die Behauptung, daß ein Fallschirmspringer bei Absprung aus 12 Kilometer Höhe durch den Sauerstoffmangel schwerste Schädigungen, wahrscheinlich den Tod erleide. Praktische Versuche über dieses Thema wurden stets nach maximal 53 Sekunden abgebrochen, da schwerste Höhenkrankheit auftrat.

Über die Lebensdauer eines Menschen oberhalb der normalen Atemgrenze, viereinhalb bis sechstausend Meter, wurden Versuche überhaupt nicht angestellt, da mit Sicherheit feststand, daß die Versuchsperson, VP, den Tod erleiden müsse.

Der Sauerstoffmangel und der niedere atmosphärische Druck haben im Fallschirmsinkversuch weder aus 12 Kilometer noch aus 13 Kilometer Höhe tödlich gewirkt. Es wurden insgesamt fünfzehn Extremversuche dieser Art angestellt, wobei keine der VPn den Tod erlitt. Es trat schwerste Höhenkrankheit mit Bewußtlosigkeit auf, jedoch stets völlige Aktionsfähigkeit, wenn etwa 7 Kilometer Höhe im Abstieg erreicht war. Die extremen, täglichen Versuche wurden an besonders zugeteilten VPn vorgenommen, da sonst eine derartige Kontrolle, welche für die Praxis außerordentliche Wichtigkeit besitzt, nicht möglich wäre.

Die VPn wurden mit Sauerstoff auf 8 Kilometer Höhe gebracht und mußten dann mit und ohne Sauerstoff je fünf Kniebeugen ausführen. Nach einer gewissen Zeit trat mäßige bis schwere Höhenkrankheit auf, die VPn wurden bewußtlos. Es erholten sich nach einer gewissen Zeit der Gewöhnung in 8 Kilometer jedoch alle VPn, kehrten ins Bewußtsein zurück und wurden voll handlungsfähig. Tödlich verliefen erst Dauerversuche in Höhen über 10,5 Kilometer. Es zeigte sich bei diesen Versuchen, daß die Atmung nach etwa 30 Minuten aufhörte, während die Herzaktion in zwei Fällen erst 20 Minuten nach Atemstillstand aufhörte.

Es handelte sich um einen Dauerversuch ohne Sauerstoff in 12 Kilometer Höhe bei einem 37jährigen Juden in gutem Allgemeinzustand. Die Atmung hielt bis 30 Minuten an.

Bei vier Minuten begann VP zu schwitzen und mit dem Kopf zu wackeln. Bei fünf Minuten traten Krämpfe auf, zwischen sechs und zehn Minuten wurde die Atmung schneller, VP bewußtlos, von elf bis 30 Minuten verlangsamte sich die Atmung bis drei Atemzüge pro Minute, um dann ganz aufzuhören. Zwischendurch trat stärkste Blausucht auf, außerdem Schaum vor dem Mund.

Lieber Dr. Racher!

Ich will Ihnen doch noch auf Ihren Brief, mit dem Sie mir Ihre Berichte überreicht haben, antworten. 1. Dieser Versuch soll mit weiteren zum Tode verurteilten Männern wiederholt werden. 2. Die Versuche sollen vor allem in der Richtung einmal ausgewertet werden, ob es nicht möglich ist, bei diesen langen Arbeiten des Herzens derartige Menschen wieder ins Leben zurückzurufen. Sollte ein solcher Versuch des Zurückrufens in das Leben gelingen, so ist selbstverständlich der zum Tode Verurteilte zu lebenslänglichem Konzentrationslager begnadigt. Freundliche Grüße und Heil Hitler! Ihr H. Himmler. Es versteht sich, daß die Begnadigung von Versuchspersonen nicht für Polen und Russen gilt.

Die Frage der Entstehung von Luftembolien wurde an zehn Fällen untersucht. Teils starben die VPn während eines Höhendauerversuches, zum Beispiel nach einer halben Stunde in 12 Kilometer Höhe. Es fanden sich bei der Eröffnung des Schädels unter Wasser reichlich Luftembolien in den Hirngefäßen, teils freie Luft in den Hirnventrikeln. Um zu erklären, ob die schweren psychischen und physischen Erscheinungen auf der Bildung von Luftembolien beruhen, wurden einzelne VPn nach einem derartigen Fallschirmversuch nach relativer Erholung, jedoch vor Wiedereintreten des Bewußtseins unter Wasser zum vollständigen Exitus gebracht. Die auch hier unter Wasser durchgeführte Eröffnung des Schädels, beziehungsweise der Brust und Bauchhöhle ergaben als Befund massenhaft Luftembolien in den Hirn-, Coronar-, Leber-, Darmgefäßen etc.

Sinkversuche aus 15 Kilometer Höhe wurden in größerer Anzahl durchgeführt, da sich herausstellte, daß bei dieser Höhe die Grenze des praktisch Möglichen wesentlich überschritten war.

15 km/0 Min Läßt Maske fallen, schwere Höhenkrankheit, klonische Krämpfe.
Opistotonus.
Arme steif nach vorne gestreckt, Pfötchenstellung
Beine steif gespreizt
Hängt in Opistotonus
Agonale Kampfatmung
Atemnot, hängt schlaff
Unkoordiniertes Strampeln mit den Extremitäten
Klonische Krämpfe, Stöhnen
Schreit laut
Schreit immer noch, krampft Arme und Beine, Kopf sinkt nach vorne
Schreit anfallweise, grimassiert, beißt sich auf die Zunge
Nicht ansprechbar, macht den Eindruck eines völlig Geistesgestörten

0 m/24½′

Nach Erreichen von Bodenhöhe

5′ Reagiert erstmals auf Anruf
7′ Versucht auf Kommando aufzustehen, sagt stereotyp: Nein, bitte
9′ Steht auf Befehl auf, starke Bewegungsstörung, antwortet auf alle Fragen: Moment mal. Versucht krampfhaft, sich an sein Geburtsdatum zu erinnern
10′ Typische Haltungs- und Bewegungs-Stereotypie, Katatonie, murmelt Zahlen vor sich hin
11′ Hält Kopf krampfhaft nach rechts gedreht, versucht immer wieder, auf die erste Frage nach seinem Geburtsdatum zu antworten
12′ Fragen der VP: Darf ich etwas aufschneiden? – im Zivilberuf Fein-

kosthändler. Darf ich schnaufen? Ja. Atmet tief, sagt dann: So, danke schön.

15′ Auf Befehl zu gehen, tritt er am Fleck und sagt: So, danke schön.

17′ Gibt Namen an, sei 1928 geboren – geboren am 1. 11. 1908. Versuchsleiter: Wo? Etwa 1928. Beruf? 28–1928

18′ Darf ich aufschnaufen? Bin damit zufrieden.

25′ Immer noch die Frage: Schnaufen?

28′ Sieht nichts, rennt gegen offenen sonnenbeschienenen Fensterflügel, so daß sich eine große Beule an der Stirn bildet, sagt: Entschuldigen Sie bitte. Keine Schmerzensäußerung.

30′ Weiß Name und Geburtsort. Auf die Frage nach dem heutigen Datum: 1. 11. 28. Zittern der Beine, Stupor hält an, ist durch den Knall eines Schusses nicht zu erschrecken. Dunkle Gegenstände werden noch nicht wahrgenommen, rennt dagegen. Helles Licht wird wahrgenommen, weiß seinen Beruf, örtlich desorientiert.

37′ Reagiert auf Schmerzreize

40′ Beginnt Unterschiede zu sehen. Gerät immer in seine anfänglichen Rede-Stereotypien

50′ Örtlich orientiert

75′ Immer noch zeitlich desorientiert, retrograde Amnesie über drei Tage

24 Stunden Normalzustand wieder erreicht, nur an den Versuch selbst besteht keine Erinnerung.

Der Ablauf der Sinkversuche aus 15 Kilometer Höhe, wie er hier an einem Beispiel gezeigt wurde, wiederholte sich in ähnlicher Weise bei allen übrigen Versuchen.

Über die Zahl der Gefangenen, die bei diesen Unterdruckversuchen ums Leben kamen, befragt, gibt der Augenzeuge Neff an: Während der Höhenflugversuche kamen 70–80 Personen ums Leben. Von diesen waren etwa 40 Personen nicht zum Tode Verurteilte.

Es wurde bei einer Sektion festgestellt, nachdem die Brust geöffnet war und auch der Schädel, daß das Herz noch schlug. Ich weiß es deshalb genau, weil ich sofort den EKG-Apparat in die Totenkammer bringen mußte. Gerade dieser Versuch hat sehr viel Todesopfer gekostet, weil immer und immer wieder Versuche gemacht wurden, um zu sehen, wie lange das Herz eines Sezierten noch schlägt.

Unterkühlung

Die VPn werden mit voller Fliegeruniform, Winter- und Sommerkombination und Fliegerhaube bekleidet, ins Wasser gebracht. Eine Schwimmweste aus Gummi oder Kapok soll das Untergehen verhindern. Die Versuche wurden durchgeführt bei Wassertemperaturen zwischen 2,5 und 12 Grad Wärme.

Es wurden Unterkühlungen im Magen von 16,4 Grad, im After von 26,5 Grad elektrisch gemessen. Todesfälle traten nur ein, wenn der Hirnstamm sowie das Hinterhirn mit unterkühlt wurden. Sobald die Unterkühlung bei diesen Versuchen 28 Grad erreicht hatte, starb die VP mit Sicherheit, trotz aller Versuche zur Rettung.

Als besondere Befunde bei allen Versuchen sind zu erwähnen: Starke Erhöhung der Blutviskosität, starker Anstieg des Hämoglobins, etwa Verfünffachung der farblosen Blutkörperchen, regelmäßiger Anstieg der Blutzuckerwerte auf das doppelte. Vorhof-Flattern fand sich regelmäßig ab 30 Grad.

Die Todesursache ist ein Versagen des Herzens. Die Schädigung ist auf eine Überlastung des Herzens zurückzuführen, hervorgerufen dadurch, daß das Blut zähflüssiger wird, sowie durch eine ausgedehnte Sperrung größerer äußerer Gefäßbezirke. Außerdem ist eine Kälteschädigung des Herzens wahrscheinlich.

Zu den Unterkühlungsversuchen wurden 280–300 Personen verwendet. Es wurden allerdings 360–400 Experimente gemacht, da verschiedene Versuchspersonen mehr als einen Versuch, manchmal sogar drei Versuche, zu machen hatten. Es starben an den Unterkühlungs-Experimenten 80–90 Personen.

Es wurde zuerst ein Versuch gemacht, und zwar wurde der Häftling abends nackt auf eine Bahre vor den Block gestellt. Er wurde mit einem Leintuch zugedeckt, stündlich mit einem Kübel kalten Wassers übergossen. Versuchsperson lag bis morgens unter diesen Umständen im Freien. Die Temperatur wurde mit dem Thermometer gemessen.

Später sagte Dr. Rascher, es wäre verkehrt, den Betreffenden mit einem Leintuch zuzudecken und mit Wasser zu überschütten, denn das hätte eine verkehrte Wirkung herbeigeführt, nachdem die Luft nicht an die Versuchsperson herankonnte. In Zukunft dürfe die Versuchsperson nicht mehr zugedeckt werden.

An einem der nächsten Tage rief Dr. Rascher an und forderte, daß mindestens 100 Versuche dieser Art durchgeführt werden müssen. Neff berichtete, daß Versuchspersonen von abends 6 bis vormittags 9 Uhr im Freien gehalten wurden. Die tiefste Temperatur der Unterkühlten betrug 25 Grad.

Anfänglich hatte Rascher verboten, daß diese Versuche in Narkose gemacht würden. Die Versuchspersonen haben aber dermaßen geschrien, daß es unmöglich war für Rascher, diese Versuche ohne Narkose weiterzuführen.

Vom Bunker wurden zwei russische Offiziere gebracht. Es war uns verboten, mit ihnen zu sprechen. Sie kamen ungefähr nachmittags um vier. Rascher ließ sie entkleiden und sie mußten nackt in das Bassin. Es verrann Stunde um Stunde und während sonst bei spätestens 60 Minuten die Kältenarkose eintrat – in diesem Fall waren die beiden noch nach zweieinhalb Stunden voll ansprechbar. Alles Reden mit Rascher, ihnen eine Injektion als Narkose zu geben, war zwecklos. Ungefähr in der 3. Stunde sagte der eine Russe zum anderen: Kamerad, sag doch dem Offizier, er möge uns erschießen. Darauf sagte der andere, er erwarte von diesem Faschistenhund kein Erbarmen. Daraufhin reichten sich beide die Hand mit einem Lebe wohl, Kamerad! Nach diesen Worten, die von einem jungen Polen Rascher in einer allerdings etwas anderen Form übersetzt wurden, ging Rascher in sein Büro. Der junge Pole versuchte, mit Chloroform den beiden eine Narkose zu geben. Aber Rascher kam sofort zurück, bedrohte uns mit der Pistole, wehe, wenn wir noch einmal wagen, an die Opfer heranzugehen. Der Versuch dauerte mindestens fünf Stunden, bis der Tod eintrat. Die beiden Leichen wurden nach München ins Schwabinger Krankenhaus zur Sektion gebracht.

Andere Gefangene wurden in ein mit eiskaltem Wasser gefülltes Becken gesetzt und so lange dort gelassen, bis sie das Bewußtsein verloren. Jedesmal, wenn ihre Körpertemperatur um ein Grad gefallen war, wurde ihnen Blut entnommen und dieses untersucht. Einer der Gefangenen wurde noch bei einer Körpertemperatur von 19 Grad am Leben erhalten, die meisten starben jedoch bei 25 oder 26 Grad.

Beim Abendappell des 14. Dezember 1938 fehlen in Buchenwald zwei BVer. Trotz der Kälte von minus 15 Grad und der ungenügenden Kleidung standen die Häftlinge 19 Stunden hindurch auf dem Appellplatz. Noch in der Nacht erfroren 25, bis zum folgenden Mittag erhöhte sich die Zahl auf über 70. Im Herbst 1939 stand das Lager ebenfalls einmal 18 Stunden hintereinander, weil sich zwei BVer im Schweinestall verborgen hielten. Nach der Arbeit den ganzen Abend stehen, die ganze Nacht hindurch bis mittags, ohne Essen – das schreibt sich so leicht nieder, auch die Zahl der Toten, die das jedesmal kostete, von den Dauergebrechen zu schweigen, die Hunderte davontrugen und an denen sie oft genug später zugrunde gegangen sind.

Die Wiedererwärmung erstarrter Körper noch Lebender interessierte Himmler ganz besonders. Sie wurden in mehreren Versuchsreihen durch nackte Frauen vorgenommen, die man aus dem KL Ravensbrück kommen ließ. Persönlich nehme ich an, schrieb der Reichsführer-SS an den zum Hauptsturmführer beförderten Rascher, daß diese Versuche vielleicht den besten und nachhaltigsten Erfolg bringen werden, es kann natürlich sein, daß ich mich täusche.

In langen Ausführungen konnte Rascher berichten, daß bei 30 bis 32 Grad Celsius die wiederbelebten Versuchspersonen Coitus ausübten, was einem heißen Vollbad gleichkomme. Zwischen zwei nackte Frauen gelegt, erholte sich die Versuchsperson bis zu dem beobachteten Geschlechtsakt nicht so rasch wie bei einer nackten Frau. Ich führe dies darauf zurück, daß bei Erwärmung durch eine Frau die persönlichen Hemmungen wegfallen und sich die Frau viel inniger an den Ausgekühlten anschmiegt.

Die amerikanische Luftwaffe hat noch vor Beendigung des japanischen Krieges mit Hilfe von Freiwilligen erfolgreich die Methode entwickelt, in Seenot geratene Flieger, die erstarrt waren, durch ein plötzliches Heißbad wiederzubeleben.

Bis zur Zeit Peters des Großen, und vielleicht auch noch später, gab es in Rußland auch eine Eisfolter. Auf einem der größten Plätze Moskaus stand eine steinerne Säule, an die der Inquisit im Winter in sehr dünner Bekleidung gefesselt wurde. Konnte ihn die Kälte nicht dazu bringen, das zu gestehen oder auszusagen, was man wollte, so wurde von einer über der Säule befindlichen Galerie auf ein Zeichen des Verhörenden ein großer Kübel kaltes Wasser auf den Inquisiten gegossen, das sogleich zu Eis wurde. Verlor der Gemarterte dabei die Besinnung oder schien es sonst ratsam, so wurde er dann in einen warmen Raum gebracht. Dann wurde er wieder befragt, und wenn seine Aussage nicht befriedigte, der Vorgang wiederholt. Es soll nur selten bei dieser Qual einer mit dem Leben davongekommen sein. Dann wurde sein Leichnam so lange begossen, bis sich eine dicke Eisrinde bildete und in diesem Zustand blieb er bis zum Abend als warnendes Exempel ausgestellt.

Das aufgespeicherte Fett wird bei starker Arbeitsleistung, zehrender Krankheit oder unzureichender Ernährung im Körper verbrannt, das heißt in Wärme- und Arbeitsenergie umgewandelt und auf diese Weise verbraucht. Als schlechter Wärmeleiter bildet das Fett besonders im Unterhautbindegewebe einen vorzüglichen Schutz gegen Kälte, indem es wie eine Isolierschicht das Eindringen von Kälte in den Körper verhindert. Als Fettpolster mindert es äußeren Druck und Stoß. So sind zum Beispiel die Nieren, die gegen Kälte und Stoß sehr empfindlich sind, durch umfangreiche Fettpolster geschützt.

Im Winter ließ Bednarek Häftlinge eine halbe Stunde lang unter der kalten Dusche stehen, bis sie unterkühlt waren und erstarrten. Dann wurden sie auf den Hof geworfen, wo sie verstarben.

Professor Martin erlebte im Zuchthaus Pontiac das Eisbad: 300–400 Pfund Eis wurden in eine Badewanne getan und der gefesselte Gefangene hineingeworfen.

Bei der allgemeinen Unterkühlung spielen hingegen Faktoren eine Rolle, die in der Abkühlung des Blutes selbst begründet sind. Abgesehen davon, daß die roten Blutkörperchen durch Kälte zur Auflösung gebracht werden können und die Menge des Blutfarbstoffes sinkt, nimmt vor allem das Sauerstoffbindungsvermögen des Blutes in der Kälte zu. Das hat zur Folge, daß der Sauerstoff schlechter an die Gewebe abgegeben wird und eine zunehmende Sauerstoffnot im Sinne einer inneren Erstickung eintritt. Allmählich kommt es dadurch schließlich zum Erliegen aller Lebensvorgänge. Bereits bei + 35° C Innenwärme sollen Ermüdungserscheinungen, erschwerte Muskeltätigkeit, Verlangsamung der Denkvorgänge und Abnahme der Schmerzempfindlichkeit eintreten. Puls und Atemfrequenz werden bei + 34° C langsamer. Bewußtseinstrübungen sollten bei + 31° bis + 30° C auftreten. Bei weiterer Unterkühlung auf + 29° bis + 27° C Körperinnenwärme tritt der Tod ein.

Für diese Mordaktionen wurden Kompanien des »Polizei-Regiments Süd« eingesetzt. In Dnjepropetrowsk wurden die Opfer – tausend Juden – in einem Kaufhaus zusammengetrieben und gezwungen, zum Erschießungsort an einer Schlucht außerhalb des Ortes zu marschieren. An der Hinrichtungsstätte mußten die Juden – Männer, Frauen und Kinder – die Wertsachen abgeben und sich nackt ausziehen, obwohl es eisig kalt war und schneite. In Gruppen wurden sie an die Schlucht getrieben und von SD- und Polizeiangehörigen erschossen. Manche Opfer mußten zum Schluchtrand geschleift werden, andere sprangen vor dem tödlichen Schuß in den Abgrund, ihnen wurde nachgeschossen. Kleinkinder wurden in den Armen ihrer Mütter durch Schüsse getötet, ehe die Frauen erschossen wurden.

Weil die Exekution bei Einbruch der Dunkelheit unterbrochen werden mußte, ließ man die übriggebliebenen Opfer in einem umzäunten Grundstück auf schlammbedecktem Boden über Nacht zurück. Am nächsten Morgen war das Areal mit erfrorenen Kindern und Erwachsenen übersät, manche Überlebende waren mit den Füßen im Schlamm festgefroren und mußten von kräftigen Männern herausgezogen werden, ehe man sie mit

Pferdefuhrwerken zur Todesschlucht schaffte. Hier nahm die Exekution ihren Fortgang. Nachdem das umzäunte Areal geräumt war, fand man noch tote Kinder, die im Boden eingefroren waren.

V

Verbrennen

Abends wurde Jakob Rohrbach im Weidach an eine Felbe mit eiserner Kette gebunden, und, wie der Pfeifer von Ilsfeld, mit Feuer umlegt, daß er langsam bratend mit lebendigem Leib den Todestanz in dem Feuerkreis um den Baum tanzen mußte, unter Trommeln und Pfeifenschall. Kinder auf den Achseln der Kriegsknechte sahen zu, und umher standen die Edlen, bis sein letzter Ton verseufzte, bis er, nicht mehr er selbst, keine Gestalt mehr, zusammensank.

Sie machten auch breite Galgen, so, daß die Füße beinahe die Erde berührten, hingen zu Ehren und zur Verherrlichung des Erlösers und der zwölf Apostel je dreizehn und dreizehn Indianer an jedem derselben, legten dann Holz und Feuer darunter und verbrannten sie alle lebendig. Andern banden, oder wickelten sie dürres Stroh um den Körper, zündeten es an, und verbrannten sie.

Immerhin sind in Spanien selbst in 326 Jahren 34 658 Personen lebendig verbrannt, 18 049 in Effigie verbrannt und 288 214 auf die Galeeren oder in die Gefängnisse geschickt worden.

Der Stifter dieser Sekte, Christus, ist unter der Regierung des Tiberius durch den Prokurator Pontius Pilatus hingerichtet worden. Der unheilvolle Aberglaube wurde dadurch für einen Augenblick unterdrückt, trat später aber wieder hervor und verbreitete sich nicht bloß in Judäa, wo er entstanden war, sondern auch in Rom, wo alle furchtbaren und verabscheuungswürdigen religiöse Gebräuche, die es in der Welt gibt, sich zusammenfinden und geübt werden. Man machte aus ihrer Hinrichtung ein lustiges Fest: In Tierhäuten steckend, wurden sie entweder von Hunden zerfleischt oder ans

Kreuz geschlagen und angezündet, um nach Eintritt der Dunkelheit als Fackeln zu dienen.

Besonders zahlreich sind die Verbrennungen von Missetätern wegen Sodomie. In Memmingen verbrannte man 1468 einen solchen, der 15 Jahre lang Sachen getrieben, davon nicht zu schreiben ist.

Durch die hohe Temperatur von zirka 200 Grad, der das Fleisch zunächst ausgesetzt ist, gerinnt das Eiweiß an der Oberfläche und das Fett schmilzt. Das Muskelrot wird zerstört und das Fleisch bräunt sich. Es bildet sich auf diese Weise eine mehr oder weniger undurchlässige Hülle, welche den Austritt des Fleischsaftes erschwert. Allerdings dringt die Hitze verhältnismäßig langsam in das Fleisch ein, Fleisch ist ein schlechter Wärmeleiter. Auch bei längerem Kochen und Braten wird in seinen inneren Schichten der Siedepunkt des Wassers nicht erreicht. So steigt zum Beispiel selbst bei dreistündigem Kochen die Hitze im Innern eines größeren Fleischstückes selten über 90°.

Überall wurden die Frauen weggebeizt und weggeputzt, wie die christlichen Chroniken berichten. Da wir nun die alten nahezu erledigen und hinrichten ließen, schreibt Landgraf Georg von Darmstadt 1582 seinem Gesandten beim Augsburger Reichstag, so geht es jetzt an die jungen. Sie verbrannten hundertjährige Frauen und einjährige Kinder, Krüppel und Blinde, Todkranke und Schwangere und ganze Schulklassen, selbst Geistliche und Nonnen. Die Länder wurden schlimmer verwüstet als durch Kriege.

Jeder, der gegen den kirchlichen Wahnsinn aufbegehrte, wurde als Hexenpatron selbst verheizt – um einen Naziausdruck zu gebrauchen. Im Bistum Breslau gab es 1651 einen Verbrennungsofen für Hexen.

Die Hexenverfolgung im Mittelalter hatte weniger religiöse als vielmehr bevölkerungspolitische Gründe, richtete sich nicht gegen die diesen Frauen unterstellte Zauberei. Diese Auffassung vertreten die beiden Professoren Gunnar Heinsohn und Otto Steiger von der Universität Bremen in einer Studie über die »Vernichtung der weisen Frauen«. Als »weise Frauen« wurden im Mittelalter in Deutschland – wie heute noch in Frankreich – die Hebammen bezeichnet. Sie verfügten über Mittel und Kenntnisse zur Geburtenkontrolle und Empfängnisverhütung, die seit Jahrhunderten überliefert waren. Die europaweite Ernährungskrise zu Beginn und die große Pest in der Mitte des 14. Jahrhunderts hätten zu einer Bevölkerungskatastrophe geführt. Die europäische Bevölkerung sei von 73 Millionen Menschen im Jahre 1300 auf 45 Millionen um 1400 zurückgegangen. Die Folge war eine Knappheit an Arbeitskräften für kirchliche und weltliche Grundbesitzer. »Das Ziel der Hexenverfolgungen der frühen Neuzeit ist die Beseitigung der

Geburtenkontrolle«. Zumindest am Anfang erkläre sich die kirchliche Hexenverfolgung aus dem weltlichen Interesse des Klerus an der »Wiederbemannung« seiner Güter.

Bei Überfüllung verbrannte man die Leichen auch in Gruben, die neben den Krematorien ausgehoben worden waren. Diese Gruben waren etwa dreißig Meter lang und sechs Meter tief. An den Enden der Gruben waren Abflußgräben für das Fett. Das wurde mit Büchsen abgeschöpft und über die Leichen gegossen, damit sie besser brannten. Im Sommer 1944, als die Verbrennungen die höchsten Ziffern erreichten, wurden täglich bis zu zwanzigtausend Menschen vernichtet. Ihre Asche wurde mit Lastwagen zu dem zwei Kilometer entfernten Fluß gefahren, dort ins Wasser geschüttet.

Im Trierschen blieben unter dem Bischof Johann bei einem großen Hexenprozeß im Jahre 1585 in zwei Ortschaften nur zwei Personen am Leben.

Eine Verschärfung der Strafe bedeutete es, wenn man den Unglücklichen bei kleinem Feuer verbrannte; dann wurden die Flammen niedrig gehalten, um die Qualen zu verlängern.

Als er bereits an den Pfahl gebunden war, sagte ihm ein Geistlicher vom Orden des heiligen Franciskus Verschiedenes von Gott und unserem Glauben, wovon der Cazique noch nie das geringste gehört hatte. Der Geistliche versicherte ihm endlich, wenn er dasjenige, was er ihm da sage, glauben wolle, so werde er in den Himmel kommen, und ewige Freude und Ruhe daselbst genießen; widrigenfalls aber werde er in der Hölle ewige Qual und Pein leiden müssen. Der Cazique dachte hierüber ein wenig nach und fragte sodann den Geistlichen, ob denn auch Christen in den Himmel kämen. Allerdings, sagte der Geistliche, kommen alle guten Christen hinein. Sogleich und ohne weiteres Bedenken erwiderte der Cazique, dort wolle er nicht hinein, sondern lieber in die Hölle, damit er nur dergleichen grausame Leute nicht mehr sehen, noch da sich aufhalten dürfe, wo sie zugegen wären.

Auf Grund aktenmäßiger Nachforschungen schätzt man die Zahl der Opfer im Bistum Bamberg auf neunhundert und im Bistum Würzburg auf eintausendzweihundert. Würzburg war Residenz eines geistlichen Fürstenhofes von bekannt feiner Lebensart. Es müssen damals ganze Schulklassen hingemordet worden sein.

Am 27. Oktober um elf Uhr morgens wird der Gefangene in seinen zerfallenen Lumpen aus dem Kerker herausgeholt. Zum erstenmal seit langem und zum letztenmal seit langem und zum letztenmal für alle Ewigkeit sehen die entwöhnten Augen wieder das Himmelslicht. Wirren Bartes, schmutzig und ausgemergelt, in Ketten klirrend, wankt der Verurteilte dahin, und erschreckend wirkt in dem hellen Herbstlicht die aschfarbene Verfallenheit seines Gesichtes.

Inzwischen haben die Vorbereitungen begonnen. Schon ist das Holz um den Pfahl gehäuft, schon klirrt die Eisenkette, mit der Servet an den Pfahl gehängt werden soll, schon hat der Henker dem Verurteilten die Hände gebunden. Da drängt sich noch einmal Faret an Servet heran, der nur noch leise seufzt: O Gott, mein Gott, und ruft ihn laut an mit den grimmigen Worten: Hast du nichts anderes zu sagen? Noch immer hofft der Rechthaberische, im Anblick des Marterpfahls werde Servet die einzig wahre, die Wahrheit des Massenmörders Calvin bekennen. Aber Servet antwortet: Was könnte ich anderes tun, als von Gott sprechen?

Nun hat nur mehr der andere Henker, der leibliche, seinen scheußlichen Dienst zu tun. Mit einer Eisenkette wird Servet an den Pfahl gehängt, ein Seil vier- oder fünfmal um den ausgemergelten Körper gewunden. Zwischen den lebendigen Leib und den einschneidenden Strick pressen dann noch die Folterknechte das Buch und jenes Manuskript, das Servet seinerzeit an Calvin gesandt, um dessen brüderliche Meinung zu erbitten; schließlich drückt man ihm eine Leidenskrone auf das Haupt, einen Kranz von Laub, der mit Schwefel getränkt ist. Mit dieser Vorbereitung ist die Arbeit des Henkers vollendet.

Als die Flammen von allen Seiten aufschlagen, stößt der Gemarterte einen so gräßlichen Schrei aus, daß die Menschen sich für einen Augenblick schaudernd abwenden. Bald hüllen Rauch und Feuer den in Qualen sich bäumenden Leib ein, aber unaufhörlich und immer greller hört man aus dem langsam das lebendige Fleisch anfressenden Feuer die schrillen Schmerzensschreie des namenlos Leidenden und endlich gell den letzten inbrünstigen Notruf: Jesus, du Sohn des ewigen Gottes, erbarme dich meiner. Eine halbe Stunde dauert dieser grauenhafte Todeskampf. Dann erst ersticken die Flammen, der Rauch flutet auseinander und an dem geschwärzten Pfahl hängt in der rotglühenden Kette eine schwarze, qualmende, verkohlte Masse, ein Gallert. Was einst eine denkende Kreatur, das ist nun zu einem Kot, zu einer stinkenden Masse geworden. Calvin sitzt bei verschlossenen Fenstern in seiner Studierstube.

Normalfall ersticken, die Hautoberfläche verkohlt, große Schmerzen. Nach Verkohlen sind diese Partien fühllos. Eiweiß des Muskelgewebes gerinnt — Störung des Blutkreislaufes — Bewußtlosigkeit. Tod durch Kreislaufversagen. Bei Benzinverbrennung in jedem Fall Ersticken, Sauerstoff durch Flammen verbraucht. Heiße Luft zerstört obere Atemwege.

Hier waren die Napalmbomben in endloser Reihe fast schnurgerade hintereinander explodiert und haben Tausende von Ägyptern in ihren schweren Panzern und gepanzerten Fahrzeugen buchstäblich gegrillt.

Als sich der Kampf in die Länge zog, beschloß Israels oberste Heeresleitung, die befestigten Berghänge von oben mit Napalm zu begießen. Zwei Stunden später schoß kein syrisches Gewehr mehr. Das brennende Benzingelee war durch jede Ritze in die Bunker gedrungen. Gefangene wurden hier nicht mehr gemacht.

Es gab in Jordanien keinen Napalmangriff, der nicht auch Frauen und Kinder getroffen hat. Die verbrannten Zivilisten im Zarqa-Militärhospital beispielsweise sind auch nicht während militärischer Kampfhandlungen bombardiert worden. Sie befanden sich auf der Straße Jerusalem-Jericho auf der Flucht zum Jordan. Von Napalm getroffen wurden die Flüchtlingslager Jenin, vor dem Krieg 1692 registrierte Flüchtlinge.

Dann kam plötzlich der Angriff der israelischen Flugzeuge. Feuer fiel aus den Flugzeugen. Feuer fiel auf unser Lager. Alle rannten durcheinander und schrien. Einige brannten und schrien. Sie wälzten sich auf der Erde, aber die Flammen brannten weiter. Man kann Napalm nicht löschen. Sie schrien, und dann wurden sie leiser und starben. Es stank.

Die Hersteller dieser Öfen, die Firma Topf und Söhne, hat, wie es in ihrer Patentschrift nach dem Kriege heißt, ihre Einrichtungen auf Grund gewonnener Erfahrungen verbessert.

»Die Brücke war schon halb zerstört und bröckelte flammend in den Fluß hinein. So lief ich zur eisernen Straßenbahnbrücke, die hundert Meter flußabwärts lag. Die hölzernen Schienenschwellen hier brannten ebenfalls, aber ich hangelte und sprang entlang der glühend heißen metallenen Streben. Von der anderen Seite her kamen jetzt entstellte Wesen gleich aufgescheuchten Hamsterscharen gerannt und versuchten den Fluß zu überqueren. Sie brüllten mit einer einzigen großen Stimme. In der Mitte der Brücke lagen vier oder fünf unkenntliche Körper, aber sie bewegten sich noch. Die Haut hing an ihnen herunter wie dunkler Seetang! Statt der Nasen — Löcher! Lippen, Ohren, Hände unförmig aufgeschwollen. Oh, da ist einer hinuntergestürzt. Noch einer! Und einer nach dem anderen rollte nun von der Brücke, hilflos vor Erschöpfung. Sie ertranken, ohne sich auch nur zu wehren. Nun waren da immer noch fünfzig oder sechzig, die sich an die glühenden Schienen klammerten. Vor Todesangst übereinanderstolpernd, mit Augen, die aus den Höhlen traten, sich gegenseitig in die Tiefe reißend, und immerzu dieses Schreien!

Irgendwie kam ich über diese Eisenbahnbrücke, aber am anderen Ufer stieß ich auf Haufen von Leichen, die den Weiterweg versperrten. Diese

Leute müssen von einer Flammenzunge verfolgt und erfaßt worden sein. Sie brennen ja immer noch. In diesem Augenblick brennen sie. Und nun beginnen sie, die ich schon für tot gehalten habe, zu wimmern. Eine Frau schreit nach ihrem Mann. Eine Mutter nach ihrem Kind. Und die wiederaufgelebten Flammen greifen unbarmherzig nach ihnen. Auch meine Augenbrauen sind versengt, meine Hände, mein Gesicht brennen. Nur heraus aus dieser Falle, nur heraus! Muß mir einen Weg durch die Leichen ebnen. Schiebe sie beiseite, ziehe an einem Kopf, um das Hindernis aus dem Weg zu schaffen. ›Zurn, zurn‹ Scheußlich, dieses Gefühl auf meiner Handfläche. Die Gesichtshaut blieb kleben! Darunter irgend etwas Gelbliches. Ich zittere am ganzen Körper, lasse das Haupt des Toten fallen, versuche an seiner Hand zu zerren, um an ihm vorbeizukommen und da nun sehe ich die Knochen unter dem versengten Fleisch, und die fremde Haut klebt immer noch an mir.

Ich klettere auf die Leichenberge hinauf. Eine Schicht auf der anderen. Einige bewegen sich noch, leben noch. Muß über sie, muß auf sie steigen. Gab kein anderes Mittel, durchzukommen. Den Ton der brechenden Knochen höre ich heute noch. Endlich habe ich das Totengebirge hinter mir. Aber hier qualmen Flammen und Rauch fast noch stärker.

Wieder türmten sich ganze Wälle von Sterbenden vor uns auf. Mitten auf der Straße zusammengebrochen. Versuchten uns zwischen ihnen durchzuzwängen. Blieben in den elektrischen Drähten hängen. Die hatten sich, nachdem die Leitungsmasten umgestürzt waren, über alles gelegt. Wie metallene Fangschlingen. So erreichten wir schließlich Dobashi, einen Platz unweit des Explosionszentrums der Bombe.

Die Toten hier waren alles Schülerinnen. Erste Mittelschule, Shudo Mittelschule, methodistische Mädchenschule. Alle da. Fast ohne Ausnahme. Dazu noch ein paar Bauern. Waren mit Karren, Pferden und Zugochsen gekommen, um bei der Evakuierung mitzuhelfen, die schon so lange hätte stattfinden sollen. Doch immer noch begegneten wir Eltern, die nach ihren Kindern riefen, und weinenden Säuglingen, die nach ihren Müttern verlangten. Und dort: eine Abteilung Soldaten vom Zweiten Weltlichen Regiment. Alle tot. Aber ganz gerade ausgerichtet. Sie waren gefallen, nein, es wirkte grotesk! – hingepurzelt wie eine Reihe Dominosteine, hatte immer einer den nächsten im Fall umgerissen, mußten augenblicklich tot gewesen sein. An der Spitze – die Uniformjacke war noch zu erkennen – ein Offizier. Er hielt in der Hand noch das gezückte Schwert, der ganze untere Teil seines Körpers aber – weiße Knochen.

Eine Frau springt auf, bricht zusammen. Eine andere beginnt irr zu rufen.

Die junge Frau zerrt an ihren versengten Brüsten und hebt sie gegen den leeren Himmel. Sie lacht dabei, aufgelöste Haare fliegen um ihren Kopf. Nun stürzt sie auf die Bambusstämme zu, rüttelt und schüttelt sie verzweifelt, als könne aus den Stauden heraus das vermißte Kind ihr vor die Füße fallen. Aber es wirbelten nur Blätter herunter. Sie leuchteten im Widerschein der fernen Feuer von Hiroshima auf. Je dunkler es wurde, desto stärker schienen die flackernden Flammen zu uns hinüber.

Als IV. Grad einer Schädigung durch hohe Temperaturen wird nach herkömmlicher Auffassung die Verkohlung (Karbonisation) des Gewebes angesehen. Sie kommt ausschließlich bei Verbrennungen zustande und ist im Gegensatz zu den vorangehenden drei Graden jederzeit auch postmortal möglich. Ihrem Wesen nach beruht sie auf einer oxydativen Zerstörung der organischen Substanz der Weichteile, die in mehr oder weniger tiefgreifender Weise in eine schwarzgraue bis schwarze Masse von trockener Beschaffenheit und unangenehm brenzligem Geruch verwandelt werden. Erstreckt sich die Verkohlung nur auf die Haut und das Unterhautfettgewebe, kann die darunter gelegene Muskulatur zumindest in der Weise geschädigt sein, daß sie wie »gekocht« aussieht oder oberflächlich »angekohlt« ist. Daß das Knochengewebe bei abnorm hohen Hitzegraden zu phosphorsauren Kalksalzen in Form von Knochenperlen zusammengeschmolzen werden kann, findet man besonders bei Verkohlungen durch elektrische Energien.

Zu den allgemeinen Verbrühungs- und Verbrennungsfolgen ist zu sagen, daß man mit dem Eintritt des Todes um so eher zu rechnen hat, je größer die Ausdehnung der geschädigten Hautflächen ist. Nach einer Faustregel wird gesagt, daß bei drittgradigen Verbrennungen bereits der Verlust eines Drittels der Körperoberfläche ausreicht, um den Tod herbeizuführen. Für zweitgradige Verbrennungen gilt als kritische Grenze die Hälfte der Körperoberfläche. Hierzu muß man jedoch sagen, daß erfahrungsgemäß der Tod auch schon bei weit geringerer Beteiligung der Körperoberfläche eintreten kann. Das gilt besonders für Kinder, bei denen mitunter schon Verluste von 1/12 der Körperoberfläche tödlich sein können. Von Erwachsenen werden gelegentlich Schädigungen von 15 % der Hautoberfläche nicht mehr überlebt.

Es betragen von der Gesamtkörperoberfläche = 100%:

Kopf	9%	beide Oberschenkel	2x9%
Arme	2x9%	beide Unterschenkel	2x9%
Rumpf vorn	18%	Hals	1%
Rumpf hinten	18%		

Die unmittelbaren Allgemeinfolgen einer Verbrühung oder Verbrennung sind im Schock, in der Bluteindickung und in der Intoxikation, d. h. in der

Selbstvergiftung durch den Eiweißzerfall zu sehen. Es ist selbstverständlich, daß ausgedehntere Schädigungen der Hautoberfläche einen erheblichen Eingriff in die körperliche Unversehrtheit darstellen. Er kann durch übermäßig starke Reizung der Blutkapillaren im geschädigten Bezirk zu schwersten Kreislaufstörungen Anlaß geben und binnen 24 Stunden zum Tode führen. Dabei ist zu berücksichtigen, daß das Blut selbst schon sehr bald nach der Hitzeinwirkung infolge zunehmender Durchlässigkeit der Gefäßwände für das Blutwasser mehr und mehr eingedickt wird. Dieser Abstrom des Blutwassers beschränkt sich aber nicht nur auf den eigentlichen Verbrennungsbezirk, sondern greift nach und nach auf das Gefäßsystem des ganzen Körpers über und kann mehrere Tage anhalten. Erst etwa vom 15. Tage ab pflegen sich die Verhältnisse wieder zu normalisieren.

Die Intoxikation selbst führt infolge der reichlich freiwerdenden Eiweißzerfallprodukte zu sekundären Schädigungen des Herzmuskels, der Leber sowie besonders der Nieren, die so hochgradig sein können, daß sie schließlich von sich aus den Tod herbeiführen.

Bei den sogenannten Brandleichen handelt es sich um Verbrennungen IV. Grades, die derart exzessiv sein können, daß neben der Körperoberfläche auch die tieferen Weichteile, die inneren Organe und selbst die Knochen davon betroffen werden. Sie zeigen eine Reihe von Besonderheiten, von denen zunächst die eigentümliche Körperhaltung auffällt. Sie wird als Fechterstellung bezeichnet, weil Arme und Beine im voll ausgeprägten Zustand in einer Weise fixiert werden, die an die Körperhaltung beim Fechten oder Boxen erinnert. Es beruht dies auf Schrumpfungsvorgängen der Muskulatur, wobei gewöhnlich die Beuger überwiegen. Ihr Zustandekommen ist unabhängig von der Todesursache und vom Eintritt der Totenstarre. Nach Filmuntersuchungen von Prokop stellt sie nur den Endzustand einer Reihe hitzebedingter Lageveränderungen der Gliedmaßen während des Verbrennungsvorganges dar. Die Haut kann an vielen Stellen aufgeplatzt sein, was auf den im Inneren der Leiche entstehenden Dampfdruck zurückzuführen ist. Es ist dies oftmals in kragenschnittähnlicher Form im unteren Halsbereich am Übergang zur oberen Brustpartie sowie besonders in der Nähe der Gelenke zu beobachten. Die Gelenke selbst können infolge der Schrumpfung der Weichteile völlig freiliegen. In gleicher Weise kann der Schädel aufplatzen und das Gehirn offen zutage treten. Das Gehirn selbst ist mitunter auf Faustgröße zusammengeschrumpft, wie auch die übrigen inneren Organe infolge Verdampfung der Gewebsflüssigkeit unter Beibehaltung ihrer Form immer kleiner werden können (Puppenorgane). Selbst der Knochen wird bis zu einem gewissen Grade von der Schrumpfung betroffen. Doch ist dies nur in geringem Maße der Fall, so daß Erwachsene nicht auf Puppengröße zusammenschrumpfen können, wie oft gesagt wird. Relativ häufig findet man indessen die inneren Geschlechtsorgane, insbesondere die Gebärmutter, recht gut erhalten vor.

Nachdem sich Blüm im Anschluß an eine Unterhaltung mit den Eltern Beatrice Brinkmanns zur Verlängerung seines Besuches entschlossen hatte, um die Deutsche im Gefängnis im südchilenischen Valdivia aufzusuchen, beendete er am Samstag seinen Aufenthalt in der Hauptstadt Santiago mit einer weiteren aufsehenerregenden Pressekonferenz. Der Politiker zeigte sich dort gemeinsam mit der Studentin Carmen Gloria Quintane. Sie war, zusammen mit einem Freund, von chilenischen Sicherheitskräften nach einer Protestdemonstration mit Benzin übergossen und angezündet worden. Der Freund starb. Sie erlitt schwerste Verbrennungen.

Verschwindenlassen

Nachbarn erinnern sich, daß die Autos keine Nummernschilder hatten. Die Polizeibehörden erklären, die Festnahme sei von ihnen nicht angeordnet. Die Opfer werden nicht mehr lebend in der Öffentlichkeit gesehen. Es ist, als hätte sie die Erde verschluckt. Irgendwo sitzt jemand im staatlichen Sicherheitsapparat, der Bescheid weiß.

Fast ein Jahr stand Häftling Nummer 308 der „Escuela Mecánica", der Juraprofessor und Rechtsanwalt Martín Gras, auf der Liste derer, die verlegt werden sollten. Die Verlegungen fanden mittwochs statt. Es ging zu wie bei einer Lotterie. »705!« wurde zum Beispiel gerufen, und da stürzten sich vier, fünf Soldaten auf den Häftling Nummer 705, packten ihn an Armen und Beinen und schleiften ihn hinaus.

Einmal kam einer der Gefangenen von einer Verlegung zurück. Nachdem man ihn gepackt hatte, brachte man ihn in den Keller. Dort bekam er eine Spritze. Man erklärte, er werde in ein Lager im Süden Argentiniens gebracht, dort seien die hygienischen Bedingungen sehr schlecht. Deshalb die Spritze. Die anderen Häftlinge lagen auf dem Boden, sie schliefen. Er selbst, ein großer, schwerer Mann, war durch die Spritze wie betäubt. Soldaten begannen, die Schlafenden auf einen Lastwagen zu tragen; er ging zu Fuß. Der Wagen brachte sie zum Inlandsflughafen von Buenos Aires. Man trug die schlafenden Häftlinge in das wartende Flugzeug. Er selbst wurde plötzlich zurückgerufen. Man hatte ihn irrtümlich mitgenommen. Auf der Rückfahrt in die »Escuela Mecánica« beklagte er sich beim Fahrer, daß er zurück müsse. Der klopfte ihm auf die Schulter: »Du weißt gar nicht, was für ein Glück du hast!« Martín Gras erfuhr später, daß sie den Häftlingen Penthotal gespritzt hatten, ein Betäubungsmittel. Das Flugzeug mit den schlafenden Häftlingen flog tatsächlich in den Süden, aber nicht zu einem anderen Lager, hinaus auf den Atlantik, wo man die Schlafenden über einer bestimmten Strömung ins Meer warf. Die Offiziere waren stolz auf diese Endlösung, die sie »Marinelösung« nannten. Strömungsgeschwindigkeit, Wassertiefe, Strömungsrichtung – alles war berücksichtigt worden, damit aus diesem fließenden Friedhof niemand mehr auftauchte.

Vierteilen

Endlich schritt man dazu, die Arme, Beine und Schenkel an die Pferde zu befestigen. Diese Präpartion dauerte lange. Da die notwendigerweise festgeschnürten Stricke die frischen Wunden berührten, entlockte ihm das neue Schmerzenslaute. Dennoch hinderte dies den Unglücklichen nicht, sich immer mit derselben Neugierde zu betrachten.

Die angepeitschten Pferde rissen. Es war der entsetzlichste Schrei, den man aus dem Mund des Opfers gehört. Die Glieder waren zu einer unglaublichen Länge gedehnt; aber sie rissen nicht. Die Tiere waren jung und stark, eigens dazu ausgesucht, aber der Körper wollte nicht auseinander. Der Akt dauerte schon eine Stunde, und es war noch kein Ende abzusehen.

Da traten Ärzte und Wundärzte zusammen und erklärten, die Vierpferdekraft möchte die Glieder ins Unendliche und Unförmliche recken und dehnen, ohne daß sie noch stark genug wäre, dieselben wirklich auseinander zu reißen, insofern man sich nicht entschließe, die Hauptsehnen durchzuschneiden. Da traten Präsident und Kommissare zusammen und ratschlagten. Das Gutachten der Ärzte war nicht zu widerlegen. Zudem ward es schon dunkel. Es war ein Schauspiel, das jeder sehen sollte, zur Abschreckung und zur Warnung; in der Nacht hätte man es nicht gesehen. Sie erteilten den Befehl, mit scharfem Stahl die Amputation zu erleichtern. Darauf zerschnitt man die Sehnen unter den Armen und an den Hüften.

Damiens war noch nicht tot. Seine gläsernen Augen stierten auf die neue Operation. Er behielt das Bewußtsein, wird uns berichtet, bis die beiden Schenkel und ein Armgelenk durchgeschnitten waren. Zum Schmerzensschrei scheint ihm die Lungenkraft ausgegangen zu sein. Erst bei der Trennung des zweiten Armes vom Rumpf verschied er. Man spannte die Pferde an, und zuerst löste sich ein Schenkel, dann ein Arm.

Bei der Strafe der Vierteilung wird der Körper des Delinquenten mit Beil und Messer geöffnet. Die inneren Organe, vor allem das Herz, werden herausgerissen. Dann wird der Körper in vier Teile zerhackt, werden die Reste an bestimmten, manchmal weit entfernten Punkten aufgesteckt, der Kopf bisweilen für sich ausgestellt. Es ist Brauch, die vier Überreste nach den vier Windrichtungen zu verteilen, oft in vier Grenzstädten des Reiches aufzupflanzen. Man täte Unrecht, der Vierzahl keine Bedeutung beizumessen.

Bei der Vierteilung des Matthias, vulgo Windbeutel, halten zwei Gehilfen die Beine hoch und der Henker öffnet den Körper, genau wie ein Metzger, indem er mit der Axt zwischen den Beinen durchschlägt. Für den, der die Abbildung sieht, kann die Übereinstimmung mit der Tierschlachtung kaum weitergehen. Ebenso sind die Brüder Witt auf den zeitgenössischen Stichen so an den Beinen aufgehängt, daß es keine Schwierigkeiten macht, den Körper zu öffnen und zu zerreißen. Die Gedärme werden von dem rasenden Volk aus dem Leib gerissen, die Schamteile abgeschnitten. Links vorn sticht einer in das Herz des Ermordeten, in der Mitte beißt ein Weib in ein herausgezerrtes Darmstück, und ein Hund ist damit beschäftigt, ein anderes Stück aufzufressen. Rechts trägt ein Mann drei Schwurfinger des Entseelten davon.

W

Wasserfrage

In amerikanischen Gefängnissen wurden Menschen förmlich zu Tode gepeitscht, wenn der geringste Fluchtverdacht bestand. Die Disziplin hielt man mit der Wasserkur aufrecht. Gefangene, die mit trotzigem Lachen zwanzig Peitschenhiebe auf ihr nacktes Gesäß ertragen konnten, brachen schnell zusammen, wenn die Aufseher ihnen Nase und Mund mit dem zu Erstickungserscheinungen führenden, aus einem Hochdruckschlauch kommenden Wasserstrahl bearbeiteten.

Badewanne: Der Gefolterte wird zuerst mit dem Kopf in eine mit kaltem

Wasser gefüllte Badewanne bis zur Erstickung getaucht. Daraufhin unterzog man ihn künstlicher Atmung. Wenn er nicht aussagte, wurde diese Behandlung mehrfach wiederholt. Mit nassen Kleidern verbrachte er die Nacht in einer kalten Zelle.

Eine der angewandten Foltermethoden sah so aus: Der Kopf des Opfers wurde in ein Bassin mit schmutzigem Wasser getaucht, während vier oder fünf Polizisten mit Stöcken in das Bassin hieben. Neben dem Gefühl, ersticken zu müssen, bewirkten die heftigen Erschütterungen, die im Wasser übertragen wurden, schwere Störungen des Kreislaufs und des Nervensystems.

Kannst du schwimmen, fragte Lorca, über mich gebeugt. Wir werden es dir beibringen. Los, an den Wasserhahn. Sie hoben zusammen das Brett auf, an das ich noch immer festgeschnallt war, und trugen mich in die Küche. Dort legten sie das Kopfende auf den Spülstein. Zwei oder drei Paras hielten das andere Ende. Die Küche war nur durch das spärliche Licht des Korridors erhellt. An dem vernickelten Wasserhahn, der über meinem Gesicht glänzte, befestigte Lorca einen Gummischlauch. Alsdann wickelte er mir einen Lappen um den Kopf, während Devis ihm sagte: Stecken Sie ihm einen Knebel in den Mund. Durch den Lappen hindurch drückte mir Lorca die Nasenflügel zusammen. Er suchte mir ein Stück Holz zwischen die Lippen zu schieben, damit ich weder den Mund zumachen noch den Schlauch zurückstoßen konnte.

Als alles vorbereitet war, sagte er zu mir: Wenn du sprechen willst, brauchst du nur die Finger zu bewegen. Und er öffnete den Wasserhahn. Schnell saugte sich der Lappen voll. Und das Wasser lief in meinen Mund, in meine Nase und über mein ganzes Gesicht. Doch eine Zeitlang konnte ich noch einige kleine Atemzüge tun. Ich suchte durch das Abschließen der Kehle möglichst wenig Wasser aufzunehmen und der Erstickung zu widerstehen, indem ich die Luft so lange wie möglich in den Lungen zurückhielt. Aber ich konnte es nur einige Augenblicke aushalten. Ich glaubte zu ertrinken, und eine schreckliche Angst, die Todesangst würgte mich. Unwillkürlich spannten sich nutzlos alle Muskeln meines Körpers, um mich dem Ersticken zu entreißen. Unwillkürlich bewegten sich ganz wild die Finger meiner beiden Hände. Jetzt ist es soweit. Er wird sprechen, sagte eine Stimme.

Das Wasser wurde abgestellt, man nahm mir den Lappen ab. Ich atmete auf. Im Dunkel sah ich, wie die beiden Leutnants und der Hauptmann, Zigarette im Mund, mir mit aller Kraft auf den Leib schlugen, um das hinuntergeschluckte Wasser wieder herauszutreiben. Berauscht von der Luft, die ich einatmete, fühlte ich die Schläge kaum. Nun? Ich blieb jedoch stumm. Er hat uns zum Narren gehalten. Steckt ihm den Kopf wieder drunter.

Ich sah Charbonnier über mich gebeugt. In Ordnung, sagte er zu den andern, er kommt wieder zu sich. Und an mich gewandt: Weißt du, fast hättest du dran glauben müssen. Glaube nicht, daß du immer ohnmächtig werden kannst. Steh auf. Sie stellten mich auf die Beine. Ich taumelte und klammerte mich sogar an die Uniform meiner Henker, darauf gefaßt, jeden Augenblick wieder umzufallen. Mit Ohrfeigen und Fußtritten warfen sie mich von einem zum anderen, wie einen Spielball. Ich versuchte, eine Abwehrbewegung zu machen. Er reagiert sogar noch, der Hund.

Der Inquirierte wurde auf ein scharfkantiges Gestell gelegt, das etwa einer Strickleiter glich, seine Arme und Beine scharf festgebunden, der Kopf lag tiefer als der Leib und war durch eine Nackenfessel fixiert. Ein Eisen hielt ihm den Mund offen, und ein Leinenstreifen wurde hineingesteckt, auf den langsam Wasser tropfte. Der Gefolterte mußte immer schneller atmen, würgte und zog unwillkürlich das Zeug in die Luftröhre ein. Bis zu zwei Liter Wasser wurden ihm appliziert.

Bei einer anderen Methode werden die Opfer beinahe ertränkt. Gegen Ende 1963 war eine junge Vietnamesin, die als Sekretärin bei der britischen Botschaft arbeitete, verhaftet worden, weil sie einem Buddhistenmönch, der von Diems Polizei gesucht wurde, ein Versteck beschafft hatte.

Ich wartete in einem Zimmer mit einigen anderen Gefangenen, die von Zeit zu Zeit einzeln zum Verhör abgeführt wurden. Schließlich kam ich an die Reihe. Ich wurde in ein kahles Büro geführt, in dem nur zwei Pulte und eine Bank standen. Der Mann, der mich verhörte, saß an einem der Pulte. Er fragte mich, ob ich etwas über den Mönch wisse. Ich wußte etwas, aber natürlich leugnete ich. Dann betraten zwei große Männer das Zimmer. Sie rissen mir das Kleid herunter und zwangen mich, mich auf der Bank niederzulegen, an der sie mich mit Stricken festbanden. In der Nähe der Bank stand ein Kübel mit schmutzigem Wasser. Sie leerten mir davon ins Gesicht, so daß ich würgte und erbrechen mußte. Dann spannten sie mir ein großes Tuch über das Gesicht und leerten das Wasser darauf. Ich konnte nicht mehr atmen. Als ich beinahe das Bewußtsein verlor, nahmen sie das Tuch weg. Einer der Männer schlug mit einem schweren Gummiknüttel auf die Fußsohlen. Ich schrie fürchterlich vor Schmerz. Der andere begann, mir mit der Faust in den Magen zu schlagen. Dann wurde mir wieder das Tuch über das Gesicht gespannt, und dieses Mal verlor ich das Bewußtsein. Als ich wieder zu mir kam, wurde mir befohlen, mich wieder anzuziehen und das Zimmer zu säubern.

Die Nasses-Tuch-Technik wird noch immer angewendet. Sie hat zumindest den Vorteil, daß sie nicht tödlich wirkt und keine schweren physischen Schädigungen hinterläßt. Während der Niederschrift dieses Berichtes liegen fast ein Dutzend ehemalige politische Buddhistengefangene als Patienten im Cong-Hoa-Hospital, dem größten Militärhospital in Vietnam. Alle diese Patienten sind im höchsten Grade geistesgestört. Sie sind vor nahezu einem Jahr aus Diems Gefängnissen entlassen worden.

Z

Zermalmen

Es wird erzählt, daß beim Stapellauf der alten Kriegsschiffe noch im 17. Jahrhundert Galeerensträflinge die letzten Hemmstützen des Schiffes wegzuschlagen hatten. Das Unternehmen war lebensgefährlich. Der Sträfling mußte sich mit einem großen Satze aus der Nachbarschaft des abrutschenden Kolosses bringen. Rettete er sein Leben, so war er frei. Sonst blieb von ihm nur eine blutige Masse übrig.

Eine neue Variante der amerikanischen Militärs: Für den amerikanischen Schützenpanzer M 113 fand man neue Einsatzmöglichkeiten. Irgend jemand entdeckte, wie gut man mit ihnen versteckte Guerillas zermalmen kann. Wenn rund fünfzehn M 113 in unregelmäßigem Zickzack ein überschwemmtes, einige hundert Meter breites Feld überrollen, kann der Kommandeur sicher sein, daß kein einziger Feind mit dem Leben davonkommt: Einige Male sah ich Blut in den schlammigen Raupenspuren, und manchmal wurden sogar Körperteile an die Oberfläche gepreßt.

In den Straßen Saigons wurden am 8. Mai 1963 demonstrierende Buddhisten, Zivilisten und Kinder von Panzerfahrzeugen zermalmt.

Zunge

Da wurde er vor Gericht gestellt, und der Urteilsspruch lautete, man solle ihm die Zunge abschneiden und ihn dann bei lebendigem Leib verbrennen.

Ohne eine Miene zu verziehen, hielt der Junge seine Zunge dem Messer des Henkers hin, er streckte sie heraus, so weit er konnte. Mit einer Zange zog der Henker sie weiter heraus, schnitt sie ab und schlug sie dem armen Sünder ein paarmal links und rechts ins Gesicht. Dann stieß man ihn auf einen Karren und führte ihn zum Richtplatz. Wenn man ihn sah, hätte man meinen können, er fahre zu einem Fest. Von selbst und ohne Hilfe sprang er vom Wagen und stellte sich neben den Pfahl, der bei der Hinrichtung gebraucht wird. Ich kann Ihnen nicht beschreiben, mit welcher Gelassenheit und mit welchem Ausdruck im Gesicht er das Gejohle und das Hohngeschrei der tobenden Menge ertrug, als man ihm die Kette um den Leib legte. Keinen Laut gab er von sich. Ab und zu spie er das Blut aus, das sich in seinem Mund gesammelt hatte.

Literatur

Henry Aleg, Die Folter, Berlin 1958

Charlotte Auerbach, Weh dir, daß du ein Enkel bist, Stuttgart 1957

Günther Anders, Der Mann auf der Brücke, München 1959

Karl von Amira, Die germanischen Todesstrafen, München 1922

Ivo Andrić, Die Brücke über die Drina, München 1962

Ludwig Barring, Götterspruch und Henkerhand, Bergisch-Gladbach 1967

Kurt Baschwitz, Hexen und Hexenprozesse, München 1963

Cesare Beccaria, Über Verbrechen und Strafen, Frankfurt a. M. 1966

Karl F. A. Beck, Mißbildungen und Atombombenversuche, Ulm 1958

K. A. Bierdimpfl, Die Sammlung der Folter-, Straf- und Bußinstrumente des bayerischen Nationalmuseums, München 1882

William Bradford Huie, Drei Leben für Mississippi, Wien/Hamburg 1965

Benjamin Brawsley, A social history of the america negro, New York 1921

Malcolm Brown, The new face of war, 1965

Eberhard Buchner, Liebe, Kulturhistorisch interessante Dokumente aus alten deutschen Zeitungen vom Ende des 17. bis zum Ende des 18. Jahrhunderts, München 1914

Wilfried Burchett, The furtive war, 1963

Bartolomé de Las Casas, Kurzgefaßter Bericht von der Verwüstung der westindischen Länder, Frankfurt a. M. 1966

Yuvoon Chen, Probleme der Strafe der Brandmarkung im Lichte von rechtsvergleichenden Quellen, (Diss.) Berlin 1948

Caryl Chessman, Todeszelle 2455, München 1960

Dries van Coillie, Der begeisterte Selbstmord, Basel/Wien 1965

Ted Collins, New York murders, New York 1944

Julian Coudy, Die Hugenottenkriege, Düsseldorf 1965

Edward Crankshaw, Die Gestapo, Berlin 1959

Günther Dahms, Der spanische Bürgerkrieg 1936–39, Tübingen 1962

Alexander Dallin, Deutsche Herrschaft in Rußland 1941–45, Düsseldorf 1958

Fred Dietrich, Polizei, München 1956

Gerhard Dietz, Gerichtliche Medizin, Leipzig 1965

Hans von Eckardt, Iwan der Schreckliche, Frankfurt a. M. 1947

Werner Eggerath, Nur ein Mensch, Weimar 1947

Bernt Engelmann, Deutschland Report, Berlin 1965

Bernt Engelmann, Meine Freunde die Millionäre, Darmstadt 1965

H. M. Enzensberger, Politik und Verbrechen, Frankfurt

Frantz Fanon, Die Verdammten dieser Erde, Frankfurt a. M. 1957

Hans Fehr, Das Recht im Bilde, Erlenbach/Zürich/München/Leipzig 1923

Poggius, Florentinus, Sendbriefe des Poggius Florentinus, Konstanz 1928

Hermann Fulda, Das Kreuz und die Kreuzigung, Breslau 1878

Alfred Gielen, Das Rotbuch über Spanien, Berlin/Leipzig 1937

Roland Gööck, Das neue große Kochbuch, Gütersloh 1923

Stephan Graham, Ivan the terrible, London 1932

Jacob Grimm und W. Grimm, Deutsches Wörterbuch, 5. Band, Leipzig 1873

Jacob Grimm und W. Grimm, Deutsches Wörterbuch, 6. Band, Leipzig 1885

H. J. Ch. von Grimmelshausen, Abenteuerlicher Simplicius Simplicissimus, München 1961
Karl Theodor Freiherr von und zu Guttenberg, Wenn der Westen will, Stuttgart-Degerloch 1954
Oskar Häring, Die Todesstrafe, Berlin 1911
Emily Hahn, China gestern und heute, München 1966
Gerhard Hansen, Gerichtliche Medizin, Leipzig 1966
Joseph Hansen, Zauberwahn, Inquisition und Hexenprozesse, Aalen 1964
David Halberstam, Vietnam oder Wird der Dschungel entlaubt? Hamburg 1965
George W. F. Hallgarten, Dämonen oder Retter, München 1966
Theodor Hampe, Die Nürnberger Malefizbücher, Bamberg 1927
François d'Harcourt, Afrikas kritische Stunde, Hamburg 1962
Albert Harrasser, Die Rechtsverletzung bei den australischen Eingeborenen, Stuttgart 1936
Michihiko Hachiya, Hiroschima-Tagebuch, Freiburg i. Breisgau 1955
Franz Helbig, Die Tortur, Berlin 1888
Robert Heindl, Der Berufsverbrecher, Berlin 1926
Heinrich Heine, Zur Geschichte der Religion und Philosophie, Leipzig 1966
Ernest Hemingway, Wem die Stunde schlägt
Hans v. Hentig, Die Strafe I, Berlin/Göttingen/Heidelberg 1954
Hans v. Hentig, Die Strafe II, Berlin/Göttingen/Heidelberg 1955
Hans v. Hentig, Der Gangster, Berlin/Göttingen/Heidelberg 1959
Hans v. Hentig, Vom Ursprung der Henkersmahlzeit, Tübingen 1958
Soldan Heppe, Geschichte der Hexen, München 1911
Rudolf Hirzel, Strafe der Steinigung, Leipzig/Teubner 1909
Rudolf His, Deutsches Strafrecht bis zur Carolina, München/Berlin/Oldenburg 1928
Rudolf Höss, Kommandant in Auschwitz, Autobiographische Aufzeichnungen, Stuttgart 1958
Günther Hoffmann, Soldatenhandbuch, Darmstadt 1959
Dennis Holman, Menschenjagd, München 1966
Richard Horna, Der Pranger in der Tschechoslowakei, Graz 1965
Thomas Hugh, Der spanische Bürgerkrieg, Berlin/Frankfurt 1962
Robert Jungk, Strahlen aus der Asche, Bern/Stuttgart/Wien 1959
A. Keller, Meister Frantzn Schmidts Nachrichters zu Nürnberg all sein Richter, Leipzig 1948
Robert M. W. Kemper, Eichmann und Komplizen, Zürich 1961
Alister Kershaw, Die Guillotine, Hamburg 1959
Friedrich M. Kircheisen, Die Bastille, Berlin 1965
Hans Christian Kirsch, Der Spanische Bürgerkrieg in Augenzeugenberichten, Düsseldorf 1967
Alexander Kluge, Lebensläufe, Stuttgart 1962
Hermann Knapp, Das Lochgefängnis, Nürnberg 1907
Eugen Kogon, Der SS-Staat, Frankfurt a. M. 1946
Alfred Kantorowicz, Spanisches Kriegstagebuch, Köln 1966
H. König, Der Rechtsspruch und sein Ausgleich bei den Eskimos, Antropos 1923/24
W. Krämer, Kurtrierische Hexenprozesse im 16. u. 17. Jahrhundert, München 1959
Heinz Kraschutzki, Die Untaten der Gerechtigkeit, München 1966

Herbert Kraus, Fachbuch für Metzger, München 1963
F. A. Kraus, Im Kerker vor und nach Christus, Freiburg 1895
Fr. Rauber Kopsch, Lehrbuch und Atlas der Anatomie des Menschen, Band II, Leipzig 1948
Henry Charles Lea, Geschichte der spanischen Inquisition, Leipzig 1911
Josef Lang, Erinnerungen des letzten Scharfrichters in k. u. k. Österreich, Leipzig 1920
Lewis Lawes, Life und death in Sing Sing, New York 1928
Lutz Lehmann, Legal & Opportun, Berlin 1966
Primo Levi, Ist das ein Mensch, Frankfurt a. M. 1961
H. E. Lichten, Collaboration, Phantom und Wirklichkeit, Offenbach 1948
Jakob Littner, Aufzeichnungen aus einem Erdloch, München 1948
Gerhard Ludwig, Massenmord im Weltgeschehen, Stuttgart 1941
Heinrich Mann, Ausgewählte Werke in Einzelausgaben, Band VII und VI, Berlin 1951
J. N. Mawkis, Boston Murders, New York 1948
Galvin Maxwell, Die zehn Todesqualen, Hamburg 1961
Meyers Konversationslexikon, Leipzig und Wien 1897
Octave Mirbeau, Der Garten der Folter, Bremen 1967
Bahman Nirumand, Persien, Modell eines Entwicklungslandes oder Die Diktatur der freien Welt, Hamburg 1967
A. Mitscherlich und F. Mielke, Medizin ohne Menschlichkeit, Frankfurt a. M. und Hamburg 1962
Th. Mommsen, Römisches Strafrecht, Graz 1955
Hermann Mostar, Der neue Pitaval 4. Todesqual, 1964; 3. Die Hölle, 1963
Norbert Mühlen, Die schwarzen Amerikaner, Anatomie einer Revolution, Stuttgart 1964
Nationalrat der nationalen Front, Braunbuch, Berlin 1965
Ochsenbrüggen, Studien, Alemannisches Strafrecht des deutschen Mittelalters, Schaffhausen 1872
George Orwell, Neunzehnhundertvierundachtzig, Stuttgart 1958
Günther Paschner, Im Teufelskreis des Terrors, Boppard a. Rhein
E. Paterson, Scotsboro boy, Garden City 1950
Karl R. Pawlas, Die Foltergewölbe und Hochgerichte der Vorzeit, Nürnberg 1963
William Prescott, Der Untergang der indianischen Kultur, die Eroberung durch Fernandez Cortez, Wien 1935
J. H. Plath, Gesetz und Recht im alten China nach chin. Quellen, München 1963
O. Prokop, Forensische Medizin, Berlin 1966
Quanter, Leibes- und Lebensfragen bei allen Völkern und zu allen Zeiten, Dresden 1901
Quanter, Die Erotik in der Strafe – Sexualdelikte und ihre Ahndung, Wien 1928
Bernhard Rehfeld, Todesstrafen und Bekehrungsgeschichte, Berlin 1942
Gerald Reitlinger, Die Endlösung, Berlin 1961
E. M. Remarque, Im Westen nichts Neues, Köln/Berlin 1960
Robert Rie, Das Schicksal der Neger in den Vereinigten Staaten, Laupheim 1956
Walter Riese, Das Triebverbrechen, Bern 1933
Dietrich Ritschl, Nur Menschen, Berlin 1962
Kurt Rossa, Die Todesstrafen, Oldenburg und Hamburg 1966

Alphonse François de Sade, Das Mißgeschick der Tugend, Hamburg 1963
Harrison E. Salisbury, Hinter feindlichen Linien, Frankfurt a. M. 1851
Henri Sanson, Denkwürdigkeiten der Scharfrichterfamilie Sanson, München/Leipzig 1924
Karl v. Schirach, Über politische Verbrechen, Halle 1851
W. M. Schmidt, Altertümer des bürgerlichen und Strafrechts insbesondere Folter- und Strafrecht, München 1908
Carl Schmitt, Theorie der Partisanen, Berlin 1963
Reimund Schnabel, Macht ohne Moral, Frankfurt a. M. 1957
Wolf Schneider, Das Buch vom Soldaten, 1964
Hermann Schreiber, Die zehn Gebote, Wien/Düsseldorf 1967
Helmut Schuhmann, Der Scharfrichter, Kempten/Allgäu 1964
Wolfgang Schünke, Die Folter im deutschen Strafverfahren des 13. bis 16. Jahrhunderts, Münster 1952 (Diss.)
William Seagle, Weltgeschichte des Rechts, München 1958
Paul Sérant, Die politischen Säuberungen in Westeuropa am Ende des zweiten Weltkrieges, Oldenburg und Hamburg 1966
James W. Silver, Der Aufstand von Ole Miss, Hamburg 1966
Christoph Carl Stübel, Über den Tatbestand der Verbrechen, die Urheber derselben und die zu einem verdammenden Endurteil erforderliche Gewißheit des ersteren, besonders in Rücksicht der Tödtung, nach gemeinen in Deutschland geltenden und Chursächsischen Rechten, Wittenberg 1805
Chr. Thomasius, Über die Folter, Weimar 1960
Joseph Vogt, Sklaverei und Humanität, Wiesbaden 1953
Wilda, Strafrecht der Germanen, Halle 1842
Oskar Wilde, De Profundis, Berlin 1907
Freda Wuesthoff, Es ist keine Zeit mehr zu verlieren, Ravensburg 1957
Hanspeter Zürcher, Nehmen Sie den Leib, Märtyrerschicksale, Zürich 1943
Stefan Zweig, Ein Gewissen gegen die Gewalt, Castellio gegen Calvin, Frankfurt a. M. und Hamburg 1954

Zeitungen, Zeitschriften, Schriftstücke

Der ABEND (Berlin)
6. 6. 67 / 11. 12. 68

Die ärzlichen Mitteilungen Bonn, September-Ausgabe 1957

A. P.
16. 11. 65

Das ARGUMENT (Berlin)
Nr. 33, 1965

Aviation Daily
12. 7. 65

Bunte Illustrierte
Heft 45 / 48 1966

B. Z. (Berlin)
3. 6. 67 / 12. 6. 67

Daily News (Chikago)
19. 11. 1965

Daily News (Saigon)
11. 9. 65

Daily Telegraph
6. 11. 65

Dallas Morning News
1. 1. 63

Deutsches Panorama
27. 4. 67

Esquire
August 1965 / 18. 11. 1965

Evening News
4. 8. 65

Extrablatt (Berlin)
Sonderausgabe Juni 1967

Extradienst (Berlin)
28. 2. 68 / 13. 3. 68 / 9. 10. 68 / 16. 11. 68 / 11. 12. 68

Flugblatt der Kummune I
vom 24. 5. 1967, (Berlin)

Frankfurter Rundschau
5. 8. / 23. 9. / 24. 9. / 27. 9. / 29. 9. / 30. 09. / 4. 10. / 5. 10. / 6. 10. 1966
27. 3. / 1. 4. / 9. 6. / 15. 6. / 19. 6. / 22. 6. / 1. 7. / 17. 7. / 18. 7. / 19. 7. / 20. 7. / 22. 7. / 28. 7. / 31. 7. / 8. 8. / 25. 8. / 19. 9. / 1. 10. / 3. 10. 1967
30. 12. 1971
18. 7. / 3. 10. / 8. 12. / 10. 12. / 18. 12. 1973
23. 2. / 11. 5. / 25. 5. / 11. 6. 1974
7. 7. 1978
3. 2. 81
2. 5. 82

Hamburger Volksblatt
Juni 1967

Heldmann, Dr. Hans Heinz, Rechtsanwalt: Bericht über das Berufungsverfahren gegen Parviz Nikkah und acht weitere Angeklagte vor dem Militärgericht in Teheran. Tätigkeitsbericht an Amnestie International vom 14. 12. 65

Herald Tribune (New York)
24. 4. 65

I. F. Stone's Weekley
29. 3. 65

Informationen über Vietnam und Länder der Dritten Welt Nr. 2, Herausgegeben vom SDS, Berlin, Juni 1966

Inquirer
20. 10. 65

Journal American (New York)
15. 4. 65

Konkret (Hamburg)
7. 7. 67 / 8, 1967

Liberation (Paris)
Juni, Juli 1965

Nation
21. 12. 64

New Republic
9. 10. 65

New York Times
24. 3. / 25. 3. / 26. 3. / 28. 3. / 7. 6. / 7. 7. / 28. 7. / 15. 8. / 5. 9. / 30. 11. 65
9. 8. 69

Newsweek
Mai 1961

Oberbaumblatt (Berlin)
Nr. 2, 17. 6. 67

Post (New York)
30. 4. 65

Progressive
Oktober 1965

Reuters
18. 3. 65.

Schreiben des Bundespräsidialamtes, Bonn, Ordenskanzlei
(Az.: OK/3/05-Fu/Kö)
30. August 1967, an Herrn Ekkehart Krippendorff

Spandauer Volksblatt (Berlin)
3. 6. 67

Spiegel (Hamburg)
Nr. 51/1963
Nr. 1, 3, 4, 12, 16, 19 / 1964
Nr. 2, 3, 6, 8, 13, 14, 18, 20, 23, 26, 29, 31, 33, 35, 36, 38, 42, 43, 44, 45, 47, 48, 52 / 1965
Nr. 8, 35 / 1966
Nr. 16, 17, 18, 20, 24, 25, 26, 27, 29, 30, 39 / 1967
Nr. 34, 41 / 1987

Der Standortarzt der Waffen-SS Weimar Buchenwald, den 17. März 1945 an den Chef des Amtes D III Oranienburg; Betreff: Sektion von Leichen verstorbener Häftlinge im Außenkommando des Kl. Buchenwald Leau

Stern (Hamburg)
Nr. 29, 16. 7. 1967

Süddeutsche Zeitung
9. 11. 81
22. 4. 82
10. 11. 84
26. 6. / 1. 9. 85
7. 8. / 8. 10 / 12. 10. 87
16. 2. 88

Der Tagesspiegel (Berlin)
14. 4. / 7. 6. / 22. 6. 67

Die Tageszeitung
4. 7. / 20. 8. / 3. 10. / 23. 10. / 18. 11. 1985
28. 8. / 17. 10. / 29. 10. 1986
27. 7. / 5. 8. / 8. 8. / 11. 8. / 2. 9. 1987

Vossische Zeitung, Berlin 1732
Nr. 102

Die Wahrheit (Berlin)
25. 8. / 29. 9. 1966
3. / 4. 6. 67, 15. / 16. 8. 67
13. 6. 68

Washington Post
13. 3. 65

Die westdeutsche Beteiligung an der USA-Agression in Vietnam, hrsg. vom Vietnam-Ausschuß beim Afro-Asiatischen Solidaritätskomitee in der DDR, Berlin, März 1967

Die Zeit (Hamburg)
2. 4. 65
9. 6. 67 (Sonderdruck), 16. 6. / 24. 6. 1967